Companhia Das Letras

FÉDON
ou
Sobre a alma

PLATÃO (*c.* 427-347 AEC), ao lado do seu mestre Sócrates e do seu aluno Aristóteles, compõe o trio que se tornou a base da tradição intelectual do Ocidente. Nasceu em uma família que, por muitas gerações, teve posição de destaque na política ateniense. Seria natural que o pensador seguisse o mesmo caminho para se tornar uma figura influente em Atenas. No entanto, a busca pela sabedoria lhe revelou a violência injustificada e a corrupção que guiavam a vida política de Atenas. Revoltou-se, sobretudo, com a execução de Sócrates em 399 AEC. Inspirado pelos questionamentos socráticos sobre a natureza dos princípios éticos, Platão propôs que a cura para os males da sociedade depende do compromisso com a busca pela sabedoria, a filosofia, e chegou à convicção fundamental de que tais males jamais cessariam a menos que os filósofos se tornassem governantes — ou que os governantes se tornassem filósofos. Em uma data incerta do século IV AEC, fundou a Academia, em Atenas, a primeira instituição permanente devotada à pesquisa e ao ensino da filosofia, protótipo de todas as universidades ocidentais. Empreendeu inúmeras viagens, em especial pela Sicília, como conselheiro político de Dioniso II, governante de Siracusa.

Platão escreveu mais de vinte diálogos filosóficos, e também lhe são atribuídas treze cartas, cuja verdadeira autoria é alvo de acalorada discussão. Sua atividade literária se estendeu por cerca de meio século. Poucos escritores exploraram a prosa grega em toda a sua graça e precisão, sua flexibilidade e seu poder.

GABRIELE CORNELLI é professor titular da Universidade de Brasília e atua na área de filosofia antiga e estudos clássicos. É coordenador da Cátedra Unesco Archai sobre as Origens Plurais do Pensamento Ocidental e docente do programa de mestrado e doutorado em Metafísica. Foi presidente da Sociedade Brasileira de Estudos Clássicos e da International Plato Society. É editor da coleção Brill Plato Studies Series da De Gruyter Brill.

PLATÃO

Fédon
ou
Sobre a alma

Tradução, introdução e notas de
GABRIELE CORNELLI

COMPANHIA DAS LETRAS

Grafia atualizada segundo o Acordo Ortográfico da Língua Portuguesa de 1990, que entrou em vigor no Brasil em 2009.

Published by Companhia das Letras in association with Penguin Group (USA) Inc.

TÍTULO ORIGINAL
Φαίδων

PREPARAÇÃO
Beatriz Antunes

REVISÃO
Érika Nogueira Vieira
Carmen T. S. Costa

Dados Internacionais de Catalogação na Publicação (CIP)
(Câmara Brasileira do Livro, SP, Brasil)

Platão
Fédon ou Sobre a alma / Platão ; tradução, introdução e notas de Gabriele Cornelli. — 1ª ed. — São Paulo : Penguin-Companhia das Letras, 2025.

Títulos originais: Φαίδων
ISBN 978-85-8285-225-5

1. Imortalidade (Filosofia) I. Cornelli, Gabriele. II. Título. III. Título: Sobre a alma.

25-267214 CDD-129

Índice para catálogo sistemático:
1. Imortalidade : Filosofia 129

Cibele Maria Dias — Bibliotecária — CRB-8/9427

EDITORA SCHWARCZ S.A.
Rua Bandeira Paulista, 702, cj. 32
04532-002 — São Paulo — SP
Telefone: (11) 3707-3500
www.penguincompanhia.com.br
www.blogdacompanhia.com.br
www.companhiadasletras.com.br

Sumário

Introdução

GABRIELE CORNELLI

O ano é 1547. Juan Ginés de Sepúlveda escreve, em forma de diálogo, seu *Tratado sobre las justas causas de la guerra contra los indios*, em defesa da violenta e hedionda colonização espanhola da América Latina. A suposta justiça é demonstrada a partir do dualismo de um homem europeu de seu tempo:

> A primeira [razão da justiça desta guerra e conquista] é que os bárbaros [indígenas], sendo por natureza servos, incultos e desumanos, recusam-se a admitir o domínio de quem é mais prudente, poderoso e perfeito do que eles; Império que lhes traria grandes utilidades (*magnas commoditates*), sendo também uma coisa justa por lei natural (*jure naturae*) que a matéria obedeça à forma, o corpo à alma (*corpus animae*), o apetite à razão, os brutos ao homem, a mulher ao marido, o imperfeito ao perfeito, o pior ao melhor, para o bem de todos (*utrisque bene*).[1]

Coisa justa é que o corpo obedeça à alma, e os selvagens, não a tendo, que obedeçam aos homens.

A colonização submeteu os indígenas à espada, à cruz e… à alma. Ou, melhor, a uma especial configuração do ser humano, fundada no dualismo entre corpo e alma.

Platão é frequentemente convocado pela tradição filosófica por ter um papel central na difusão, quando não já na invenção, de uma antropologia, epistemologia e metafísica dualistas, assim como Descartes.[2]

E não há diálogo mais dualista do que o *Fédon*. Não por acaso, o título alternativo que a tradição quis lhe dar é exatamente *Sobre a alma*.[3] Considerando o impacto do platonismo sobre o pensamento europeu da modernidade, deve-se reconhecer que a colonização e sua ideologia são informadas, direta e indiretamente, por esse diálogo. Também o *Fédon* atravessa o Atlântico nos navios, simbólicos e reais, dos colonizadores.

E o atravessa novamente, naquela que é até hoje uma das maiores vergonhas da história europeia: a triangulação atlântica, o tráfico sistemático de escravizados africanos para as colônias americanas. A metafísica dualista justifica a escravidão do negro africano:

> ele não abrigava consciência nenhuma, nem apresentava traços quaisquer de razão e de beleza. Consequentemente, não lhe se podia dar o sentido de um corpo de carne semelhante ao meu, uma vez que ele consistia tão somente em matéria estendida e em objeto fadado ao perigo e à destruição. É essa a centralidade do corpo — e sobretudo de sua cor — no cálculo da sujeição que explica a importância que ganharam, ao longo do século XIX, as teorias da regeneração física, moral e política dos negros.[4]

O olhar do europeu, agora sobre o corpo do negro, é de novo dualista: não é um corpo exatamente humano porque carece de alma.

Há algo nesse uso de Platão como partícipe de genocídios que revolta e incomoda profundamente um estudioso de Platão do século XXI, de maneira especial um estudioso de Platão radicado neste "outro lado" do Ocidente, que é a América Latina. Algo que, creio, já não pode ser ignorado.

Já Monique Dixsaut notou o perigo especial que o *Fédon* constituiu ao longo da história do pensamento ocidental:

> [O *Fédon*] é o texto que mais do que qualquer outro permitiu substituir o diálogo pelo platonismo, porque é geralmente aceito que no *Fédon* se encontram a formulação completa da teoria das Ideias, a expressão mais radical do ascetismo de Platão, e mesmo, avant la lettre, do seu cristianismo.[5]

O perigo, portanto, foi substituir o texto de Platão por uma longa história de apropriações da filosofia platônica.

O *Fédon* convidou especialmente, talvez mais do que outros diálogos, a uma compreensão edificante e espiritualista de Platão,[6] até o ponto de haver uma substituição do texto de Platão por certas ideias que foram consideradas platônicas pela tradição sucessiva. Essas mesmas ideias informaram em peso o cristianismo, transformando anacronicamente Platão em um cristão. A questão é: nada disso se encontra no diálogo.

Anuncio de antemão algo que espero demonstrar ao longo de meu comentário ao diálogo, seja nesta Introdução seja nas notas à tradução: não é esse Platão que encontramos em seus diálogos. E digo ainda: perdemos Platão no caminho. Voltar ao *Fédon*, portanto, nesse contexto, tem como intento impedir que Platão possa ser acolhido por qualquer projeto de colonização, pela fundação de uma pretensa cultura ocidental ou europeia, pelas recorrentes sugestões, mais ou menos explícitas, da supremacia do pensamento greco-romano antigo. Platão, lido com os cuidados da filologia e da historiografia da filosofia, não embarca mais nesses navios.

Mas antes, o diálogo.

O DIÁLOGO

Conta Diógenes Laércio,[7] citando Favorino, que quando o *Fédon* foi lido em público o único dentre os ouvintes que assistiu até ao fim foi Aristóteles.

É um diálogo longo, de fato. Um dos mais longos de todo o corpus platônico, com mais de 61 páginas *Stephanus*. E duplamente intenso. Em primeiro lugar, há uma veemência emotiva. Morreu o "melhor entre todos aqueles que conhecemos então, e sobretudo o mais sábio e mais justo" (118a), nas palavras últimas de Fédon. Platão encena com grande quantidade de detalhes e de personagens a dramaticidade desse último dia de Sócrates, seu mestre. Em segundo lugar, uma intensidade teórica. Uma profusão de questões filosóficas é mobilizada para cumprir o objetivo central do diálogo: demonstrar a imortalidade da alma. Primeira entre todas, a hipótese das ideias, que ali foi introduzida possivelmente pela primeira vez em toda a obra platônica.

É, sem dúvidas, um dos textos de maior impacto de toda a literatura grega antiga.

Na verdade, o périplo de Sócrates até seu corredor da morte começa antes mesmo do *Fédon*. Esse é o quarto diálogo da primeira tetralogia — segundo a organização das obras platônicas que fez o gramático alexandrino Trasilo de Mendes — depois dos diálogos *Eutífron*, *Críton* e *Apologia*. No começo do *Eutífron* (2a), Sócrates se dirige ao tribunal para responder a uma causa judiciária impetrada por Meleto sob a acusação de corromper a juventude. Ao final do *Fédon*, e portanto da tetralogia, Sócrates perece na prisão, condenado à morte por essa acusação. Nas temporalidades da *lexis*,[8] a tetralogia conta a história da condenação e da morte de Sócrates. Assim, o *Fédon* é mais bem entendido se visto como uma sequência da *Apologia*, em que Sócrates se defende no tribunal das acusações e declara acreditar na imortalidade da alma e, sobretudo, no fato de que haverá justiça e retribuições na *outra* vida para quem tiver sido justo *nesta*. O *Fédon* dá continuidade à apologia. Desta vez, no entanto, não mais no tribunal de Atenas. A última investida de Sócrates em afirmar a imortalidade da alma se dá na esfera íntima, mas ainda teórica, e reafirma o valor de uma vida dedicada à filosofia. Seus argumentos serão agora avaliados pelos amigos e discípulos reunidos na prisão para estar com ele uma última vez (63b).

No palco desse último dia, Sócrates se desloca, encontra familiares e amigos, prepara seu corpo para a morte, ri, se permite gestos de carinho, fica longamente em silêncio, e, por fim, toma o veneno.

Exatamente como faz em todos os outros dias de sua vida e em (quase) todos os outros textos de Platão, Sócrates mais que tudo dialoga. Ainda que Aristóteles tenha atribuído a invenção do gênero dialógico a Alexamenos de Teos,[9] é opinião comum na Antiguidade que foi mesmo Platão quem levou essa forma literária à sua excelência (DL 3, 48). Platão estrutura seu texto como um diálogo dentro de outro: o primeiro, posterior à morte de Sócrates e sediado longe de Atenas, se dá entre Equécrates e Fédon. O segundo é o diálogo de Sócrates no dia de sua morte, sobretudo com seus discípulos Símias e Cebes. No diálogo-moldura, Fédon, testemunha ocular, conta como teria sido a conversa de Sócrates com os amigos e discípulos naquele dia.

"Acreditamos que a morte seja algo?" (64c) Essa é a pergunta com que Sócrates inicia sua discussão com eles. Sócrates fala da morte, ou melhor, da vida após a morte. Ele quer provar que esse não é o fim para um ser humano nem algo que um filósofo deva temer. O diálogo é estruturado em torno de quatro argumentos em favor da imortalidade da alma (70c-107b). Os argumentos receberam diversos nomes ao longo de tradição: 1) dos contrários, ou cíclico; 2) da anamnese, ou reminiscência; 3) da afinidade;

4) argumento final. Com eles, Sócrates quer demostrar que a alma existe antes e depois da morte do corpo.

Contudo, no *Fédon*, a morte não é somente discutida. Ela é também, e sobretudo, representada. O corpo de Sócrates que morre embaralha o discurso filosófico. A lógica dos argumentos por vezes esmaece quando encontra o desejo de persuadir e consolar os amigos. Premissas não demonstradas sustentam com dificuldade provas circulares. Os mitos vêm em socorro à fragilidade das provas e exorcizam o medo infantil que habita em cada um (77e). Suas imagens, sua poesia, renovam a esperança de que haverá justiça no além (114c), de que há uma continuidade entre este mundo e aquele, entre esta vida e a vida depois da morte. A promessa é que todo o bem realizado, uma vida dedicada à filosofia e aos outros, foi válida. O filósofo, tão desprezado na Atenas de seu tempo, viverá para sempre feliz. E nisso "é belo acreditar" (91b).

São essas as duas maneiras principais pelas quais Platão encena a morte no diálogo: pelo corpo de Sócrates e pelo imaginário dos mitos escatológicos. Voltarei a elas em breve.

Com relação aos argumentos propriamente ditos, é preciso reconhecer que a história da filosofia e a "cristianização" de Platão nos deixou de certa forma acostumados e confortáveis com as ideias sobre a morte e a imortalidade que Sócrates e os seus interlocutores discutem no diálogo. Na verdade, porém, elas eram escandalosas, pois confrontavam diretamente a cultura religiosa do tempo e a visão do mundo e do ser humano que tinha um ateniense dos séculos V e IV AEC. Prova disso é que Cebes (70b), como também Glauco na *República* (608d), não acredita na imortalidade da alma. E Símias, até o final do diálogo, mantém certa "desconfiança" (107b) sobre o que foi argumentado. Platão recorre a um imaginário religioso alternativo — órfico e das religiões mistéricas em geral — para inventar uma continuidade da pessoa que supera a morte do corpo. Atribui a ela um nome antigo, *psyche*, alma, mas agora com um novo significado. O escândalo dessa teoria da alma de Sócrates, dessa individualidade eterna e independente da cidade, deve ter sido, com toda probabilidade, um dos motivos de sua condenação à morte, portanto.[10]

Apesar de o título do diálogo ser *Sobre a alma*, falta uma definição de alma no *Fédon*. Diversos comentadores[11] notam que isso contraria boa parte do projeto filosófico socrático das definições. Nas páginas de *Fédon*, a alma não somente não é definida, como não é descrita em sua estrutura e seu funcionamento, o que acontecerá depois, em *República*. Aqui, é concebida por seu contrário: o corpo. Sócrates se limita a pressupor para o seu diálogo que "uma parte de nós é corpo e outra alma" (79b). Seu problema é mostrar que essa outra parte que nos compõe, e que não é corpórea, seja imortal.

Prazer e dor, comédia e tragédia, vida e morte entrelaçam a vida de Sócrates, assim como a narrativa sobre sua morte. E tecem a estrutura de todo o diálogo, desde as primeiras palavras e os primeiros gestos de Sócrates até seus últimos instantes de vida.

Um "monumento a Sócrates", assim Natorp[12] definiu o diálogo. Um monumento, creio, representado pelo seu corpo, sempre presente no centro da cena,[13] desde a coceira na perna, recém-libertada das correntes (60b), ocasião para suas primeiras palavras no diálogo com os amigos e discípulos, até o seu cadáver, silenciosamente estendido na cama, no final do dia e do diálogo (118a). O corpo de Sócrates e o diálogo são uma coisa só.

A estratégia de Platão não é incomum: em seus diálogos, ele sempre nos convida, mais do que a compreender argumentos, a encenar em nossas mentes as personagens em diálogo. A filosofia é moldada pelas vidas e as circunstâncias pessoais daqueles que a fazem e que são afetados por ela.[14] No palco do diálogo, são sempre representadas "a tragédia e a comédia da vida, onde se misturam prazeres e dores".[15] Em ambas, Sócrates é o protagonista inconteste. A fineza literária e filosófica de Platão no *Fédon* reside nisto: colocar, em um diálogo dedicado à alma imortal, o corpo como protagonista. Mais do que qualquer discurso, é o corpo que fala da imortalidade da alma.

A calma com que Sócrates enfrenta a morte, sua resignação à condenação, sua força de homem e filósofo (64d), remetem ao imaginário da heroicidade democrática e militar da Atenas de Péricles.[16] Sócrates morre como o melhor dos atenienses, apesar de Atenas o ter considerado descartável. O corpo do filósofo enfrenta finalmente a morte, após ter procurado por ela a vida toda. O corpo morre devagar, esfria aos poucos, dos pés até o abdômen, como que em um tratado anatômico de descrição dos efeitos do veneno.

Como a alma, que com muita dificuldade e dor (108b) resiste em se separar daquele corpo que ama e com o qual transcorreu uma vida inteira (81c), assim Críton, seu melhor amigo, não consegue se separar de Sócrates e quer cuidar de seu corpo após a morte, como cuidou dele a vida toda. Críton é cada um de nós, mas é sobretudo Platão, que não quer abandonar o corpo de Sócrates, e faz dele a chave de leitura de todo o diálogo. Há, portanto, uma delicada e precisa inversão entre a mensagem do diálogo, que diz da separação da alma do corpo para sua imortalidade, e sua personagem principal, Sócrates e seu corpo que morre.[17] Da mesma forma pela qual Platão expulsa a poesia, no livro x de *República*, utilizando-se de uma refinada arte poética, como são seus diálogos, aqui Platão faz Sócrates negar o corpo, enquanto seu próprio corpo se faz continuamente presente. É o corpo de Sócrates que, de alguma forma, abraça a imortalidade da alma.

Aqui, quem sabe, Platão concordaria com Foucault: "não há necessidade de uma alma nem de uma morte para que eu seja ao mesmo tempo opaco e transparente, visível e invisível, vida e coisa: para que eu seja utopia, basta que eu seja um corpo".[18] O corpo de Sócrates é a utopia que Platão está procurando. Platão, pensador das lacunas, do ainda a dizer e construir, nas pessoas e na cidade, em prosa e filosofia, prefere o não lugar do corpo de Sócrates ao *tratado sobre a alma* em seu *perfeito funcionamento*. É por esse motivo que o diálogo é atravessado pela incerteza, pelo risco de a filosofia naufragar ou de faltar energia para continuar pensando e conversando (85c). Somente um corpo no mundo pode ter medo de falhar e desistir. Ao entrar no coração de toda ética e metafísica ocidentais, Platão protege seu texto de qualquer tentação dogmática, fazendo o corpo de Sócrates agir como anticorpo.

Incerteza não significa, todavia, ceticismo ou, pior, *misologia*, ódio aos discursos, desistir da investigação. Sócrates continua falando. E muito. Procura argumentos em favor da imortalidade da alma, pede para ser compreendido e criticado. Sobretudo, tenta convencer seus amigos e discípulos a não temer a morte e a continuar buscando respostas para as questões mais importantes: justiça, uma vida boa e bela. Cuidar de si e dos outros. O *Fédon* é o lugar em que emerge provavelmente com maior força a chamada "terceira via" de Platão,[19] o caminho estreito entre ceticismo e dogmatismo. Uma solução intermediária — como Platão procura sempre esse *metaxú*! — que ele identifica no dualismo metafísico, isto é, na hipótese das ideias e na teoria da reminiscência, que garante ao indivíduo o acesso a essas mesmas ideias.[20] Nesta vida, entretanto, o acesso será sempre parcial e impreciso.

É por isto que Sócrates precisa dos mitos: para imaginar aquilo de que é impossível falar. Não é somente pelo corpo de Sócrates, portanto, mas é também pelo mito que Platão representa a morte.

Como já admitia Benjamin Jowett,[21] é difícil saber quando termina o mito e começa a filosofia em Platão. Não que isso fosse um problema para ele. Mas foi (e provavelmente ainda é) um problema para a história da filosofia antiga. Zeller,[22] por exemplo, se queixava da traição metodológica que os mitos operariam na obra platônica, afirmando que, por ser demasiado poeta, Platão não poderia ser considerado inteiramente filósofo.

Contudo, o próprio *Fédon* é um perfeito exemplo do contrário. Platão integra à perfeição os mitos aos diálogos, as imagens aos argumentos. Pouco importa[23] se Platão acreditava nos mitos escatológicos da imortalidade da alma. O que importa é o que ele faz com eles.

Penso que o mito, em Platão, seja um risco calculado. É significativo que ao término do mito final, por exemplo, Sócrates conceda que "defender a qualquer custo que as coisas estejam exatamente da maneira como eu narrei não é apropriado para um homem que tenha cabeça" (114d), mas, ao mesmo tempo, que "vale a pena correr o risco de acreditar" (114d) nesses mitos, e, de maneira especial, naquele que diz que as almas são imortais e "existirão no Hades" (107a). Esses mitos sobre a alma estão profundamente imbricados nos argumentos do diálogo. São o resultado de uma vida inteira dedicada à investigação das causas da geração e da corrupção (95e), isto é, da vida e da morte. Se assim não fosse, Sócrates poderia ser um *homem divino* órfico, que acredita nos mitos e se devota a uma vida de purificação ritual.[24] Mas não é esse o Sócrates de Platão. Platão reconfigura os mitos para que eles possam seguir de perto os passos de seus argumentos. Traspõe as narrativas para seu sistema filosófico. A despeito deles, torna os discursos antigos aliados de suas novas agendas, como a imortalidade da alma individual. Não poderia haver um melhor exemplo dessa estratégia platônica do que o *Fédon*.

Platão parece precisar do mito em momentos insuspeitáveis. A discussão que Sócrates faz de seu método das hipóteses é um exemplo: a separação das ideias das coisas sensíveis, o estarem elas sozinhas consigo mesmas, obriga Platão a um investimento em imagens que tentam captar a relação entre ideia e realidade. De um lado, há o desejo das coisas de serem como as ideias (75a), do outro, o movimento das ideias em direção às coisas: querem estar presentes nelas, fazer parte delas e estar em comunhão com elas (100d). Desejo e presença. "Metáforas poéticas", diz Aristóteles, com razão.[25] Mitos, de certa forma.

Ao mesmo tempo, para falar daquela relação entre prazer e dor que é a própria vida humana, "quando quer que um aparece, o outro vem atrás" (60c), Sócrates esboça um mito ao estilo de Esopo, com o prazer e a dor representados como personagens em guerra, cujas duas cabeças são amarradas por um deus.

A própria razão de possibilidade do diálogo depende diretamente de um mito, aquele de Teseu e o Minotauro: para reencenar o mito, todo ano é enviado um navio para Delos (58a). Sócrates deve esperar a volta da embarcação para que se execute a sua sentença de morte. O diálogo só é possível graças ao mito.

É preciso ainda reconhecer que é o próprio Sócrates o mito que se conta no *Fédon*. Não só porque sua vida e morte são os paradigmas da vida e da morte filosóficas, mas porque a personagem é construída por Platão nos moldes do herói mítico. Como Teseu, Sócrates salva Atenas ao entrar no labirinto dos discursos, se oferecendo em sacrifício como *pharmakos*, bode expiatório (58b).[26] Sócrates e Fédon se comparam, nas respostas às objeções de Símias e Cebes, a Héracles e seu companheiro Iolau, quando enfrentaram a Hidra de duas cabeças (89c) no mito. As referências indiretas a Odisseu são muitas. Entre elas, a imagem da jangada, que em 85d parece remeter à frágil embarcação na qual Odisseu parte da ilha de Calipso,[27] e, em 99c, aquela da "segunda navegação", faz pensar na chegada de Odisseu a Esquéria, remando nu, agarrado a um dos troncos da jangada.[28] Caserta[29] compreende os discursos que Odisseu faz na corte de Alcino[30] como background do *excursus* autobiográfico de Sócrates. É ainda a célebre viagem de Odisseu ao Hades,[31] néquia ou catábase, o pano de fundo mítico de todo o diálogo. Junto com Héracles, Odisseu é um dos poucos heróis dos quais se contam mitos de descida até o mundo dos mortos. Sócrates é agora o novo herói, que salva a si mesmo e aos seus ao abandonar o medo da morte.

A filosofia da imortalidade da alma é o novo mito que vale a pena contar daí em diante. Como no caso da alma, Platão está aqui operando uma confrontação direta com a maneira como os filósofos eram considerados em Atenas. É o próprio Símias a admitir que os atenienses consideram que todos os filósofos merecem morrer (64b). Mas agora Sócrates, o filósofo, se torna ao mesmo tempo o novo herói, como Odisseu e Héracles, e o novo *homem divino*, como Empédocles e Pitágoras.

O leitor do diálogo irá apreciar uma estrutura sinfônica. Os mesmos temas voltam continuamente, são retomados com acréscimos, ecoam sempre em novas remissões. Entre mitos e argumentos, imagens e teorias, a sensação é de um conjunto bem estruturado. Talvez seja por isso que o léxico musical é tão presente no diálogo: fala-se reiteradamente de harmonia, mas também de afinar e desafinar (86e), de uma alma que canta (94c), do canto dos cisnes antes de morrer (85a), de en*cantar* os medos pelos mitos.

O *Fédon*, ao final, é a mais bela canção que Platão escreveu para seu mestre Sócrates. Antes e depois de toda a interpretação, esta tradução é um convite a escutá-la.

PARA UMA TRADUÇÃO BÁRBARA DE PLATÃO

> Não escutarão, homens de Atenas, discursos com belíssimas frases e palavras, nem extremamente ordenados, como os discursos destes, e sim somente coisas ditas de maneira espontânea, com as palavras que vierem, porque acredito que o que digo seja justo; não esperem de mim nada diferente [...]. Me apresento agora pela primeira vez diante de um tribunal, aos setenta anos de idade. Sou um completo estrangeiro da linguagem da-

> qui. Se eu fosse realmente estrangeiro, vocês me perdoariam se falasse na língua e da maneira na qual fui instruído. Mas então, preciso, neste momento, e creio que seja justo, que vocês me permitam falar do meu jeito.[32]

Essa é a maneira como Sócrates se dirige ao júri popular no começo da *Apologia*, após as oitivas das acusações desferidas contra ele pelos oradores.

Sócrates declara querer se defender falando somente a verdade. Para isso, sua fala será a mesma que usa todos os dias na rua (17c). É consciente de que a linguagem comum, cotidiana, é estrangeira à retórica do poder.[33] Falar de maneira espontânea, portanto, é ao mesmo tempo um risco e uma provocação.

Ouvir a canção que Platão dedica a seu mestre é, mais que tudo, se deixar provocar pela linguagem de Sócrates.

No *Fédon*, Sócrates revela que sua opção não é ditada por algum tipo de desinteresse com a linguagem, pelo contrário (115e): "'Veja bem, excelente Críton', diz Sócrates, 'não falar bem não somente é um erro, mas é também algo que faz mal às almas'". Me diga que linguagem você usa e direi qual é a sua alma.

Da mesma forma, ao final do longo discurso sobre o método filosófico, Sócrates reconhece ter falado "difícil": "Acho que estou falando como se estivesse redigindo um contrato" (102d). O advérbio que ele usa é *syngraphikos*, que remete à oposição entre a fala livre, desorganizada e a escrita — mais precisamente a jurídica, representada aqui pela imagem de um contrato escrito.[34] Há um estranhamento nas palavras de Sócrates. Como se quisesse reconhecer que em algum momento de seu discurso "errou a mão". Sim, porque Sócrates fala bárbaro.

Platão em sua invenção da escrita filosófica em diálogo escolhe *palavras bárbaras*, no sentido que Foucault[35] dá ao adjetivo: bárbaras em contraposição às "palavras técnicas, bizarramente construídas", da linguagem oficial. Bárbaras *por não dizerem claramente o que significam, não aceitarem ser retiradas da familiaridade* do uso comum. Bárbaras porque acolhem a ambiguidade inerente ao movimento de um sentido que é o tempo todo apreendido e perdido. Bárbaras, enfim, porque estrangeiras à linguagem do poder.

Platão, ao inventar a filosofia, não quis inventar uma linguagem *técnica e bizarra*. As palavras de Sócrates, o "seu jeito de falar", lhe bastam. Creio que nenhuma reflexão sobre a tradução de Platão pode evitar essa intenção programática do autor. E nem precisamos do *Fedro* e sua oposição à escrita para enxergar isso. Minha proposta aqui é fazer uma tradução bárbara de Platão.

Se "a tradução se entende como a mais concisa e concreta forma de se apresentar a interpretação",[36] uma tradução bárbara de Platão é também, e talvez da maneira ainda mais importante, uma interpretação da filosofia de Platão e de seus significados.

Essa opção diverge de muitos projetos editoriais de tradução da obra platônica, não somente em língua portuguesa. O problema é que a opção por uma linguagem "culta" se dá por efeito do que o grande linguista inglês John Lyons chamou de "falácia clássica", que remonta já aos gramáticos alexandrinos.[37] Por trás dela há dois pressupostos indemonstrados: a) que as línguas mudam para pior, de maneira que a língua escrita, por conservar ainda uma língua já não mais corrompida pela mudança, seria inerentemente mais pura, e portanto melhor, do que aquela atual; b) que a língua falada é sempre mais caótica e desregrada do que a língua escrita, mais elegante e correta. Há nessa visão algo de uma "polarização maniqueísta",[38] pela qual o polo positivo é reservado ao texto escrito, e o negativo à oralidade. Dessa maneira, "a escrita se arroga uma importância a que não tem direito".[39]

Inspiradas por essa falácia, portanto, muitas traduções de Platão acabam por reproduzir uma "ideologia linguística preconceituosa".[40] A mesma, creio, que Sócrates criticava no tribunal de Atenas, reivindicando para si e para a filosofia uma linguagem bárbara, espontânea, cotidiana, com as palavras que ele usava todo dia na rua.

Não se trata de retraduzir Platão a cada geração, para que possa dialogar melhor com a língua e a cultura atuais. É mais que isso. Sem uma tomada de consciência do preconceito inerente aos usos da língua em todo projeto de tradução, o trabalho do tradutor é sempre feito para duas ou três gerações anteriores, com sorte. E isso não diz respeito a más escolhas editoriais. Há algo de perverso nessa operação; passa-se a impressão de que Platão e os clássicos em geral não falam a língua *desta* geração, não são gente como a gente. Esse tipo de tradução nos converte em estrangeiros, outros. Finalmente, em bárbaros. A mensagem que se recebe é que é impossível fazer filosofia a não ser *em grego, ou alemão*. Em língua portuguesa, irremediavelmente inadequada para esse fim, o mais próximo que poderíamos chegar seria alcançado pela maneira como falam certas elites, de ascendência europeia, e que ainda ocupam a maioria dos lugares intelectuais e acadêmicos de maior destaque. Sim, porque ao final é disto que se trata: de uma nem tão sutil nem tão implícita forma de supremacismo, que assume as conotações de um racismo linguístico.[41]

É duro admitir, talvez, mas as traduções de Platão arriscam contribuir com tudo isso, a menos que não reconheçam a ideologia que informa grande parte de nosso trabalho intelectual. É preciso impedir que Platão tripule aqueles navios.

Assumo aqui, portanto, o risco e a provocação de Sócrates e de suas palavras bárbaras, de seu *linguajar nato*, de seu *não falar grego*. Procuro uma tradução que encontre o mais possível a linguagem comum falada hoje no Brasil. É preciso defender Sócrates em seu direito de falar bárbaro.

Assim, abandono o uso da segunda pessoa, hegemônico em traduções brasileiras: "se um de vós está em melhores condições do que eu para responder, por que não o respondeste?"[42] ou "estiveste tu mesmo, Fedão, junto de Sócrates no dia em que ele tomou veneno na prisão, ou ouviste de alguém?".[43] Prefiro a terceira pessoa, de maneira que minhas traduções soam, respectivamente: "se um de vocês puder resolver o problema melhor do que eu, que tal falar?" (86d); e "você mesmo estava lá com Sócrates, Fédon, naquele dia em que ele tomou o veneno na cadeia, ou você o ouviu de outra pessoa?" (58a). Confesso que não tive coragem de ir "às últimas consequências" e fazer ver no texto o "você" e o "te" engalfinhados na "mistura de tratamento", de ver a língua das ruas *roçar a língua de Luiz de Camões*. Provavelmente deveria. Talvez na próxima geração.

Algumas dessas opções de tradução estão justificadas nas notas. Nelas, como nos textos introdutórios a cada seção que apresento a seguir, irei anotar minha interpretação do diálogo. Mas espero sinceramente que seja sobretudo minha tradução a revelá-la.

Sei bem, ainda assim, que Platão é, em última análise, intraduzível.

No sentido que dá ao termo Cassin: intraduzível "não é o que não traduzimos, mas o que nunca deixamos de traduzir e, portanto, também o que nunca deixamos de *não* traduzir".[44] O ofício da tradução de textos gregos é um equilíbrio incerto entre fidelidade e liberdade: "liberdade na restituição do significado; e, ao serviço deste significado, fidelidade para com as próprias palavras".[45]

O resultado é sempre provisório, condenado a uma obsolescência programada.

Traduzir, por fim, é "viver continuamente o luto" pela perda irreparável e necessária do "corpo do original, o corpo primeiro". As palavras da tradução ao mesmo tempo o "preservam, elevam e negam". Em busca do sentido, esse mesmo corpo é desencarnado, transformado em alma, feito memória. O resultado da tradução é uma "memória enlutada".[46]

O luto fez Platão *traduzir* Sócrates para sua geração.

Apresento a seguir uma breve introdução para cada uma das seções em que o diálogo é dividido.

PRÓLOGO
[57a-63e]

Fédon e Equécrates conversam em Fliunte, distantes de Atenas e dos fatos de que estão falando. Esse diálogo emoldura outro, o diálogo dentro do diálogo constituído pela conversa entre Sócrates e seus amigos e discípulos na prisão em seu último dia de vida. Sócrates e sua condenação à morte são a trama central do diálogo, não resta dúvida; desde a primeira palavra do texto é a isso que se faz referência. A construção literária do texto, no entanto, revela outra personagem, por assim dizer, que abre e fecha as poucas páginas do prólogo: o *pharmakon*, o veneno.

Já na primeira linha do diálogo, Equécrates pergunta a Fédon se ele estava presente no dia em que Sócrates tomou o veneno, e o prólogo termina com o pedido de Críton para Sócrates falar o mínimo possível, para que o veneno que está por tomar possa fazer o efeito esperado. Sabe-se que o sentido de *pharmakon* é propositalmente ambíguo e pode significar tanto veneno (que mata) como remédio. A poção é, ao mesmo tempo, o veneno que irá matar Sócrates e o remédio que o salvará, lhe servindo de passagem para uma vida melhor. A ambiguidade característica do veneno é o leitmotiv de todo o prólogo: os discípulos riem e choram; Sócrates aprisionado e condenado compõe música; e Sócrates descreve a morte como algo desejado por toda a vida.

Fédon estava com Sócrates nesse dia e conta a Equécrates o que viu. A moldura externa do diálogo, isto é, a sua estrutura narrativa, depende do que resta em sua lembrança:[47] o motor central do diálogo é, portanto, a memória de Fédon, ecoando um dos argumentos centrais em favor da imortalidade da alma, o da reminiscência.

Equécrates está especialmente interessado em saber três coisas sobre a morte de Sócrates: o motivo do longo intervalo entre a condenação e a execução; quem estava ao lado dele em seu último dia; e do que se falou no corredor da morte.

A primeira pergunta de Equécrates, sobre a longa espera, permite que Fédon relacione a morte de Sócrates com o festival das Délias, que recorda o célebre mito de Teseu e o Minotauro. Nesse movimento narrativo, Platão aproxima o destino de Sócrates ao do herói epônimo de Atenas que salvou catorze jovens do Minotauro. O efeito alcançado é a aproximação da figura de Sócrates com a de um herói trágico.[48] Essa aproximação fica clara quando Fédon responde à pergunta "quem estava lá?" com uma relação de catorze nomes de jovens discípulos, uma das listas mais completas dos socráticos, e, ainda assim, engenhosamente definida para corresponder ao mito. Chama atenção a ausência de Platão, que estava doente. Difícil compreender o motivo dessa que é uma das poucas menções diretas a si mesmo em sua obra.

A resposta de Fédon à terceira pergunta, provavelmente a mais esperada ("do que se falou?"), inaugura a narração do diálogo dentro do diálogo. Adiando inesperadamente a reprodução das palavras de Sócrates, Fédon se demora em uma descrição íntima das próprias sensações nesse dia, e fala de um "sentimento incomum, uma estranha mistura feita de prazer e dor" (59a), antecipando assim aquelas que serão as primeiras palavras de Sócrates e, mais em geral, o clima do diálogo todo, pendurado na contradição entre riso e pranto, vida e morte, veneno e remédio, corpo e alma.

O que Fédon e os companheiros encontram ao entrar na prisão para estar com Sócrates pela última vez é uma cena de intimidade familiar: Sócrates está com a esposa, Xantipa, e com o seu filho caçula. É atravessando o corpo de Xantipa que o luto aparece em toda sua violência e dor: ela grita e chora, mostrando ao leitor um realismo sobre a narrativa da morte que tantas palavras ditas a seguir, ao longo de todo o diálogo, tendem a esconder. O mesmo realismo narrativo, os mesmos corpos em sua concretude e intimidade que irão voltar ao final do diálogo, no momento em que as mulheres da casa, entre elas Xantipa, voltam para a cena (116b).

As primeiras palavras que Sócrates profere no diálogo surgem como que por acaso — tamanha é a habilidade literária de Platão — de uma simples coceira que ele sente na perna recém-libertada das correntes. Do pretexto nasce a fala de Sócrates acerca da atopia do prazer e da dor, de como são estranhas as sensações de prazer e de dor em sua aparente interdependência.

Ao tentar imaginar um conto de Esopo que pudesse representar essa ligação de maneira mítica, no entanto, Sócrates acaba despertando a memória de Cebes, um dos dois interlocutores principais do diálogo dentro do diálogo. Já há algum tempo, lhe diz Cebes, ele queria perguntar sobre uma coisa que ele e muitos atenienses estranharam: como é que Sócrates, nesses últimos dias de vida na prisão, decidiu pôr em versos as palavras de Esopo e musicar o proêmio de um hino dedicado a Apolo?

A resposta de Sócrates permitirá que Platão faça um duplo movimento: primeiro, sugerir uma comparação entre as biografias de Sócrates e Esopo, cuja reação à morte é tragicômica e portanto diferente da de Sócrates, composta e digna; em segundo, representar Sócrates como uma personagem obediente ao deus Apolo e à adivinhação de suas vontades, entre as quais fazer arte e não filosofia. Este segundo movimento quer ser uma negação indireta da acusação de impiedade que, segundo a *Apologia*, o teria levado ao corredor da morte.

A obediência aos deuses ganha destaque numa longa discussão sobre a proibição da morte voluntária. O tema emerge de uma aparente contradição detectada por Cebes no convite irônico que Sócrates envia ao "filósofo" Eveno para que o siga o quanto antes em sua passagem para a outra vida. Como é possível sugerir ao filósofo que deseje sua própria morte, se há uma proibição explícita de matar a si mesmos? Essa é a oportunidade para que Sócrates introduza um elemento central em todo o diálogo: discutir a imortalidade da alma guarda uma relação estreita com as tradições mistéricas, de maneira especial em suas concepções dualistas sobre a pessoa humana, dividida entre corpo e alma. Assim, contar mitos sobre a vida que nos espera — diz Sócrates —, como fazem essas tradições religiosas, é a melhor maneira de passar esse dia.

Símias, o outro interlocutor, ainda não está contente com a explicação, e Sócrates novamente recorre à *Apologia* quando revela se sentir obrigado a se defender como se estivesse diante de um tribunal (63b). Dizendo isso, começa a apresentar as razões de sua tranquilidade e até de sua felicidade diante da morte iminente. Essa defesa ocupará toda a seção seguinte do diálogo.

As páginas do prólogo anunciam e esboçam de forma programática muitos dos temas e das imagens que voltarão ao longo do diálogo. A fina costura literária das páginas iniciais do *Fédon* não é somente uma prova da grande capacidade literária de Platão, mas um sinal de que ele devia dar tanta importância à dimensão narrativa do texto quanto à especulativa. Algo a se ter sempre presente na leitura do diálogo.

A DEFESA DE SÓCRATES OU A VIDA FILOSÓFICA [63e-69e]

Sócrates se defende. Desta vez não diante de um tribunal, como na *Apologia*, mas perante seus amigos e discípulos. No final do prólogo, Sócrates havia expressado duas razões centrais para defender sua "esperança boa" com o que o aguardava após a morte: irá encontrar deuses sábios e bons (63b) e, além disso, pessoas melhores (63c). Mas quando começa a defesa propriamente dita, algo muda: o foco já não é ele e sua esperança, mas "um homem que tenha passado a vida na filosofia", isto é, um filósofo. Por esse motivo essa seção do diálogo é chamada por muitos comentadores também de "a vida filosófica". Pois é disto que essas páginas tratam: da vida do filósofo, cujo desejo de morrer se explica em função da possibilidade de acessar um conhecimento que, de outro modo, seria impossível nesta vida.

Sócrates, esse é seu estilo, subverte o argumento e inicia de imediato com uma afirmação perturbadora: "o único interesse daqueles que se dedicam corretamente à filosofia é morrer e estar morto" (64a). E precisa: uma filosofia bem-feita não é nada mais do que "se exercitar para morrer" (67e). A vida do filósofo é, portanto, se preparar para a morte e desde já viver a morte.

Num anticlímax, a reação dos interlocutores a uma afirmação tão dramática não é a que se poderia esperar: Símias explode em uma risada. Trata-se de um sinal dramático importante, a risada remete à comédia, e mais especificamente às *Nuvens*, de Aristófanes. Ali Sócrates e os filósofos, como diz Símias ao explicar a risada, não apenas são vistos pelas pessoas comuns como quase mortos por seu ascetismo, como merecem efetivamente morrer — é o que o desfecho da comédia deixa claro, quando Sócrates e seus seguidores são queimados vivos. Mas não é esse o sentido que Sócrates dá à afirmação de que os filósofos merecem morrer. Para esclarecer a que se refere, Sócrates inaugura uma série de definições do que seja a morte e o estar morto, todas elas centradas na separação entre corpo e alma.

A afirmação metafísica de um dualismo completo na morte dá lugar — essa é a cifra da metafísica platônica — a uma reflexão sobre a ética: o filósofo deseja a morte porque deseja aquilo que a morte traz, isto é, a alma "sozinha consigo mesma", livre do corpo, mesmo que nesta vida isso só ocorra parcialmente. Não por acaso o diálogo foi classificado como "ético" por Trasilo.[49] Com isso, o filósofo se separa da ética dominante de sua cultura (explicitamente descrita como *consumista*) e pode assim parecer aos seus semelhantes como "perto de estar morto" (65a). Mas o que interessa a Sócrates, sobretudo nesse momento, é a epistemologia: a separação da alma e do corpo, ou a morte, se torna uma chance para que o filósofo possa conhecer a realidade. A vida encarnada nos permite uma maneira imprecisa e atrapalhada de conhecer o mundo, mas a alma, liberada e purificada dos sentidos corporais, sozinha em si mesma, pode adquirir a posse definitiva da verdade. É só a morte que provê o derradeiro contato com a verdade, a que Sócrates chama com um termo técnico do vocabulário platônico: "o que é".

Assistimos nessas páginas ao lento afirmar-se de um léxico metafísico, todo ele apoiado em um uso revolucionário do adjetivo *auto*. Em mais um passo em direção à consolidação de um vocabulário metafísico, Sócrates pergunta: "Dizemos que algo é justo em si mesmo ou não? E também algo belo e bom?" (65d).

A pergunta metafísica de Sócrates sobre como é a realidade é introduzida pelo *dizer*, não pelo *ser*. O dizer sobre algo que *em si é* justo, belo, bom revela a consciência de que nossa linguagem nos permite dizer (e, portanto, pensar) que algo possa ser sempre e completamente justo, belo ou bom sem estar misturado com o seu contrário, naquela tonalidade cinzenta que é a marca incerta do mundo das coisas. Platão, creio, parece reconhecer que o âmbito da metafísica se desenvolve sempre (e quiçá somente) na linguagem.

A ontologia aqui se revela ainda fundada em uma experiência linguística e de desejo, em dizer que algo é ou deveria poder ser assim. Trata-se da virada metafísica de todo o diálogo, estamos a um passo das ideias, que de fato são introduzidas aqui pela primeira vez. Para isso, em uma repentina mudança de registro (66b), Sócrates reproduz uma espécie de diálogo que os "verdadeiros filósofos" deveriam ter entre si como consequência do reconhecimento de que o corpo é um obstáculo ao conhecimento da verdade. Estamos diante de uma espécie de exortação coletiva ou uma terapia de grupo, com a finalidade de empreender o conhecimento das *ta auta pragmata* (as coisas em si mesmas), isto é, das ideias. O conteúdo desse diálogo metafísico em direção às ideias é, todavia, chamado de *doxa* (opinião). Não há nada mais do que opinião e esperança nessa defesa de Sócrates, nada mais do que um desejo de pensar a vida humana não como escrava do corpo e das riquezas, mas livre para conhecer a verdade. Nenhuma certeza e somente uma alternativa possível: ou o conhecimento é impossível e é melhor desistir da busca pela verdade, ou o conhecimento "pode ser adquirido quando estivermos mortos" (66e). Toma forma a aposta de Sócrates e por fim sua defesa. Porque, afinal, conhecer é preciso.

Essa é uma aposta que é reconfortada pelos "discursos antigos" (67c), pelos mitos, que falam de uma purificação possível da alma e de seu destino no além. Há quem interprete todo o diálogo a partir desse conceito de purificação, emprestado dos rituais e dos mitos da religião antiga e transposto ao interior dos argumentos de Sócrates em três sentidos: no âmbito ético, a alma precisa sempre se purificar do corpo; no sentido epistemológico, a separação da alma do corpo é a condição para que ela possa conhecer as ideias; do ponto de vista ontológico, a pureza representa o carácter não qualificado e absoluto das ideias, que estão sempre sozinhas consigo mesmas.[50]

A oposição entre *philosophos* (amante da sabedoria, filósofo) e *philosomathos* (amante do corpo) representa a síntese do dualismo psicofísico que perpassa toda a filosofia platônica. Seria, contudo, equivocado pensar que esse dualismo signifique uma alienação do filósofo do mundo; pelo contrário, as ideias são instrumentos para conhecer a verdade *deste* mundo, para compreender seu sentido. Sua função, portanto, não é abstrata, e sim relacional: o conhecimento da alma desencarnada permite ao filósofo orientar a vida ética (o justo, o belo, o bom). Assim, a atitude do filósofo frente à morte é profundamente política, pois recusa a sujeição à cultura das riquezas e das honras para buscar apenas o que é verdadeiro, ao alto custo de um ascetismo radical.

A separação do corpo já em vida, que chamei de *intencional*,[51] é o que permite ao filósofo agir com justiça, pois é realmente livre para isso. Assim, Sócrates pode concluir seu discurso de defesa estabelecendo uma distinção entre filósofos e não filósofos com relação à verdadeira virtude: estes últimos, por não terem a sabedoria como horizonte do cálculo moral, não conseguem exercer as virtudes de maneira independente dos prazeres e medos. Mas a única garantia de sucesso para a vida moral é a sabedoria, conclui Sócrates, e uma vida filosófica é a única que pode fazer esperar por um destino feliz no além.

O ARGUMENTO DOS CONTRÁRIOS OU CÍCLICO [69e-72d]

Com esse primeiro argumento, que recebeu diversos nomes ("dos contrários", ou "cíclico" ou mesmo "da *antapódosis*", isto é, da compensação), Sócrates inaugura uma série de quatro argumentos em favor da imortalidade da alma que irão ocupar o centro do diálogo.

O argumento é a resposta de Sócrates àquele que Ebrey chama de "desafio de Cebes".[52] Este clama socorro diante do medo e da incredulidade generalizados de que a alma não seja nada mais do que "sopro ou fumaça, voe para todo lado e não exista mais em lugar algum" (70a). Curiosamente, o pedido vai contra o que Sócrates havia declarado ao afirmar que se o que ele acredita for verdade, então há esperança de que a alma sobreviva à morte do corpo.[53] Cebes agora diz o contrário, "se ela realmente existisse em algum lugar, sozinha consigo mesma, recolhida e separada desses males que você mencionou, muita e bela seria a esperança, Sócrates, de que o que você diz é verdade" (70a-b). Mais um movimento de inversão e circularidade a marcar o tom do argumento. Cebes pede um "incentivo a acreditar".

A estrutura dramática do argumento é toda ela construída a partir da incredulidade de Cebes e parece convidar o leitor a todo momento a se colocar no lugar dele e sentir o peso da desesperança se insinuando. Sócrates responde ao desafio numa velocidade inusual, empilhando rápido uma série de afirmações e provas nem sempre logicamente impecáveis.[54] É como se tivesse pressa de reafirmar a esperança, antes que a angústia tome conta de Cebes.

O movimento do argumento foi descrito magistralmente como aquele de "uma dança entre a morte e a vida, em que os dois termos trocam de posição e de papel, confundem-se os significados, sobrepõem-se os sentidos".[55] O diálogo todo é, no fundo, uma tentativa de Sócrates de consolar os discípulos e amigos e tranquilizá-los em relação ao destino da alma.

A ideia de que a alma não passe de "sopro ou fumaça" era bem presente na cultura do seu tempo, como revelam a representação da vida após a morte na poesia de Homero ou a pintura de Polignoto em Delfi. Em Homero, as almas dos mortos permanecem no Hades para sempre, mas não são chamadas "imortais", porque — diferentemente das divindades, estas sim imortais — passaram pela morte, e portanto não podem ser chamadas "sem morte", *athánatos*, imortais.[56]

Adicionalmente, como revela a descida ao Hades de Odisseu no canto XI da *Odisseia*, as almas que lá estão já não são mais a mesma coisa de quando em vida: Homero as chama de "cabeças fracas"),[57] sombras que perderam consciência ou vontade e que jamais poderiam voltar do Hades.[58] Cebes deixa isto muito claro: só poderia acreditar em uma alma imortal se essa fosse diferente da homérica, isto é, uma alma que possa manter no Hades *dynamis* e *phronesis* (força e sabedoria, 70b), retendo sua individualidade e capacidade de agir e pensar como indivíduo.

A ideia de uma alma imortal é algo novo e revolucionário para a cultura do tempo de Platão. A ponto de o próprio Glaucon, na *República* (608d), se declarar maravilhado com a afirmação de Sócrates nesse sentido. De onde Platão teria tirado essa ideia? Sócrates se apoia mais uma vez sobre "um discurso antigo", um mito segundo o qual não só as almas estão no Hades, mas "voltam novamente para cá e renascem dos mortos" (70c). Trata-se das teorias da metempsicose ou reencarnação, que constituem uma premissa central para todos os demais argumentos do diálogo.

Os comentadores têm alguma razão ao reclamar que aquilo que o argumento deveria demonstrar — a alma existe em algum lugar e é separada do corpo após a morte — é tomado como premissa do argumento todo. Mais uma circularidade, ao que parece. O recurso retórico não deve nos surpreender; Sócrates se declara empenhado em persuadir os discípulos e amigos de algo extraordinário, essa é a verdadeira e mais genuína premissa de toda a argumentação.

As "provas" são um exercício de persuasão, mais do que um processo estritamente lógico. Por esse motivo não pode de fato surpreender que o ponto de partida seja um mito antigo: Platão recebe as teorias da metempsicose do amplo e diversificado ambiente religioso e filosófico do orfismo e do pitagorismo, que reelabora, como sempre, reinterpretando-as (a partir de Diés, o termo técnico para esse dispositivo platônico é *transposição*) e ampliando seu escopo para que coincidam com o que Platão quer fazer com elas.

O argumento cíclico remete às tradições pitagóricas, pois até a própria metafísica dos contrários deriva delas: Aristóteles indica a lista de dez opostos como um dos aspectos centrais da ontologia dos pitagóricos.[59] Sócrates desenvolve o argumento da seguinte forma: partindo da premissa (mítica) de que os mortos renascem e, portanto, que os vivos nascem dos mortos, é possível afirmar que todas as coisas se geram de seus contrários e, mais ainda, que há dois processos contrários de geração, "uma que vai de um contrário para o outro contrário, e, em sentido contrário, outra geração que vai de um contrário para o outro" (71b). Posto isso, ele pode afirmar que se o estar vivo é o contrário do estar morto, o morrer surge de seu contrário, do viver, mas que do morrer torna a surgir o viver, em um movimento cíclico que desenha o ritmo do argumento e da própria imortalidade.

Sócrates considera essa uma "prova suficiente de que as almas dos que morreram devem existir em algum lugar, pois é daí que nascem novamente" (72a), e continua. Se as coisas não fossem assim, se não houvesse essa compensação dos movimentos contrários e cíclicos — diz Sócrates —, o resultado seria absurdo: todas as coisas acabariam por se reduzir a um dos contrários. Se não houvesse a tensão, por exemplo, entre dormir e acordar, tudo cairia em um sono perene. Nada impediria, assim, que todas as coisas acabassem mortas (72d). E a natureza seria "defeituosa" (*chole*, 71e), imperfeita, o que seria algo impensável.

Sócrates parece confiar no resultado de seu argumento, pois ao final dele diz que a imortalidade da alma já está "demonstrada" (77d). Ainda que não pareça ser realmente o caso, porque Símias irá voltar a questionar essa conclusão mais para a frente, e o próprio Sócrates acabará por reconhecer que seu interlocutor tinha razão em sua objeção (86e).

ANAMNESE
[72e-77d]

O segundo argumento que Sócrates apresenta em favor da imortalidade da alma corresponde à teoria da anamnese, ou reminiscência. Uma teoria que a crítica moderna teve alguma dificuldade em acolher. Pareceu "obviamente absurda" a Ebert[60] e "bizarra" a Ferrari,[61] por exemplo. A teoria não é nova: Platão a apresenta pela primeira vez em um diálogo anterior, o *Mênon*. Sabe-se disso porque Sócrates faz uma referência interna ao *Mênon*, quase um hiperlink em seu argumento (71b).

Um escravo, ignorante de geometria, é levado por Sócrates a "recordar" um complexo teorema geométrico. Mênon, o célebre sofista, levanta o paradoxo do conhecimento e da aprendizagem, pelo qual o saber seria impossível, pois como procurar algo sem saber o que se procura? E como reconhecê-lo quando o encontrar? No *Mênon*, a resposta de Sócrates para esse argumento erístico é a teoria da reminiscência: não haveria uma passagem da ignorância para o saber, e sim de um saber virtual, porque esquecido, para um saber real.

Ainda que no *Mênon* já se faça alusão à imortalidade da alma (81a), é no *Fédon* que Sócrates dá como que um passo à frente no desenvolvimento da teoria, não só conectando-a à sua preocupação central de provar a imortalidade de alma, mas especialmente ao fundamentar ambas, anamnese e imortalidade da alma, na teoria das ideias. Essa complexa articulação dos três temas no mesmo argumento o torna não somente um dos mais longos de todo o diálogo, junto com o argumento final, mas sobretudo um dos mais difíceis de reconstruir em sua riqueza de detalhes.

Apesar disso, o argumento pode ser resumido de forma relativamente simples: a condição da possibilidade de aprender, e, portanto, de saber algo (o problema do *Mê-*

non), depende de a alma ter acesso às ideias. Esse acesso às ideias é impossível enquanto ela estiver encarnada, isto é, ligada ao corpo, de maneira que a alma deverá ter tido esse encontro com a verdade, isto é, com as ideias, antes de se ligar ao corpo.

Muitos críticos modernos parecem ter se esquecido de que Sócrates está procurando confortar seus discípulos e amigos ao afirmar que a alma dele sobreviverá à morte; esse ainda é o tema e a preocupação central do diálogo. Tanto a anamnese quanto a significativa introdução das ideias precisam ainda ser compreendidas no contexto da persuasão quanto à imortalidade da alma. Mesmo que as discussões epistemológica e metafísica de Platão sejam as que mais ressoem na filosofia hoje, ambas precisam reconhecer os limites impostos pela moldura dos pressupostos mítico e metafísico que servem para demonstrar a imortalidade da alma.

Platão convida a olhar para o argumento sem perder nada, procurando manter sua complexa articulação entre mito, epistemologia e metafísica. Com isso procuro evitar uma leitura reducionista da anamnese como um processo apenas epistemológico, por exemplo, ainda que ela desenhe uma autêntica teoria da aprendizagem e do conhecimento. A tese pela qual "aprendizagem não é outra coisa do que reminiscência" (72e), lembrada no início e, de modo significativo, por Cebes como algo que Sócrates costumava falar, é inatista; uma tese epistemológica que teve muito sucesso na modernidade, de Descartes até mais recentemente Chomsky.[62] Uma tese elegante, cuja simplicidade não precisaria nem da imortalidade da alma nem das ideias para se sustentar,[63] Leibniz, por exemplo, concordaria nesses termos com Platão, como bem mostrou Brown.[64] Mas, para Platão, a imortalidade é essencial em geral e sobretudo no último dia de vida de Sócrates.

Como sempre, Sócrates parte da experiência sensível: a experiência do relembrar é algo cotidiano, corriqueiro, e se refere à experiência de ver um vestido e recordar imediatamente a pessoa amada, ou de ver Símias e lembrar de seu inseparável amigo Cebes (73d). E, todavia, aqui Sócrates parece dar um salto súbito para algo que não é simples experiência, mas que acontece apenas em nosso pensamento: "sempre que alguém se lembra de alguma coisa a partir de coisas semelhantes, não lhe acontece necessariamente de pensar se falta ou não falta algo na semelhança, quando comparado com aquilo que ele lembra?" (74a). Sócrates apela para um outro tipo de experiência, que vem junto com aquela do relembrar: a percepção de uma falta, de uma diversidade entre coisas à primeira vista semelhantes, mas que na realidade não são assim. O salto é significativo, se passa da simples observação da mecânica da nossa memória associativa para a descrição de algo que acontece no interior do pensamento de cada um; um diálogo da alma consigo mesma, que se pergunta "em que diferem o retrato de Símias do próprio Símias?", isto é, "o que falta ao retrato para ser efetivamente igual a Símias?". Pois o retrato de Símias é de certa forma igual a ele, mas é também diferente.

Com esse pensamento, abre-se o horizonte da alteridade radical do pensar. Ao contrário da simples associação de sensações diferentes, o pensamento constrói relações.[65] Mas a passagem realmente extraordinária do argumento está por vir, trata-se ao mesmo tempo do coração dele e de "um dos poucos argumentos em favor da existência das ideias 'platônicas', ou quiçá até o único".[66] E assim Sócrates salta por cima do abismo entre o conhecimento e a realidade: "dizemos que há algo igual, não digo um pau igual a um pau, ou uma pedra igual a uma pedra, nem algo desse tipo, mas alguma outra coisa que seja para além dessas: o igual em si mesmo?" (74a).

Aquela "falta" descrita como resultado do pensamento sobre a percepção da diferença assume conotações francamente ontológicas, pois se trata aqui da compreensão da distância entre as coisas iguais e o igual em si. O movimento em direção às ideias parece completo, assim como o desenho da metafísica platônica. Este se baseia com frequência na descrição de um mundo em que as coisas sensíveis, os particulares, adquirem suas propriedades por semelhança com as ideias universais. O léxico platônico é sabidamente impreciso por mobilizar também conceitos como comunhão e participação, entre outros. Semelhança esta, como é evidente na passagem em questão, que é sempre imperfeita e instável. As coisas sensíveis querem imitar os paradigmas, mas sempre falham, resultando em uma imitação defeituosa.[67] Mesmo assim, Sócrates não se esquece de antepor às ideias o verbo "dizemos", consciente de que é da diferença entre valor e verdade nos planos ontológico e linguístico, mas também porque o primeiro somente pode ser expresso pelo segundo, ainda que de maneira imperfeita.[68]

Isso posto, a conclusão necessária do argumento é que essa ideia da igualdade, o igual em si, não é algo que alguém possa ter conhecido neste mundo, onde jamais poderia encontrar paus ou pedras de fato iguais. É preciso ter tido contato com a ideia de igualdade antes, em uma condição de alma sem corpo: "devemos ter conhecido o igual antes do momento em que, ao vermos pela primeira vez coisas iguais, pensamos que todas essas coisas desejam ser como o igual em si, mas o são de maneira defeituosa" (94e). O desejo de as coisas serem como as ideias, a tensão profunda que Platão percebe na realidade, é a representação metafísica de algo que diz respeito à psicologia do ser humano: a percepção dessa "falta" radical, a incapacidade de conhecer o mundo, pode fazer nascer esse desejo de completude, de idealidade, ainda que sabidamente não alcançável. A ontologia é assim filha do desejo de escapar do ceticismo radical e do niilismo.

Mas a base da metafísica é sempre dialética. Sócrates a descreve assim: "quando perguntamos perguntas e quando respondemos respostas" (76d). Nesse processo dialético, o que a filosofia faz é, num movimento artesanal, apor o rótulo "o que é" às realidades que ela compreende como iguais em si, isto é, as ideias.

Tal necessidade de diálogo, imprescindível para o sucesso da anamnese, distancia Platão de Descartes. Longe de ser um inatista perfeito, Platão postula uma condição sociolinguística pela qual, e somente na presença da qual, o conhecimento pode ser recuperado na memória: o diálogo. Em lugar do "penso logo existo" de Descartes, Platão provavelmente preferiria dizer: "alguém me perguntou se já pensei sobre o fato de que existo, e me dei conta de que existo". Os outros, com suas perguntas e respostas, são necessários para a memória e para o conhecimento. Assim como para apor o rótulo às ideias. E isso é quase todo Platão. E tudo isso está aqui nestas páginas.

Mas Sócrates não está interessado em seguir por esse caminho em busca do conhecimento, dialético e imperfeito, das ideias. Basta-lhe ter provado que "se existem, como estamos sempre repetindo, o belo, o bom e cada essência desse tipo [...] é então necessário que, da mesma forma que essas essências existem, exista também nossa alma, e antes de nascermos" (76d). Sócrates considera ter conseguido demonstrar assim a existência das ideias em conjunto com aquela da preexistência da alma (senão da imortalidade propriamente, como veremos a seguir nas objeções de seus interlocutores), as duas teorias que Cornford[69] considerava os *twin pillars* da filosofia platônica. As duas teorias — das ideias e da reminiscência — são de fato codependentes e Sócrates se declara por fim satisfeito com a estrutura ontológica de amplo fôlego que acabou construindo para provar a imortalidade da alma.

O ARGUMENTO DA AFINIDADE
[77d-84b]

Ainda que fique claro que Sócrates está satisfeito com os dois argumentos anteriores e seus interlocutores pareçam convencidos por eles, o medo declaradamente infantil de que a alma esvaeça após a separação do corpo não os abandona com tanta facilidade. Será necessário um suplemento de persuasão por parte de Sócrates, que é convidado a usar suas palavras para acalmar esse medo. O encantamento de Sócrates dá forma a esse terceiro argumento, todo ele costurado por imagens e analogias que traçam uma espécie de árvore genealógica da alma e de seu parentesco com as ideias.

O argumento costuma ser chamado de "argumento da afinidade", ainda que talvez fosse mais correto chamá-lo de argumento do parentesco.[70]

Sócrates constata, de início, que há uma diferença substancial entre a dimensão sensível e a inteligível. Essa diferença diz respeito à mutabilidade, à identidade e, por consequência, à visibilidade. A realidade sensível, e nela obviamente está incluído o corpo, é composta e não permanece sempre na mesma condição. Não é jamais idêntica a si mesma, vive em constante mutação. Enquanto isso, a realidade inteligível, à qual a alma é semelhante, está sempre na mesma condição, é sempre idêntica a si mesma, e portanto imutável. Pessoas, cavalos, roupas nunca estão na mesma condição, nunca são iguais a si mesmos nem iguais aos outros. O contrário do que acontece à realidade em si, às ideias ("o igual em si, o belo em si e toda coisa que é em si", 78d), que não admitem nenhuma possibilidade de mutação.

A essa altura o argumento de Sócrates dá mais uma vez um salto e acrescenta a visibilidade à lista de diferenças: as ideias não podem ser apreendidas com os sentidos, mas somente pelo "raciocínio do pensamento" (79a) e, portanto, não podem ser vistas, à diferença das coisas do mundo. Esse primeiro movimento permite a Sócrates um segundo, que é afirmar que existem duas espécies de realidades, as visíveis e as invisíveis. Com isso, o caminho está aberto para chegar aonde queria desde o começo do argumento, isto é, para finalmente afirmar, de um lado, que das duas partes que constituem a pessoa, o corpo e a alma, esta última é "mais semelhante e congênere" (79b) às coisas invisíveis. E, por outro, para atribuir às coisas invisíveis todas as qualidades que valiam para as ideias: estarem sempre na mesma condição, não mudarem e serem sempre idênticas a si mesmas.

Muitos comentadores não compreenderam o sentido desse argumento-encantamento a que Sócrates se propõe, considerando o argumento da afinidade fraco.[71] A principal queixa é que a analogia entre a alma e as ideias não seria perfeita, pois a alma não é imutável como o são as ideias.

Já tentei mostrar em um estudo anterior[72] que suspeito que a crítica esteja esperando do argumento da afinidade a afirmação de um dualismo ontologicamente mais forte do que aquele que Sócrates esteja disposto a admitir. Ele não está interessado em afirmar que a alma é imutável, mas sim que é imortal, sendo essa a única afinidade que importa, o verdadeiro parentesco dela com as ideias. A imutabilidade não é o foco de seu interesse, a ponto de Sócrates inserir tranquilamente o advérbio "quase" (*eggus*, 80b) para se referir à indissolubilidade da alma após a morte.

O fato é que a alma não é nem invisível nem indissolúvel da mesma forma como o são as ideias, pois participa necessariamente de uma comunhão com o corpo. Daí que pode parecer imutável e invisível, mas na verdade não o é completamente. Prova disso é que algumas almas, como fantasmas "circulando por tumbas e sepulcros [...] podem ser vistas" (81d): trata-se das almas que em vida estavam apaixonadas pelo corpo, dedicadas a cuidar de seus desejos e prazeres, acreditando que não haja "nada de verdadeiro a não ser o corpóreo que se pode tocar, ver, beber, comer e usar para o sexo" (81b).

Os traços expressionistas que Sócrates emprega na descrição dessas almas que não conseguem nem mesmo após a morte desencarnar, ou se separar completamente do corpo, poderiam ter convencido muitos comentadores da diferença ontológica radical entre alma e ideias. A dificuldade de admitir isso tem menos a ver com o texto platônico, que me parece suficientemente claro a esse respeito, e mais com a adesão ao pressuposto interpretativo de que Platão estaria sempre comprometido com um "*substance dualism*",[73] isto é, com aquela que Casertano[74] chamou da "lenda historiográfica" do dualismo platônico.

As imagens fortes das almas penadas, contudo, possuem uma função retórica essencial para o argumento: convencer os discípulos e amigos a antecipar a morte, ecoando assim aquele "exercício para a morte", que é a vida filosófica (81a). Antes, e melhor, que uma premissa ontológica, a separação entre corpo e alma deve ser o resultado de uma escolha moral. A separação não seria, portanto, uma aquisição permanente, mas requereria um esforço do indivíduo, epistemológico e ético. Um esforço que, ao que parece, precisa surpreendentemente continuar mesmo após a morte: há sempre o risco de as almas daqueles que amaram o corpo e vagam pelas tumbas voltarem "a se prender a um corpo" (81d).

A alma que ama o corpo é "embriagada" (79c) pela paixão por ele, *quer estar presa por vontade*: "a engenhosidade da prisão funciona pelo desejo", diz Sócrates, "de maneira que aquele que está aprisionado acaba por ser cúmplice de seu aprisionamento" (82a). Por meio de seu encantamento, Sócrates se propõe a desfazer a amarração do amor da alma, enfeitiçada pelo corpo.

O rico e diversificado léxico da comunhão entre o corpo e a alma parece colocar em séria dificuldade qualquer interpretação do argumento da afinidade que queira apenas ver nele a afirmação da identidade entre a alma e as ideias. Há uma ênfase injustificada dos comentadores num dualismo ontologicamente mais forte do que aquele que o argumento parece admitir, como dizia. A alma, no argumento original, não é imutável como as ideias, pois o estatuto ontológico dela não o permitiria, devido a seus ineludíveis traços corporais. O que está aqui descrita é a luta da alma em sua dupla natureza: crescida junto com o corpo, mas aspirando à companhia dos deuses invisíveis (81a). Uma alma camaleônica, como a definiu brilhantemente Bostock.[75]

OBJEÇÕES
[84c-91c]

Se faz silêncio outra vez na prisão. Os argumentos de Sócrates, e de maneira especial este último, não convenceram Símias e Cebes, que conversam entre si em voz baixa, com receio de relatar abertamente suas dúvidas ao mestre. Sócrates se dá conta disso e os convida a apresentar suas objeções.

Mais do que simplesmente para o conteúdo das duas objeções — de Símias, com a ideia da alma como harmonia, e de Cebes, com a metáfora do tecelão —, Platão quer jogar uma luz especial no palco em que a conversa é representada. Sócrates sorri duas vezes (84d, 86d) e, em lugar de se demostrar incomodado com as objeções, se oferece pacientemente como companheiro de dúvidas.

A atitude de Sócrates faz Fédon afirmar que jamais o havia admirado tanto como dessa vez (88e), pela "maneira prazerosa, gentil e admirável com que ele acolheu os argumentos dos jovens; e em seguida a atenção que deu ao efeito que os argumentos tiveram sobre nós" (89a). A função central da seção sobre as objeções é ressaltar a atitude de Sócrates desenhando um modelo exemplar de como conduzir um debate filosófico, marcado não somente pela acolhida dos argumentos alheios, mas também pela atenção aos sentimentos que emergem ao longo da discussão.

Há dois sinais inequívocos desse propósito. Em primeiro lugar, a narração do diálogo entre Sócrates, Símias e Cebes é interrompida por Equécrates (88c). A moldura externa do diálogo irrompe no palco com uma função análoga àquela do coro de uma tragédia:[76] Fédon e Equécrates comentam os eventos que são apresentados no diálogo narrado. O intermezzo aponta de imediato para as emoções: a tristeza e a angústia de Equécrates, que já não sabe mais em que acreditar; a admiração e o afeto de Fédon por Sócrates; e o carinho de Sócrates, que brinca com os cabelos de Fédon, em uma cena de inigualável doçura (89b). Em segundo lugar, as páginas dedicadas às objeções são inauguradas, por um lado, por uma breve e incisiva declaração metodológica de Símias sobre a precariedade do conhecimento humano, que, na ausência de um caminho mais seguro, obriga cada um a confiar no "melhor dos discursos humanos, e o mais difícil de confutar, embarcando nele como que sobre uma jangada, e arriscar-se a velejar pela vida" (85c). Por outro lado, essa fala inicial de Símias corresponde, ao final da seção, à de Sócrates quando faz o célebre alerta para que não caiam na misologia, isto é, no ódio aos discursos. Por meio de uma elegante e precisa avaliação psicológica, Sócrates quer chamar a atenção dos amigos e discípulos para esse risco que todos os diálogos filosóficos carregam sempre consigo.

Manter-se em uma atitude aberta ao diálogo, como a que Sócrates apresenta em seu último dia de vida, requer maturidade psíquica e ética. O desejo de pôr fim à dor que cada um sente perante a incerteza dos discursos, que ora parecem verdadeiros, ora falsos — o sentimento de estar em uma jangada durante a tempestade —, pode levar a pessoa a culpar os discursos pela sensação de desamparo, levando-a a odiar o debate e a abraçar um ceticismo radical. Ao contrário, diz Sócrates, cada um deveria culpar a si mesmo pela falta de energia e capacidade de continuar a busca para distinguir os discursos verdadeiros dos falsos.

Em seu ódio, o misólogo — isto é, alguém que tem aversão aos discursos, um neologismo que Platão elabora a partir do misantropo — perderia a chance de tentar alcançar um discurso verdadeiro e um conhecimento estável da realidade, desistindo da esperança de que esses existam. Ao mesmo tempo, a misologia é resultado de uma atitude ética e política muito bem conhecida pela Atenas no tempo de Sócrates, aquela de querer sempre se dar bem, sempre levar vantagem, na vida e nos debates. Contra esse risco da misologia, Sócrates contrapõe mais uma vez o exemplo de sua própria atitude de modéstia epistêmica, demonstrada de maneira especial nessa seção do diálogo.

A expressão "é belo acreditar" (91b) representa a síntese da postura ética que Sócrates desempenha ao longo de todo o diálogo: a do investimento epistêmico em convencer os discípulos da imortalidade da alma. Pois o que Sócrates pode oferecer não é uma certeza inabalável, mas a frágil esperança da jangada, isto é, de que os argumentos, sendo verdadeiros, funcionem, convençam as pessoas a acreditar neles. Não por acaso, o termo persuasão (*peitho*), em suas mais diversas formas, ocorre mais de cinquenta vezes no diálogo.[77] É nesse contexto dialógico e retórico que deve ser compreendido o célebre convite de Sócrates para que os amigos e discípulos deem "menos atenção a Sócrates, e muito mais à verdade" (91c). Ainda que incerta e precária, a verdade possível, que resulta do diálogo, ainda é a melhor chance para se arriscar na travessia da vida.

Ambas as objeções, tanto de Símias como de Cebes, são *reductiones ad absurdum*[78] e serão respondidas como tais por Sócrates na próxima seção. Símias evidencia que o argumento da afinidade está baseado em uma analogia espontânea e evocativa[79] e opõe a ela uma analogia alternativa, como prova de que o procedimento analógico não é nunca o mais seguro: seria absurdo imaginar que a harmonia produzida por uma lira, ainda que invisível e incorpórea, sobreviva à destruição da própria lira. A objeção de Símias pode ser aproximada àquela do epifenomenalismo da filosofia da mente contemporânea:[80] os processos mentais, ainda que possam ser considerados logicamente separados da materialidade do corpo, não possuem qualquer independência ontológica deste. Assim como sem a lira não há harmonia, sem o corpo não haveria alma. Símias pode então concluir que "se, portanto, a alma é alguma sorte de harmonia, é evidente que toda vez que o corpo é afrouxado ou esticado de forma desmedida por doenças ou outros males é necessário que a alma morra imediatamente" (86c). A evidente materialidade dessa teoria da alma como harmonia pode escandalizar. Ainda mais quando Símias declara: "consideramos que a alma seja mistura e harmonia" (86b). A que grupo de pessoas Símias estaria se referindo aqui ao empregar a primeira pessoa plural?

A observação que vem logo a seguir, do pitagórico Equécrates, remontaria a uma teoria da alma de origem pitagórica, atribuída ao fragmento 13 de Filolau (44 B13 DK), e que compreende a alma como harmonia. Entretanto, como uma teoria da alma materialista poderia coexistir com a outra importante contribuição pitagórica para as teorias da alma no *Fédon*, isto é, aquela da metempsicose, que pressupõe uma concepção da alma não material e imortal? Os comentadores procuraram diversas soluções para esse impasse historiográfico e teorético. A melhor solução parece ser ainda aquela sugerida por Guthrie (1962), pela qual no pitagorismo antigo coexistiriam pelo menos duas diferentes noções de alma: a *psyche* homérica como harmonia dos elementos físicos que na morte do corpo esvaece como sopro ou fumaça; e uma parte diferente da individualidade humana, esta sim imortal e capaz de transmigrar através de corpos. Esta última devia receber diversos nomes, entre eles *daimon*. Mas ela também pode receber, no interior do variegado arquipélago das tradições pitagóricas, o nome de *psyche*. É certamente como Platão a chama neste diálogo.[81]

Mais surpreendente ainda é que Sócrates declara concordar com a objeção de Símias. Antes de responder a esse argumento, contudo, pede a Cebes que fale. Este também utiliza uma imagem, a célebre analogia do tecelão, com a qual pode afirmar que, ainda que a alma possa ter existido antes de sua encarnação no corpo, Sócrates está longe de provar que ela sobreviva após a morte deste, ou pelo menos que não "possa se cansar em seus muitos nascimentos e que em uma dessas mortes pereça enfim" (88a). Assim como a última roupa utilizada por um tecelão, o fato de que ela sobreviveu à morte dele não é prova de que o tecelão seja imortal.

Na fala de Cebes, Platão insere com delicadeza uma novidade em sua concepção da alma: é preciso que se prove que ela não é apenas imortal, mas também indestrutível (*anolethros*, 88b). Pois a imortalidade poderia não indicar ainda a individualidade da alma (as poeiras cósmicas dos atomistas são também imortais), enquanto a definição de uma permanência individual aponta para uma forma de imortalidade distinta, exatamente aquela que interessará mais a Sócrates em suas respostas.

As objeções de Símias e Cebes constituem um ponto de inflexão no *Fédon*, pois Sócrates dedicará toda a segunda parte do diálogo a respondê-las e, sobretudo, a evitar o risco de que os seus interlocutores deixem de acreditar no valor do diálogo, virando assim *misólogos*.

RESPOSTA ÀS OBJEÇÕES
[91c-95e]

Como todo bom interlocutor de um diálogo filosófico, Sócrates começa suas respostas verificando com Símias e Cebes se ele havia compreendido bem o sentido das críticas. Apresenta seu resumo delas e pergunta se era isso mesmo o que eles quiseram dizer. Somente após a confirmação de que havia compreendido bem a posição dos interlocutores é que Sócrates dá início à sua resposta.

A resposta à objeção de Símias aponta apenas para

a contradição entre a teoria da alma como harmonia e aquela da reminiscência. Símias, que já havia se convencido deste segundo argumento, imediatamente percebe a impossibilidade da coexistência de ambos e abandona a ideia da alma como harmonia. Logo admite que sua objeção foi apresentada "sem qualquer prova, na base de certa verossimilhança e plausibilidade, que é como a maioria das pessoas pensa", destituída de "uma hipótese digna de ser aceita" (92d), prefigurando assim a discussão que Sócrates fará na seção seguinte, dedicada exatamente ao método das hipóteses.

O texto platônico é cheio de antecipações e remissões como essas, convidando a uma leitura calma e atenta de suas páginas. Apesar de não ser mais necessário para a economia da discussão, Sócrates surpreendentemente segue procurando argumentos contra a teoria da alma como harmonia, possivelmente ainda como reação aos riscos da misologia acima apontados.

As páginas que se seguem figuram como as mais difíceis do diálogo. Nas notas da tradução faço uma discussão mais pontual sobre sua estrutura elaboradíssima, quiçá quiásmica (simetricamente espelhada), e sobre os diversos problemas de crítica textual, que a meu ver derivam das dificuldades da tradição em compreender o concatenamento dos argumentos de Sócrates. Em resumo, a negação da alma como harmonia reflete uma preocupação ética central: se a alma fosse harmonia, ela seria totalmente determinada pelo corpo e não poderia ser um agente moral. Sócrates leva o argumento ao absurdo e conclui que, "no caso em que a hipótese pela qual a alma é harmonia seja correta" (94b), as almas de todos os seres viventes seriam todas boas, não haveria nelas o vício, por este ser desarmonia (94a). E, todavia, a experiência de cada um é que a alma, ao contrário, se opõe muitas vezes às pulsões do corpo, agindo com frequência contra este. Se a alma fosse harmonia das partes corporais do indivíduo, obviamente não poderia se opor, organizar ou dirigir os desejos do corpo, como faz.

Platão costuma elaborar em seus textos, e *Fédon* não é exceção, uma fenomenologia do indivíduo moral, pensado como resultado de um conflito intestino das diversas partes das quais é composto. Ainda que com um desenho estrutural um tanto distinto, esse conflito define a ética platônica também em *República*, por exemplo, na descrição da alma cindida em três partes. Esse demorar-se de Sócrates na resposta a Símias, portanto, é mais uma ocasião para reafirmar uma das preocupações centrais do projeto filosófico platônico, aquela da relativa autonomia do sujeito moral, essencial para a construção coletiva de uma nova cidade, mais justa e mais bela. Pois se é verdade que do ponto de vista ontológico a alma é imortal e tem afinidade com o divino, Platão sabe muito bem que é preciso que ela se mantenha *humana, demasiado humana* com relação à possibilidade de acertar e errar, isto é, com relação à vida moral: acertos e erros irão depender do esforço ascético da alma *nesta* vida[82] e de seu "exercício para morrer", que corresponde à busca pela verdade e pela felicidade.

MÉTODO
[95e-102a]

Sócrates faz novamente uma longa pausa antes de responder à objeção de Cebes. O silêncio de Sócrates sublinha uma quebra no tecido narrativo, como a querer indicar a necessidade de retomar o fôlego, dele e dos ouvintes, antes do próximo discurso, que se prenuncia complexo e difícil. A seção que se segue, conhecida como o método das hipóteses (ou também como autobiografia de Sócrates), amplia o foco dos argumentos da imortalidade da alma para uma discussão sobre o próprio método filosófico, que como se verá está baseado na hipótese da existência das ideias. Haja folego.

Sócrates começa de longe, mais precisamente dos inícios da própria filosofia: daquela "investigação sobre a natureza" que corresponde à ousadia dos primeiros filósofos assim chamados pré-socráticos, que se perguntaram sobre "as causas de cada coisa, isto é, por que cada uma nasce, morre e é" (96a). A empolgação juvenil de Sócrates com a filosofia que nasce em busca das "causas de tudo" transpira das páginas em que Sócrates desenha sua autobiografia intelectual: há muita esperança e muito investimento pessoal de Sócrates nelas.

Nesse sentido, é delicada e significativa a cena de Sócrates procurando os livros de Anaxágoras e os devorando o mais rápido possível (98b). Mas a história dessa paixão é também a história de repetidas desilusões. De início, com a explicação mecanicista das causas, que acaba por confundi-lo e torná-lo cego (96c), a ponto de declarar preferir um método qualquer a este, que por fim vai abandonar (97b); em seguida, com o próprio Anaxágoras, que, se no início havia renovado a esperança de Sócrates com a proposição de um *intelecto* ordenador de todas as coisas, acabava não lhe atribuindo nenhuma causalidade, caindo outra vez em uma explicação mecanicista da realidade e desperdiçando aquela que poderia ser o que realmente faria a diferença, isto é, uma causa final, que explicasse "por que é o melhor" as coisas serem como são (99a).

Essa longa discussão autobiográfica de Sócrates sobre o problema das causas da geração e corrupção — como também costuma ser chamada — não tem, todavia, a intenção de se constituir em um tratado completo de epistemologia das ciências naturais ou da física pré-socrática. A discussão é ainda um longo prólogo à introdução das ideias, condição necessária para provar a Cebes que a alma é imortal e indestrutível.[83] O propósito é ousado e teoreticamente nuclear, tanto para o diálogo como para a filosofia platônica como um todo, mas o caminho que Sócrates decide trilhar é pontuado, mais uma vez, por sua modéstia epistêmica: o que compartilha com Cebes é sua própria experiência, não uma verdade. Coloca em jogo a própria história, tecida de esperanças, fracassos e mais novas esperanças.

Sócrates aqui está falando de seu próprio passado, que se confunde com as origens da filosofia, para preparar seus futuros argumentos em favor da imortalidade da alma. Uma prova disso é a repetida insistência, quase incômoda, em um dos problemas dessas causas materiais: o fato de que dois fenômenos diferentes ou até opostos sejam explicados por uma mesma causa, como no caso de a cabeça ser a causa tanto de uma pessoa ser maior do que outra como de uma pessoa ser menor do que outra (101b). Essa insistência tem uma finalidade muito precisa: Sócrates quer preparar o terreno para o argumento final (102a) em que tentará mostrar que se a alma é a causa da vida do corpo, não poderá ser causa da morte e deverá necessariamente estar isenta dela e ser imortal.[84]

Se as causas físicas pré-socráticas trazem o perigo da autocontradição, a causa teleológica ou final gera a inevitável decepção que resulta da confiança em algo impossível de alcançar.[85] O risco, em ambos os casos, é ainda aquele de cair na misologia. Sócrates esteve perigosamente próximo dela, é o que confessa a Cebes em sua autobiografia. A vacina para isso será o método das hipóteses.[86]

Será preciso para isso encontrar um fundamento sobre o qual apoiar o argumento, como nos ombros do mítico Atlas: aquela causa que mantém "todas as coisas juntas" (99c) não é alcançável, a menos de arriscar um novo caminho. Sócrates então conta como foi obrigado a embarcar em uma "segunda navegação à procura da causa" (99c). Essa, na ausência de vento para encher as velas, é feita por remos: trata-se de um plano B, com certeza não é a maneira mais confortável ou eficiente de procurar a causa. Assim mesmo é a única à disposição. O que pretende com essa navegação alternativa é provavelmente melhor compreendido na alusão ao eclipse (99d): sem poder olhar direto para o sol, pois isso deixaria qualquer um cego, quem quer olhar para ele deverá olhar para sua imagem refletida na água. Se enxergar com os olhos é impossível, diz Sócrates, será preciso "encontrar refúgio nos discursos, e nestes examinar a verdade das coisas que são" (99e).

A imagem do refúgio nos discursos é o subtexto perfeito das outras duas imagens, a da segunda navegação e a do eclipse. Ao lado delas introduz aquele método das hipóteses que Sócrates irá apresentar logo a seguir. Um método entremeado por imagens. Sócrates diz serem essenciais aos discursos (100a), e que somente nesses podem ser colocadas as hipóteses que nos permitem afirmar algo verdadeiro sobre a realidade.

É evidente que o refúgio nos discursos não é um salto para o "mundo das ideias", como algumas traduções acabaram sugerindo, ao verter *logoi* por ideias, em lugar de discursos (nas notas remeto a referências a esse respeito). O método não permite uma visão direta das realidades sensíveis ou mesmo das ideias, pois isso levaria à cegueira.[87] Pelo contrário, o contexto das três imagens aponta para uma apreensão da verdade sempre mediada por imagens refletidas, pelo esforço humano do remar e pela incerta segurança de um refúgio. O método das hipóteses aponta para um percurso lento e laborioso, como a navegação por remos. O método é, sobretudo, a aposta de confiar no discurso que, a cada momento, parecer o mais verdadeiro e, a partir dele, construir uma rede hipotética e cada vez mais próxima da verdade. Não há qualquer garantia de sucesso,[88] mas *navegar é preciso*, pois é a única chance para alcançar alguma verdade nesta vida.

O discurso que parece mais verdadeiro a Sócrates, a hipótese que ele adota, é aquele da existência das ideias. Com as ideias, os problemas da causalidade que tanto o preocupam estariam resolvidos. E, todavia, se trata ainda e somente de uma hipótese feita no interior de uma rede discursiva, e não de um contato direto com as ideias.[89] A hipótese é que exista "um belo em si mesmo, um bom em si mesmo, um grande em si mesmo e assim por diante" (100b).

Essa hipótese da existência das ideias é colocada pela primeira vez no diálogo em relação com a demonstração da imortalidade da alma: se "concorda que essas coisas existem [as ideias], a partir disso espero poder demostrar a você a causa e assim revelar que a alma é imortal" (100b). Essa conexão entre alma e ideias, que constitui a estrutura teórica central de todo o diálogo, é algo que Sócrates somente *espera* poder demostrar, não algo de que esteja certo. Assim, quando procura descrever as ideias enquanto causas da realidade, o léxico se torna irreparavelmente impreciso e o método, incerto.

Após falar, de início, de participação (*methexis*) entre as ideias e as coisas sensíveis (100c), Sócrates acrescenta os conceitos de presença (*parousia*) e comunhão (*koinonia*) para descrever esta mesma relação. Diz: "tenho para mim o seguinte, ainda que de modo simplório, improvisado e até ingênuo: que o que faz aquela coisa ser bela não é outra coisa a não ser a presença ou comunhão ou como se deva chamar essa relação daquele belo" (100d). A frase é de extraordinária modéstia: as ideias são apresentadas como solução, mas sem qualquer ufanismo ou grande entusiasmo. Pelo contrário, os limites do método são escancarados de maneira sincera e a confiança de Sócrates em suas capacidades é pequena, a ponto de confessar não poder "de fato afirmar isso com absoluta confiança" (100d).

As "metáforas poéticas", como as chama Aristóteles,[90] que tratam da relação entre ideias e coisas, e certo ceticismo de Sócrates com relação ao alcance e ao sucesso do método das hipóteses, deveriam afastar não apenas qualquer tentativa de buscar no diálogo a descrição de uma teoria sistemática das ideias, como a possibilidade de Platão pensar que algo desse tipo seja possível.

A imprecisão das imagens e metáforas dessa seção sobre o método são programáticas: Platão sabe que aquilo que é impossível compreender nesta vida só se deixa imaginar, construindo sobre tal expediente imaginativo discursos persuasivos. A ignorância, cifra tipicamente socrática, assume aqui uma dimensão inédita. Todavia, por mais que o conteúdo das ideias e suas relações com as coisas não sejam plenamente compreensíveis, Sócrates não abre mão de afirmar pelo menos uma coisa: que "graças ao belo todas as coisas belas são belas" (100e). Resta apenas uma hipótese, uma esperança que convida ao exercício dialético e procura afugentar tanto o medo da morte como, de novo, o risco da misologia. Quase como um encantamento, como aquele que Sócrates havia se proposto no início do diálogo, para acalmar a criança assustada que habita em cada um (77e). Assim, a síntese da teoria das ideias se assemelha a uma fala encantatória, por sua repetição e assonância: "*to kaló pánta ta kalá kalá*", graças ao belo todas as coisas belas são belas (100e). E a alma descansa na esperança de sua imortalidade. Porque é também para isso que as ideias servem.

O ARGUMENTO FINAL [102a-107b]

A essa altura do diálogo, Símias e Cebes se declararam já diversas vezes convencidos da existência das ideias (65d, 74a, 76d, 92d) e Sócrates acaba de argumentar mais uma vez em favor da imortalidade da alma recorrendo exatamente à existência delas (100a). Para sublinhar o sucesso das respostas de Sócrates às objeções e a *homologia* conseguida, Equécrates intervém pela segunda vez na narração de Fédon, desta vez expressando um sentimento oposto àquele de desesperança que expressara logo após as objeções (88c): está agora muito entusiasmado com a "clareza extraordinária" (102a) do discurso de Sócrates sobre o método. O consenso enfim alcançado é resumido assim por Fédon: "foi acordado que cada uma das ideias existe e que as outras coisas, participando delas, dela recebem o mesmo nome" (102b). Esse consenso se torna a premissa sobre a qual Sócrates constrói seu último argumento.

Há aqui dois conceitos centrais: as coisas participam das ideias e essa participação lhes confere o mesmo nome das ideias. Junto com o nome, as coisas recebem também as características próprias de cada ideia. Mas não todas, pois as ideias diferem das coisas em algo essencial: enquanto a ideia é sempre igual a si mesma, as coisas podem participar simultaneamente de ideias contrárias, como é o caso de Símias, que é ao mesmo tempo pequeno e grande, e portanto tem em si contemporaneamente as ideias de grandeza e pequenez: se comparado a um homem maior, participa da pequenez, mas se a um homem menor, da grandeza.

Sócrates, nesse ponto, percebe que o início do argumento está ficando exageradamente técnico ("estou falando como se estivesse redigindo um contrato", ele diz sorrindo em 102d), mas prossegue inabalável e introduz uma distinção entre a ideia em si e a que está em cada um: não somente a grandeza em si (a ideia de grandeza) jamais pode acolher a pequenez, como "a grandeza em nós não admite a pequenez", de modo que "ou foge e cede o lugar toda vez que o pequeno, que é o seu contrário, se aproxima, ou morre logo que esse chegue" (102d). Essa distinção entre ideias em si e ideias em nós é algo pouco claro e, como é fácil imaginar, levantou um enorme debate na crítica (apresento referências nas notas). Estou convencido de que a existência de ideias nas coisas pode ser compreendida como um esforço de Platão para descrever uma possível relação entre ideias e coisas: as ideias, junto com o nome, carregam para as coisas algumas características. Algumas delas são essenciais, enquanto outras são acidentais.

A essa altura, a fala de Sócrates é interrompida abruptamente pela reclamação de um interlocutor anônimo que estava presente na prisão (103a) e que aponta para uma contradição do discurso atual com aquele sobre os contrários (70d, 77c). Naquele argumento se dizia que é do contrário que nasce seu contrário. A condescendência um tanto desdenhosa de Sócrates com esse interlocutor, atitude que claramente destoa daquela que sustenta ao longo de todo o diálogo com os demais amigos e discípulos, fez pensar em um expediente dramático de Platão que, ao não o nomear, apontaria para Antístenes, o cínico, discípulo de Sócrates, mas em seguida violento opositor de Platão.[91]

De toda forma, a objeção permite que Sócrates precise melhor o sentido do argumento: lá se falava de coisas contrárias, aqui "falamos dos contrários em si, cuja presença nas coisas nomeadas faz sim que recebam seus nomes" (103b). O que o anônimo interlocutor não compreende são as próprias ideias, e Sócrates aproveita para reafirmá-las. Em sua resposta, porém, ele acrescenta um elemento essencial: não é só que as ideias não admitem o seu contrário, como o frio não admite o quente, mas também que há coisas tão profundamente informadas por uma ideia (o termo aqui é *morphe*, forma, 103e), que não admitem a presença nelas de uma ideia contrária. É o caso da neve, que não pode admitir a presença do quente, ou acabaria destruída. A diferença entre a coisa (neve) e a ideia (frio) é que a primeira possui a forma da segunda apenas "enquanto existir" (103c), e não para sempre, como as ideias.

Desse ponto em diante, Sócrates utiliza o léxico das ideias para estabelecer a predicação essencial: considerando que a coisa não pode receber nela o contrário daquela que é sua característica essencial, como é o caso do três com o par ou do fogo com o frio, ela vai embora ou é destruída. Assim, mais uma vez, Sócrates reafirma a impossibilidade de os contrários coexistirem nas ideias. Contudo, agora isso vale também para algumas das coisas. Está claramente se repetindo. Ele tem consciência disso (105a) e pergunta para Cebes se este o está acompanhando até aqui. Cebes diz que sim e essa é a ocasião para Sócrates dar mais um de seus saltos argumentativos. Convida Cebes a acompanhá-lo agora para um caminho que leve a respostas mais "refinadas" e menos "ingênuas" (105c) que as dadas até esse momento. Assim, a resposta à pergunta sobre o que faz o corpo ser quente não deverá mais ser o calor, e sim o fogo; àquela sobre o que faz o corpo adoecer, a resposta não será mais a doença, mas a febre. Estaria implicado aqui que exista alguma forma de participação de uma coisa em uma outra (o corpo com o fogo) ou Sócrates estaria indicando ser preferível responder com algo real, como o fogo, em lugar de algo abstrato, como o calor? Não está totalmente claro em que sentido as novas respostas devam ser compreendidas como melhores do que as anteriores.

A estratégia argumentativa de Sócrates parece funcionar com Cebes. Este diz ter entendido muito bem e estar pronto a responder, finalmente, à pergunta que Sócrates estava preparando desde o início: "Qual é aquela coisa que surgindo no corpo o faz ser vivo?". "A alma", responde Cebes sem titubear (105c). Essa é a resposta mais refinada que Sócrates estava procurando, e não a mais ingênua, que seria "a vida". A alma é, portanto, imortal, uma vez que não poderia jamais ter nela o contrário da vida, isto é, a morte. Demostra-se assim que a alma, ainda que seja uma coisa, e não uma ideia, graças a toda a argumentação desenvolvida até aqui, é ocupada de tal forma pela vida que não pode admitir a morte. Cebes confirma que isso foi demostrado de maneira completamente satisfatória (105e), mas Sócrates sabe bem que falta ainda um último passo a dar para responder à objeção do próprio Cebes (88b): demostrar que a alma, além de imortal, também é indestrutível.

Sócrates, todavia, mais do que apresentar um argumento propriamente, recupera a série de analogias das páginas anteriores, do ímpar, do quente e do frio, e, graças a uma operação linguística e retórica, coloca na frente dos termos o alfa privativo, isto é, um prefixo em alfa que exprime a negação ou a privação de uma qualidade: não par (*a-nartion*), não quente (*a-thermon*) e não frio (*a-psykton*). Nenhum desses é indestrutível, mas o imortal (grafado também com o alfa privativo, *a-thanatos*, não mortal), ao contrário, é indestrutível. Quase por encantamento, pois não há realmente qualquer lógica no argumento e nas analogias, após tantos alfas privativos, a equação entre imortal e indestrutível é simplesmente afirmada, assim como sua consequência esperada, a saber que a alma, que é imortal como já ficou demonstrado, é também indestrutível. Apesar da fragilidade do argumento não passar inobservada ao próprio Sócrates, que se pergunta se não seria necessário um outro argumento, desta vez é o próprio Cebes a vir "em socorro ao argumento" (88e) e dizer que não há necessidade de mais nada. Afinal, todo mundo, e até os deuses (106d), sabem que o imortal não morre e, portanto, é indestrutível. Assim Sócrates pode enfim concluir seu último argumento: "quando a morte chega para a pessoa, sua parte mortal, ao que parece, morre; enquanto sua parte imortal vai embora sã e salva e intocada, cedendo o lugar para a morte. [...] Assim, mais do que qualquer outra coisa, a alma é imortal e indestrutível. E nossas almas realmente existirão no Hades" (106e).

Cebes mais uma vez se declara convencido pela demonstração, assim como Símias, que no entanto ainda mantém certa desconfiança devido à fragilidade humana e à dificuldade do tema. Assim como o leitor, provavelmente. Sócrates não pode senão concordar com essa cautela, e o argumento final se encerra com um convite para seguir a investigação até onde for humanamente possível (107b), em mais uma profissão de modéstia epistêmica que já não surpreende. Mas, acrescenta Sócrates, com o cuidado de não cair no ceticismo que leva à misologia: se um argumento ficar claro, é bom ficar com ele e não continuar ao infinito. A fragilidade humana impõe também esse cuidado epistêmico adicional, para o qual Sócrates não deixa de chamar a atenção bem no final de seu último argumento: o de se contentar com uma conclusão apenas satisfatória e com ela navegar pela vida.

O MITO FINAL
[107c-115a]

Se a alma é imortal, agora resta imaginá-la em seu destino além-túmulo. Obviamente por meio de um mito, cujo pressuposto ético fundamental é que a morte não separa a pessoa de suas responsabilidades: ela é eternamente imputável por como levou a vida junto com o corpo. Se a morte fosse o fim de tudo, diz Sócrates, não haveria razões para que a pessoa se mantivesse justa e santa nesta vida. O discurso, portanto, é levado por Sócrates para a dimensão ética da imortalidade da alma: esse é o seu motivo e o que o estrutura em seus mínimos detalhes. O mito final, antes de qualquer outra coisa, portanto, quer descrever os prêmios e os castigos que aguardam a pessoa após a morte.

A narração mergulha nas imagens das tradições dos mistérios. É também delas que Platão colhe o motivo da cegueira, de uma inversão da perspectiva sobre como percebemos nossa vida e o mundo em que vivemos. Essa "que chamamos de vida" (107c) não é a vida verdadeira, e a terra que habitamos não é como acreditamos que seja (108c), não é a "terra mesma" (109b). Há uma outra vida e uma outra terra a serem imaginadas. O resultado desses empréstimos, dessas transposições, é um mito que Sócrates apresenta como tradicional e bem conhecido, a ponto de nem sequer precisar declarar sua autoria. Trata-se, na verdade, de mais um expediente literário de Platão, pois o resultado desse diálogo com as tradições da imortalidade da alma é um mito não somente original, mas em profunda e evidente continuidade com os argumentos e pressupostos epistemológicos e ontológicos dos argumentos tecidos ao longo do diálogo. Pode-se até dizer que o mito é a consequência desses discursos; as imagens do mito vêm socorrer a fragilidade dos argumentos, assumindo assim o lugar de um necessário complemento a eles.

Há, no entanto, uma diferença: a salvação da alma não é garantida pelos ritos funerários, como Sócrates deixará muito claro em seus últimos instantes, mas pela excelência ética e, em última análise, pelo exercício da filosofia. Platão acolhe o imaginário dos mistérios, portanto, mas não sua ritualidade: aqui, o que conta é a vida, não a performance de ritos. A profunda integração do mito com o restante do diálogo diz respeito não somente à descrição da imortalidade da alma, como poderia parecer, mas também às descrições geográficas e cosmológicas que ocupam grande parte dele. Sedley[92] enxergou um espelhamento destas com as discussões físicas de Sócrates em sua autobiografia, enquanto, mais recentemente, Ebrey[93] argumentou em favor de uma analogia com a teoria das ideias: as melhores regiões do mundo seriam semelhantes às ideias, enquanto as outras estariam condenadas a fluir continuamente como o mundo sensível.

O mito é o discurso mais longo de Sócrates, que afirma programaticamente ser "preciso encantar a si mesmos com essas coisas, por isso eu venho me demorando há algum tempo no mito" (115d). A demora no mito é parte da pragmática dessa forma literária: a narração requer um olhar lento e um tanto panorâmico, diferente daquele do argumento, sempre imediato e definido. Ninguém que tenha cabeça, diz Sócrates, vai querer "defender a qualquer custo que as coisas estejam exatamente da maneira como eu narrei" (115d). A beleza e o prazer de contar e de ouvir mitos (110b), de se deixar transportar por imagens e utopias, é ainda sua principal razão de ser. Parte da impressão desse demorar-se de Sócrates, que contrasta com o diálogo quase sempre cerrado que mantém com seus interlocutores, feito de rápidas perguntas e respostas, deriva provavelmente de uma estrutura literária que Alberto Bernabé, em uma recente conversa, definiu como *sinfônica*: Sócrates repete temas e imagens já apresentados no diálogo, ou mesmo já mencionados antes no próprio mito, como uma estratégia para fixá-los e aumentar o seu efeito persuasivo.

Os temas do mito são dois: o destino das almas e a estrutura do cosmo. Ambos se sobrepõem continuamente nas três partes principais em que a narração está dividida: uma primeira, em que Sócrates declara sua crença na vida moral e nos prêmios e castigos que esperam a alma no Hades (107c-108c); uma segunda, em que a geografia do cosmo é descrita em detalhes (108d-110a); e uma terceira, na qual Sócrates apresenta um mito escatológico sobre como são as coisas na superfície da terra e no mundo subterrâneo (110a-114d). A depender do destino que lhes couber, as almas são colocadas em diferentes lugares, hierarquicamente bem determinados, em uma descrição contínua do mundo que se estende desde os ínferos do Tártaro até as alturas das Ilhas dos Bem-Aventurados.

Há um mapa geográfico bem estratificado, separado em distintas regiões, essencial ao propósito ético e escatológico do mito: um cenário cósmico que espelha a ordem moral.[94] Cenário do destino das almas imortais, o mito é também alegoria *desta* vida: porque a separação ascética, estar sempre pronto para a partida para o Hades (115a), traz ao filósofo prêmios e felicidades já *nesta* vida, ao contrário de uma existência que seja escrava do corpo e de seus desejos (66d).[95]

No mito, portanto, as almas são separadas em duas tipologias: as que viveram "bela e santamente, e aquelas que não" (113d). Mas com o desenvolvimento mais detalhado da cosmologia do Hades, os destinos das almas se desdobram e se dividem ulteriormente em quatro tipos: a.) as almas que viveram entre a virtude e o vício; b.) as incuráveis, por terem se manchado de crimes hediondos; c.) as curáveis; e d) as que viveram uma vida especialmente santa, que vão habitar a verdadeira terra. A classificação e o destino dessas almas, no entanto, não são dados a um tribunal para julgar: a figura dos juízes aparece apenas uma vez em toda a narração (114b) e sua função é reduzida a de garantidores do cumprimento da justiça. Surpreendentemente, o juízo é feito pela comunidade das almas, em especial aquelas a quem se prejudicou pelas injustiças cometidas. São as vítimas a determinar se e quando a pena foi cumprida por seus algozes.

A narrativa de Sócrates empresta o gênero da descrição geográfica e combina, de um lado, elementos tradicionais de Homero, dos mistérios e da religião popular, e, de outro, ideias que surgem nas primeiras teorias físicas pré-socráticas, como a esfericidade da terra. A função do mito não é mais desenhar um mapa, mesmo um mapa escatológico, como aqueles encontrados nas lâminas órficas funerárias, que indicavam o caminho e as senhas que permitiriam ao morto chegar a salvo no Hades. Como de costume, Platão não subverte as tradições por completo, ele as coopta, fazendo com que funcionem de acordo com seus objetivos.[96] E o objetivo de Sócrates é, mais uma vez, sobretudo moral: o mito quer indicar que há um continuum entre este mundo e aquele, de maneira que os seres humanos são responsáveis eternamente pelo seu bem e pelo seu mal, aqui e lá. Sem solução de continuidade. Esse é o pressuposto ético da imortalidade da alma que Sócrates anuncia logo no início do mito. Mais do que uma geografia, portanto, o mito foi já interpretado como uma "psicografia":[97] o que interessa a Sócrates é a alma, que é acompanhada em seus movimentos, nesta e na outra vida. É nesse sentido que Nightingale[98] pode falar de uma *escatologia do presente* ou de uma *escatologia ecológica* do *Fédon*.

Por essa razão, a geografia do mito é marcada pela confrontação direta com a percepção comum. Como no mito da caverna da *República*, o que *parece* aos sentidos humanos não *é* realmente o que parece, da mesma forma que, no mesmo mito, a terra em que acreditamos viver não passa de um buraco, de uma cavidade. A verdadeira terra está na superfície. Essas cavidades se parecem muito com prisões, pois os que as habitam não conseguem sair delas. Dizer que vivemos debaixo da terra, que este mundo é uma caverna, é mais uma maneira de reafirmar que esta que parece ser a vida é, na verdade, a morte, como sugere o célebre verso de Eurípides citado no mito escatológico do *Górgias*: "Quem sabe se viver é morrer e morrer é estar vivo?" (493a). A verdadeira vida e a verdadeira terra são outras.

Sobre essas percepções enganosas, das quais precisamos nos libertar, Sócrates adverte por várias vezes ao longo do diálogo: a alma é presa ao corpo como a uma prisão, da qual precisa se libertar para poder viver plenamente. Desse modo, Sócrates se encontra em uma prisão no *Fédon*, mas não na prisão em que os atenienses o confinaram e na qual seus amigos e discípulos compartilham seu último dia. A verdadeira prisão em que se encontra Sócrates é o seu próprio corpo. É dele que o filósofo deseja se libertar com a morte. É essa a razão que leva o filósofo a desejar a morte. Aos filósofos, que, "como saídos de prisões, sobem para a moradia pura e habitam sobre a terra", é reservado no mito o destino melhor: uma eternidade "sem corpo" (114c). São esses o "belo prêmio e a grande esperança" (114c) reservados a quem viveu de todo dedicado à filosofia, o que equivale "a estar pronto para morrer facilmente" (81a).

Entretanto, o corpo continua presente no palco do diálogo. As últimas palavras de Sócrates, terminada a narração do mito, já não são mais dedicadas à alma, e sim ao seu próprio corpo e ao cuidado que lhe precisa conceder: está na hora de se lavar, para poupar as mulheres do trabalho de lavá-lo depois de morto. Um cuidado, portanto, que não é tanto uma necessidade higiênica ou ritual, mas é, sobretudo, uma escolha ética, de cuidar também dos corpos e do trabalho das mulheres de sua casa (115a).

A MORTE DE SÓCRATES [115b-118a]

É a esses mesmos corpos, de Sócrates e dos seus, que Críton dirige suas preocupações e seus cuidados. "Como devemos enterrar você?", pergunta ao amigo (115c). Sócrates sorri uma última vez e reclama docemente de seu fracasso em convencê-lo de que o seu corpo, muito em breve, não será mais ele mesmo, e sim apenas um cadáver. E convida os amigos a fazer o que mais lhe é caro: cuidarem de si mesmos, que no léxico socrático significa, mais uma vez, cuidarem de suas almas. Em breve Sócrates já não estará mais com eles, sua alma irá embora para uma vida imortal e feliz. Mas ele acolhe com paciência a preocupação do amigo e concorda em ser sepultado "seguindo os costumes" (116a). O corpo de Sócrates nunca esteve tão presente como nesse diálogo: seus movimentos e posturas, seus sorrisos, seus cuidados cadenciam todo o texto.[99] Nesse momento, a prisão acolhe mais uma vez outros corpos: aqueles das mulheres da casa e de seus três filhos. Ainda que não nomeada, Xantipa deve estar entre elas.

Sócrates fica muito tempo entre elas, apartado em outro quarto. Cuida das mulheres e dos filhos, confiando-lhes suas últimas vontades. Mas "o sol estava quase se pondo" (116b) — sobre o dia, sobre o diálogo e sobre a própria vida de Sócrates. É então que o filósofo retorna novamente aos amigos e discípulos. Contudo, já não há palavras, faz-se silêncio. O silêncio que se segue sempre ao diálogo e que deixa cada um sozinho com seus pensamentos e suas emoções.

Esse calar só é interrompido pela chegada do enviado dos Arcontes, que traz a ordem da execução. Este elogia a nobreza de Sócrates diante da condenação à morte e é o primeiro a chorar (116d). Sócrates se despede também dele e pede a taça. "Não se apresse, ainda há tempo" (116e) — Críton protesta diante da urgência de Sócrates em tomar logo o veneno. Mas este está decidido e toma de uma só vez a taça toda, não antes de levantar uma oração para pedir aos deuses que a passagem seja feliz (117c). É então que os amigos e discípulos começam a chorar copiosamente e só param quando Sócrates os repreende: o momento requer silêncio.

Sócrates parece mais interessado em cuidar que o veneno faça seu efeito do que em qualquer outra coisa. O protagonista da última cena do diálogo é de novo o corpo de Sócrates: o responsável pela execução começa a apalpar e beliscar os pés e as pernas dele para verificar se o veneno está paralisando seus membros, subindo em direção ao abdome. Já deitado na cama, aguardando o veneno paralisar seu coração, Sócrates encontra tempo para dizer suas célebres e enigmáticas últimas palavras: "Críton, devemos um galo a Asclépio. Paguem a dívida, não se esqueçam" (118a). Mas já não ouve mais a resposta do amigo. É Críton quem fecha a boca e os olhos do Sócrates morto, em um último gesto de cuidado afetuoso com o corpo do amigo. A resistência de Críton em deixar de cuidar do cadáver não é ditada apenas pelo seu afeto, tampouco deve ser um sinal de que não entendeu os argumentos de Sócrates sobre a imortalidade da alma. É mais provavelmente a imagem de um paradoxo que se insinua ao longo das páginas do diálogo e que emerge com toda a força nessa última cena. O paradoxo de um corpo que se tentou rejeitar, depreciar, banir, mas que, ao final, está ainda lá, mais presente do que nunca.[100] Platão, como Críton, não consegue abandonar o corpo de Sócrates: faz dele um memorial de toda a filosofia, dedicando-lhe algumas das páginas mais belas de toda a literatura ocidental.

AS PERSONAGENS

O *Fédon* apresenta mais de dezesseis personagens, incluindo o interlocutor anônimo de 103a. A maioria é introduzida já nas primeiras páginas do diálogo. O elenco é anunciado por Fédon, mas a imprecisão com que relata os presentes na prisão ("creio que foram mais ou menos esses os que estiveram lá", 59c) faz suspeitar de que havia mais gente. Há também indícios de que poderia haver mais pessoas ouvindo o diálogo-moldura entre Equécrates e Fédon (58d, 102a). Muita gente em cena, portanto.

As personagens diferem daquelas de outros diálogos de Platão. Sócrates não fala com seus usuais interlocutores, gente que encontra na praça, jovens promissores, políticos ou intelectuais sofistas. Esse, o último diálogo, é com os "seus", o círculo íntimo de amigos e discípulos. Isto é, gente que leva a filosofia a sério. Essa é provavelmente a informação mais relevante sobre as personagens e, ao mesmo tempo, uma chave de leitura importante para a compreensão do texto como um todo.

As informações aqui apresentadas sobre as personagens foram recolhidas, com certa liberdade, de Sedley,[101] Nails,[102] Boys-Stones,[103] Kamen,[104] Casertano[105] e Ebrey.[106]

SÓCRATES E PLATÃO: dispensam apresentações.

FÉDON DE ÉLIS: é o narrador no diálogo-moldura e testemunha ocular do último dia de vida de Sócrates. É ele que dá o nome ao diálogo. Diógenes Laércio nos conta que nosso narrador foi capturado como prisioneiro de guerra e tornado escravo sexual em Atenas.

Liberto, se dedicou à filosofia, se tornando discípulo de Sócrates.[107] Não é certamente ao acaso que o léxico da escravidão esteja tão presente ao longo do diálogo, como bem notou Kamen.[108] Sócrates quer se libertar do corpo como de uma escravidão, e ao mesmo tempo deseja ser escravo dos deuses (62c). A aproximação entre Sócrates e Esopo, que é sabidamente um escravo liberto, também não é fortuita. Fédon, como muitos dos presentes na prisão — é o caso de Críton, Antístenes, Símias e Cebes —, teria sido autor de diálogos socráticos. Nos chegaram os nomes de dois deles, *Zópiro* e *Símon*. Teria também fundado uma escola de filosofia em Élis. Isso é praticamente tudo o que nos restou de certo sobre a filosofia de Fédon.

EQUÉCRATES DE FLIUNTE: é o interlocutor de Fédon no diálogo-moldura. Ele é que inicia o diálogo perguntando a Fédon sobre o dia em que Sócrates tomou o veneno (57a). Segundo Diógenes Laércio,[109] foi um dos últimos pitagóricos, por ter vivido na primeira metade do século IV AEC. É significativo que o interlocutor do diálogo-moldura, como aliás Símias e Cebes, interlocutores de Sócrates no diálogo dentro do diálogo que ocorre na prisão, seja ligado à filosofia pitagórica.

CRÍTON: é o melhor amigo de Sócrates, sendo provavelmente seu coetâneo. Na *Apologia* (38b), encontra-se presente no tribunal, junto com seu filho e com o próprio Platão. É personagem do *Eutidemo*, do *Banquete* e dos *Memoráveis*, de Xenofonte. No *Fédon*, está sempre ao lado de Sócrates, mesmo em seus momentos mais íntimos (116a). É a ele que Sócrates dirige suas célebres últimas palavras. É ele que fecha os olhos e a boca do amigo morto.

XANTIPA: é a esposa de Sócrates. Nem ela nem tampouco as outras mulheres da casa aparecem na lista dos presentes elaborada por Fédon a pedido de Equécrates (59b). Nem ela nem Críton são citados, pela verdade, ainda que tenham sido os dois que mais tempo passaram com Sócrates nesse dia. A presença de Xantipa é breve e discreta, marcada por uma representação de gênero bastante estereotipada, tanto na imagem da esposa aos prantos, sentada com o filho, quanto nas poucas palavras que diz. Sócrates pede para Críton levá-la embora para casa (60a). Só depois da retirada dela, como mulher, de cena, é que o diálogo filosófico pode começar. Ainda assim, sua presença e o fato de Fédon estar seguro de que Equécrates "certamente a conhecia" (60a) não deixam de ser surpreendentes. A bem da verdade, Xantipa é uma personagem conhecida na literatura antiga, mas sua fama não é muito lisonjeira. No *Banquete*, de Xenofonte (Xen. *Symp.* 2.10), ela aparece como uma mulher de caráter difícil, mas sua fama de megera deriva sobretudo do "testemunho" de seu filho Lâmprocles. Filho mais velho de Sócrates e Xantipa, nas *Memorabilia* (II, 2, 1) afirma não conseguir suportar o temperamento difícil e selvagem da mãe, comparável às feras. Essa descrição é utilizada pelos cínicos para alertar os filósofos contra o casamento. E, todavia, nada disso se encontra no *Fédon*. Xantipa é uma esposa compassiva e atenta, já em luto pela morte iminente do marido.

SÍMIAS DE TEBAS: é ainda jovem quando encontra Sócrates na prisão (89a). É citado no *Críton* (45a) e nas *Memorabilia*, de Xenofonte (1.2.48) como um dos mais próximos a Sócrates. No *Fedro* (242b), Sócrates elogia o amor de Símias pela filosofia, equiparando-o ao próprio Fedro. Teria sido um fecundo escritor de diálogos socráticos: Diógenes Laércio lembra 23 deles (DL 2.124). Junto com Cebes, é o interlocutor principal do diálogo que aconteceu no último dia de vida de Sócrates. Suas falas ocupam 259 linhas, enquanto as de Cebes se espalham por trezentas. Sócrates fica bastante surpreso por Símias e Cebes não terem ouvido de Filolau, ao qual estavam de alguma forma ligados, sobre a proibição da morte voluntária. De alguma forma, portanto, Sócrates reconhece os dois como próximos ao pitagorismo do século V AEC, do qual Filolau é sem dúvida o máximo representante (61d). Essa aproximação é também sugerida quando Símias parece aderir à tese da alma como harmonia, tese pitagórica e filolaica (86b). Contudo, nem ele nem Cebes são elencados no extenso catálogo dos pitagóricos de Jâmblico (*VP* 267). Platão de fato, ao longo do diálogo, acolhe diversas sugestões pitagóricas, como o argumento dos contrários, a anamnese e, provavelmente, o mito escatológico final. Não surpreende, portanto, que os mais importantes interlocutores de Sócrates sejam dois pitagóricos. Todavia, ao longo das páginas do diálogo, os dois tebanos parecem mais socráticos do que propriamente pitagóricos. Há sem dúvida motivos dramáticos para isso, e, todavia, a própria presença e destaque deles na prisão fazem pensar em uma especial proximidade com Sócrates e sua filosofia.

CEBES DE TEBAS: como Símias, é um dos jovens seguidores de Sócrates, e interlocutor principal dele no diálogo. É citado no *Críton* e por Xenofonte como um dos mais próximos de Sócrates. É a personagem mais espontânea (em 62a usa uma expressão dialetal) e a que mais sorri (62a, 77e, 103b). É também quem mais resiste aos argumentos de Sócrates (ver Sedley),[110] obrigando-o com isso a desenvolver sempre novos argumentos. Ao final, no entanto, é quem parece mais persuadido pelos argumentos de Sócrates, enquanto Símias se reserva ainda alguma desconfiança (107a).

DEMAIS AMIGOS E DISCÍPULOS: o número catorze que corresponde à quantidade de interlocutores citados pelo nome entre aqueles presentes na prisão remete simbolicamente ao mito de Teseu, que salva catorze jovens do Minotauro (cf. notas à tradução). O grupo é dividido entre os atenienses Apolodoro, Critóbulo, o pai deste, Hermógenes, Epígenes, Ésquines, Antístenes, Ctesipo de Peania e Menexeno; e os estrangeiros, isto é, não atenienses, Símias, Cebes, Fedondes, Euclides e Terpsíon de Mégara (59b). Trata-se da lista mais completa dos socráticos à qual temos acesso. Muitos deles aparecem como personagens em outros diálogos de Platão. Ésquines e Antístenes são certamente os mais importantes do ponto de vista da produção filosófica. Segundo Rashed,[111] Antístenes seria o interlocutor anônimo que intervém em 103a para reclamar de uma patente contradição na argumentação de Sócrates. Cínico e discípulo fiel de Sócrates (Xen. *Mem.* 3.11.17), tendo sido antes discípulo de Górgias, Antístenes foi um duro opositor de Platão. Euclides é o fundador da escola megárica, na qual Platão e muitos dos outros se refugiam após a morte de Sócrates. Aristipo, que foi fundador da escola cirenaica, e Cleômbroto, entre os estrangeiros, não estavam em Atenas nesse dia. Ainda assim, seus nomes não foram esquecidos.

FIGURANTES: o carcereiro que anuncia a execução (59e); o filho pequeno de Sócrates, no colo de Xantipa no começo do dia (60a); os escravos de Críton (60a); as mulheres da casa e as outras crianças, presentes no final do dia (116b); e, por fim, o enviado dos Onze, que, ao avisar Sócrates que chegara a hora de tomar o veneno, elogia a resiliência de Sócrates e por este é elogiado de volta (116b).

O círculo mais dileto de Sócrates está em cena. O tom é frequentemente intimista e, ao mesmo tempo, lúcido e preciso, como é necessário no último dia de vida.

Notas

1. Juan Ginés de Sepúlveda, *Tratado sobre las justas causas de la guerra contra los indios*. México: Fondo de Cultura Economica, 1941, p. 153.
2. Sarah Broadie, "Soul and Body in Plato and Descartes". *Proceedings of the Aristotelian Society*, v. 101, 2001, p. 295.
3. Diógenes Laércio, III, 58.
4. Achille Mbembe, *Crítica da razão negra*. São Paulo: N-1, 2021, p. 155.
5. Monique Dixsaut, *Le Naturel Philosophe: essai sur les dialogues de Platon*. Paris: Les Belles Lettres, 1985, p. 219.
6. Nicole Loraux, *The Experiences of Tiresias: The Feminine and the Greek Man*. Nova Jersey: Princeton University Press, 1995, p. 145.
7. Diógenes Laércio, III, 37.
8. Hector Benoit, *A Odisseia de Platão: As aventuras e desventuras da dialética*. São Paulo: Annablume, 2017.
9. Aristóteles, *Poética* 1447b11.
10. Gabriele Cornelli, "Platão aprendiz do teatro: a construção dramática da filosofia política de Platão". *VIS*, n. 9, pp. 69-80, 2010.
11. Dorothea Frede, "The Final Proof of the Immortality of the Soul in Plato's 'Phaedo' 102a-107a". *Phronesis*, v. 23, n. 1, p. 39, 1978.
12. Paul Natorp, *Plato's Theory of Ideas: An Introduction to Idealism*. Sankt Augustin: Academia, 2004, p. 149.
13. Monique Dixsaut, *Platon*. Phédon. Paris: Flammarion, 1991, p. 43.
14. Ver Ruby Blondell, 2022, 48.

15. Platão, *Filebo* 50b.
16. Nicole Loraux, op. cit., p. 151.
17. Ibid., p. 162.
18. Michel Foucault, *O corpo utópico, as heterotopias*. São Paulo: N-1, 2013, p. 11.
19. Cf. Gonzalez, 1995.
20. Franco Trabattoni, *From Death to Life: Key Themes in Plato's Phaedo*. Boston/Leiden: Brill, 2023, p. 19.
21. Benjamin Jowett, *The Dialogues of Plato*. Oxford: Oxford University Press, 1953, v. III, p. 698.
22. Eduard Zeller, *Plato and the Older Academy*. Trad. de Sarah Frances Alleyne e Alfred Goodwin. Londres: Longmans, Green & co, 1888, p. 163.
23. *Pace* Bruno Centrone, *Platone.* Fedone. Trad. e notas de Manara Valgimigli. Introdução e notas de Bruno Centrone. Roma/Bari: Laterza, 2000, p. 41.
24. Kathryn A. Morgan, *Myth and Philosophy from the Presocratics to Plato*. Cambridge: Cambridge University Press, 2000, p. 186.
25. Aristóteles, *Metafísica* I 9 991a 20-1.
26. Jean-PierreVernant, *Mythe et Tragedie en Grece Ancienne*. Paris: François Maspero, 1972, p. 99.
27. *Odisseia* V 232-81.
28. *Odisseia* V 35.
29. Cristiana Caserta, "Socrate e il mare. Il modello odissiaco nel Fedone". *Nova Tellus*, v. 32, n. 2, pp. 75-113, 2015.
30. *Odisseia* IX.
31. Ibid. XI.
32. Platão, *Apologia* 17c-d.
33. Jacques Derrida, *De l'hospitalité*. Paris: Calmann-Lévy, 1997, p. 45.
34. Robert Loriaux, *Le* Phédon *de Platon*. Namur: Presse Universitaires de Namur, 1969, v. I, II, p. 112.
35. Michel Foucault, "Entrevista com André Berten". *Revista de Estudos Universitário de Sorocaba*, n. 36, v. 1, pp. 225--35, 2020.
36. José Antonio Alves Torrano, 2006, p. 48.
37. John Lyons, 1968, p. 9.
38. Antônio Houaiss, 1985, p. 133.

39. Ferdinand de Saussure, 2006, p. 36.
40. Marcos Bagno, 2012, p. 346.
41. Frantz Fanon, 2020.
42. 86d. Trad. de Anderson de Paula Borges, 2022.
43. 58a. Trad. de Carlos Alberto Nunes, 1980.
44. Barbara Cassin, *Parménide. Sur la nature ou sur l'étant: La langue de l'être?* Paris: Seuil, 1998, p. 9.
45. Walter Benjamin, *A tarefa do tradutor*. Belo Horizonte: UFMG, 2008.
46. Jacques Derrida, "What is a 'Relevant' Translation?". *Critical Inquiry*, n. 27, p. 199, 2001.
47. Thomas Prufer, "Textual Commentary The Dramatic Form of Phaedo". *Review of Metaphysics*, 2 v. 39, n. 3, pp. 547-52, 1986.
48. David Ebrey, *Plato's Phaedo. Forms, Death, and the Philosophical Life*. Cambridge: Cambridge University Press, 2023, p. 28.
49. Cf. Diógenes Laércio, III, 58.
50. Franco Ferrari, *La via dell'immortalità. Percorsi platonici*. Turim: Rosenberg & Sellier, 2019, p. 31.
51. Gabriele Cornelli, "A alma-camaleão e sua plasticidade: dualismos platônicos no *Fédon*". *Archai*, n. 16, pp. 203-22, 2016.
52. David Ebrey, op. cit., p. 88.
53. Giovanni Casertano, *Platone.* Fedone, *o dell'anima. Dramma etico in tre atti*. Nápoles: Loffredo, 2015, p. 91.
54. Anna Greco, "Plato's Cyclical Argument for the Immortality of the Soul". *Archiv für Geschichte der Philosophie*, n. 78, v. 3, pp. 225-52, 1996.
55. Giovanni Casertano, *Platone.* Fedone, *o dell'anima. Dramma etico in tre atti*. Nápoles: Loffredo, 2015, p. 92.
56. Alex Long, *Death and Immortality in Ancient Philosophy*. Cambridge: Cambridge University Press, 2019, p. 13.
57. Homero, *Odisseia* X 521.
58. Alberto Bernabé, "Transfer of Afterlife Knowledge in Pythagorean Eschatology". In: Almut-Barbara Renger; Alessandro Stavru (Orgs.). *Pythagorean Knowledge from the Ancient to the Modern World: askesis, religion, science*. Wiesbaden: Harrassowitz, 2016 (b), p. 18.

59. Cf. Aristóteles, *Metafísica* A5, 986a.
60. Theodor Ebert, *Platon:* Menon, *Übersetzung und Kommentar*. Berlim: de Gruyter, 2018, p. 178.
61. Franco Ferrari, *La via dell'immortalità. Percorsi platonici*. Turim: Rosenberg & Sellier, 2019.
62. Noam Chomsky, "Recent Contributions to the Theory of Innate Ideas: Summary of Oral Presentation". *Synthese*, v. 17, n. 1, pp. 2-11, 1967; *Knowledge of Language: Its Nature, Origin, and Use*. Viena: Praeger, 1986.
63. Mauro Bonazzi, *Platone:* Menone. Turim: Einaudi, 2010, p. 81.
64. Lesley Brown, *Connaissance et réminiscence dans le* Ménon. *Revue Philosophique de la France et de l'Étranger*, t. 181, n. 4, "Platon", pp. 603-19, 1991.
65. Giovanni Casertano, *Platone.* Fedone, *o dell'anima. Dramma etico in tre atti*. Nápoles: Loffredo, 2015, p. 463.
66. David Ebrey, op. cit., p. 100.
67. David Sedley, "Form-Particular Resemblance in Plato's *Phaedo*". *Proceedings of the Aristotelian Society*, v. 106, pp. 311-27, 2006.
68. Giovanni Casertano, *Platone.* Fedone, *o dell'anima. Dramma etico in tre atti*. Nápoles: Loffredo, 2015, p. 469.
69. Francis M. Cornford. *The Republic of Plato*. Oxford: Clarendon Press, 1941, p. xvii.
70. David Ebrey, op. cit., p. 132.
71. Ver David Gallop, *Plato.* Phaedo. Oxford: Oxford University Press, 2009, p. 140; Kenneth Dorter, "Plato's Image of Immortality". *The Philosophical Quarterly*, v. 26, n. 105, p. 298, out. 1976, e *Plato's* Phaedo*: An Interpretation*. Toronto: University of Toronto Press, p. 71; David Bostock, *Plato's* Phaedo. Nova York: Clarendon/Oxford University Press, 1986, p. 119; Christopher Rowe, *Plato. Phaedo*. Cambridge Greek and Latin Classics. Cambridge: Cambridge University Press, 1993, p. 189; Matthew Elton, "The Role of the Affinity Argument in the *Phaedo*". *Phronesis*, v. 42, n. 3, p. 313, 1997; Theodor Ebert, *Platon.* Phaidon. *Übersetzung und Kommentar*. Göttingen: Vandenhoeck und Ruprecht, 2004, p. 252; Davi Apolloni, "Plato's Affinity Argument for

the Immortality of the Soul". *Journal of the History of Philosophy*, v. 34, n. 1, p. 5, 1996.

72. Gabriele Cornelli, "A alma-camaleão e sua plasticidade: dualismos platônicos no *Fédon*". *Archai*, n. 16, pp. 203--22, 2016.

73. Gabriela Roxana Carone, "Mind and Body in Late Plato". *Archiv für Geschichte der Philosophie*, n. 87, v. 3, p. 227, 2005.

74. Giovanni Casertano, *Platone.* Fedone, *o dell'anima. Dramma etico in tre atti*. Nápoles: Loffredo, 2015, p. 488.

75. David Bostock. *Plato's* Phaedo. Nova York: Clarendon/ Oxford University Press, 1986, p. 119.

76. David Daiches Raphael, *The Paradox of Tragedy*. Londres: Routledge, 1960, p. 82.

77. Kenneth Dorter, "The Objections of Simmias and Cebes (84c-89c)". In: Jörn Müller (Org.). *Platon:* Phaidon. Berlim: Akademie, 2011, p. 98.

78. Ibid., pp. 100, 106.

79. Franco Trabattoni, *From Death to Life: Key Themes in Plato's* Phaedo. Boston/Leiden: Brill, 2023, p. 106.

80. Kenneth Dorter, "The Objections of Simmias and Cebes (84c-89c)". In: Jörn Müller (Org.). *Platon:* Phaidon. Berlim: Akademie, 2011, p. 101.

81. William K. C. Guthrie, *A History of Greek Philosophy, v. 1: the Earlier Presocratics and the Pythagoreans*. Oxford: Oxford University Press, 1962, p. 119 e também Gabriele Cornelli, *O pitagorismo como categoria historiográfica*. Coimbra: Imprensa da Universidade de Coimbra, 2011, p. 116.

82. Franco Trabattoni, *From Death to Life: Key Themes in Plato's Phaedo*. Boston/Leiden: Brill, 2023, p. 123.

83. Giovanni Casertano, *Platone.* Fedone, *o dell'anima. Dramma etico in tre atti*. Nápoles: Loffredo, 2015, p. 421.

84. Cf. David Sedley, "Teleology and Myth in the Phaedo". *Proceedings of the Boston Area Colloquium in Ancient Philosophy*, n. 5, pp. 359-83, 1990.

85. Ronna Burger, *The Phaedo: a Platonic labyrinth*. Indianapolis: St. Augustine's, 1984, p. 144.

86. David Ebrey, op. cit., 2023, p. 227.

87. Monique Dixsaut, Platon. *Phédon*. Paris: Flammarion, 1991, p. 374.
88. Hugh H. Benson, *Clitophon's Challenge: Dialectic in Plato's "Meno", "Phaedo", and "Republic"*. Oxford/Nova York: Oxford University Press, 2015, p. 112.
89. Franco Trabattoni, *From Death to Life: Key Themes in Plato's Phaedo*. Boston/Leiden: Brill, 2023, p. 143.
90. Aristóteles, *Metafísica* A9 991a 20-1.
91. Marwan Rashed, "Platon, Sathon, Phedon". *Elenchos*, Frankfurt, v. 27, n. 1, pp. 117-22, 2006.
92. David Sedley, "Teleology and Myth in the *Phaedo*". *Proceedings of the Boston Area Colloquium in Ancient Philosophy*, Boston, n. 5, pp. 359-83, 1990.
93. David Ebrey, op. cit, p. 275.
94. Gábor Betegh, "Plato on Philosophy and the Mysteries". In: David Ebrey e Richard Kraut (Orgs.), *The Cambridge Companion to Plato*. Cambridge: Cambridge University Press, 2022, p. 253.
95. Christopher Rowe, *Plato and the Art of Philosophical Writing*. Cambridge: Cambridge University Press, 2007, p. 107.
96. Radcliffe G. Edmonds III, *Myths of the Underworld Journey: Plato, Aristophanes, and the "Orphic" Gold Tablets*. Cambridge: Cambridge University Press, 2004, p. 216.
97. Emma Gee, *Mapping the Afterlife. From Homer to Dante*. Oxford: Oxford University Press, 2020, p. 257.
98. Andrea Nightingale, "Towards an Ecological Eschatology: Plato and Bakhtin on Other Worlds and Times". In: Robert Bracht Branham (Org.). *Bakhtin and the classics*. Evanston: Northwestern University Press, 2002, pp. 221-49.
99. Monique Dixsaut, *Platon*. Phédon. Paris: Flammarion, 1991, p. 43.
100. Nicole Loraux, "Donc Socrate est immortel". *Le Temps de la Réflexion*, n. 3, v. 65, 1982.
101. David Sedley, "The Dramatis Personae of Plato's *Phaedo*". In: Thimothy J. Smiley (Org.). *Philosophical dialogues: Plato, Hume and Wittgenstein*. Proceedings of the British Academy 85. Oxford: Oxford University Press, 1995, pp. 3-26.

102. Debrah Nails, *The People of Plato: A Prosopography of Plato and Other Socratics*. Indianapolis: Hackett Pub, 2002.
103. George Boys-Stones, "Phaedo of Elis and Plato on the Soul". *Phronesis*, v. 49, n. 1, pp. 1-23, 2004.
104. Deborah Kamen, "The Manumission of Socrates: A Rereading of Plato's Phaedo". *Classical Antiquity*, v. 32, n. 1, pp. 78-100, 2013.
105. Giovanni Casertano, *Platone.* Fedone, *o dell'anima. Dramma etico in tre atti*. Nápoles: Loffredo, 2015.
106. David Ebrey, op. cit.
107. Diógenes Laércio II 105.
108 Deborah Kamen, "The Manumission of Socrates: A Rereading of Plato's Phaedo". *Classical Antiquity*, v. 32, n. 1, p. 92, 2013.
109. Diógenes Laércio VIII 46.
110. David Sedley, "The Dramatis Personae of Plato's *Phaedo*". In: SMILEY, Thimothy J. (Org.). *Philosophical Dialogues: Plato, Hume and Wittgenstein*. Proceedings of the British Academy 85. Oxford: Oxford University Press, 1995, p. 15.
111. Marwan Rashed, "Platon, Sathon, Phedon". *Elenchos*, v. 27, n. 1, 2006, p. 119.

Nota à tradução

Para a tradução, utilizei a edição OCT do texto grego estabelecido por John C. G. Strachan, em *Platonis Opera, V. 1: Tetralogiae i-ii*, ainda que sejam citadas nas notas consultas pontuais à edição de John Burnet. Todas as traduções de obras clássicas são minhas, salvo explícitas indicações em contrário. Optei por transliterar os termos gregos somente na Introdução, utilizando o padrão internacional ISO 843:1997. A grafia de nomes gregos e romanos busca seguir o *Vocabulário Onomástico* de Caldas Aulete.

Fédon
ou
Sobre a alma

Prólogo

[57a-63e]

EQUÉCRATES Você mesmo[1] estava lá com Sócrates, Fédon, 57 a
aquele dia em que ele tomou o veneno[2] na cadeia, ou você
o ouviu de outra pessoa?

FÉDON Eu mesmo, Equécrates.

EQUÉCRATES Mas então o que disse o homem diante da
morte?[3] E como chegou ao seu fim?[4] Escutaria com prazer.
Porque quase nenhum cidadão de Fliunte tem ido a Atenas[5]
a essas alturas, e de lá faz um bom tempo que não vem ne-
nhum visitante capaz de contar com alguma clareza sobre b
isso, exceto o fato de que teria morrido bebendo o veneno.
Mas ninguém sabia dizer nada além disso.

FÉDON Então não ficaram sabendo como foram as cir- 58
cunstâncias do julgamento?

EQUÉCRATES Isso alguém nos contou. E ficamos surpresos, porque evidentemente Sócrates morreu muito depois do julgamento.[6] Por que foi assim, Fédon?

FÉDON Ele teve sorte, Equécrates.[7] Pois na véspera do julgamento aconteceu o ritual de coroação da popa do navio que os atenienses enviam para Delos.[8]

EQUÉCRATES Mas que navio é esse?

FÉDON É aquele, como contam os atenienses,[9] no qual certa vez Teseu partiu para Creta, conduzindo os famosos
b “sete casais”; e os salvou, salvando também a si mesmo.[10] Narra-se que naquele tempo [os atenienses] haviam feito uma promessa a Apolo, se fossem salvos enviariam todo ano uma missão a Delos.[11] Desde então e até nossos dias, todo ano nessa data, a enviam para o deus. Sempre que a missão inicia e por toda a sua duração, há uma lei que impõe manter a cidade pura e, portanto, não executar ninguém em nome do povo,[12] antes que o navio chegue em Delos e retorne novamente para cá.[13] Isso às vezes leva muito tempo, quando acontece de os ventos os deterem. A missão
c inicia quando o sacerdote de Apolo adorna com coroas a popa do navio — quis o destino que isso acontecesse, como lhe dizia, no dia anterior ao julgamento. Por isso é que Sócrates ficou na cadeia tanto tempo entre o julgamento e a morte.

EQUÉCRATES E sobre as circunstâncias da própria morte, Fédon? O que se disse e se fez? E dos amigos mais íntimos, quais estavam ao lado dele? Ou os arcontes[14] não permitiram a presença deles, e ele chegou ao seu fim sozinho e sem amigos?

d FÉDON Não, não, havia alguns, aliás muitos.[15]

EQUÉCRATES Então esforce-se para nos[16] contar tudo e da forma mais fiel, a menos que você por acaso esteja ocupado.

FÉDON Não, estou livre, e procurarei contar a história toda. Pois recordar Sócrates[17] e falar dele, eu mesmo, ou ouvir de outro, é sempre o meu maior prazer[18]

EQUÉCRATES Muito bem, Fédon, aqui você encontra outros ouvintes que têm o mesmo gosto. Mas então procure nos contar tudo da forma mais precisa possível.

FÉDON Enquanto eu estive ao lado dele me surpreendi e
com o que sentia. De fato, ao presenciar a morte de uma pessoa querida, não era pena o que me invadia. Ele me pareceu feliz, Equécrates, tanto em sua atitude como em suas palavras, tal a dignidade e a tranquilidade com as quais morreu. Então me convenci de que ele não estava entrando no Hades sem uma benção[19] divina, e de que,
ao chegar lá, seria o mais feliz de todos. Por esse motivo, 59
não fui inteiramente invadido pela pena, como seria de esperar diante de um luto. Mas tampouco era aquele prazer que costumávamos sentir quando estávamos envolvidos na filosofia, pois nossas conversas eram desse tipo. Havia em mim um sentimento incomum, uma estranha mistura feita de prazer e dor,[20] pela preocupação de que ele estaria prestes a morrer em breve. Todos os presentes estávamos, mais ou menos, neste mesmo estado: uma hora rindo, ou-
tra hora chorando,[21] e especialmente Apolodoro.[22] Você b
deve conhecê-lo e saber como ele é.

EQUÉCRATES Claro, como não?

FÉDON Ele estava então completamente tomado, assim como estávamos transtornados eu mesmo e os outros.

EQUÉCRATES Quem estava lá, Fédon?

FÉDON Entre os atenienses, estavam Apolodoro, Critóbulo e seu pai, também Hermógenes, Epígenes, Ésquines e Antístenes; Ctesipo de Peania e Menexeno também estavam e mais alguns outros do mesmo lugar.[23] Platão, creio, estava doente.[24]

EQUÉCRATES Havia algum estrangeiro presente?

c FÉDON Sim, Símias, o tebano, Cebes e Fedondes, também Euclides e Terpsíon de Mégara.

EQUÉCRATES Quem mais? Aristipo e Cleômbroto também estiveram lá?

FÉDON Não,[25] foi dito que estavam em Egina.[26]

EQUÉCRATES E não havia mais ninguém?

FÉDON Creio que foram mais ou menos esses os que estiveram lá.

EQUÉCRATES E então, diga, sobre o que eram as conversas?

FÉDON Me esforçarei para lhe contar tudo detalhada-
d mente desde o início. Sempre e especialmente nos dias anteriores, eu e os outros tínhamos o hábito de correr para ver Sócrates. Nos reuníamos ao amanhecer nas imediações do tribunal onde foi o julgamento, já que ficava perto da prisão. Toda vez esperávamos até o momento em que a prisão fosse aberta, pois não abria cedo, jogando conversa fora uns com os outros. Depois de aberta, íamos encontrar Sócrates e geralmente passávamos o dia com ele. Nessa ocasião havíamos nos reunido ainda mais cedo: pois no dia anterior, ao sair da prisão no entardecer,
e ficamos sabendo que o navio havia regressado de Delos. Combinamos de ir para o lugar de sempre o quanto antes. Ao chegarmos, o carcereiro que costumava nos atender veio até nós e nos disse para esperar e não entrar até que ele nos chamasse:

"É que os Onze vão libertar Sócrates", disse, "e ordenar que ele morra no dia de hoje."

De fato, não muito tempo depois, voltou e nos chamou
para entrar. Quando entramos, surpreendemos Sócrates, 60
que acabara de ser libertado, e Xantipa — certamente a conheces —[27] com o filho pequeno, sentada ao seu lado. Assim que nos viu, Xantipa gritou descontrolada e disse aquele tipo de coisas que as mulheres costumam dizer:

"Sócrates, esta é a última vez que você e seus amigos terão ocasião de conversar."

E Sócrates, olhando para Críton:

"Críton", disse, "alguém a leve embora para casa."[28]

Enquanto alguns escravos de Críton a levavam, ela
gritava e batia no próprio peito.[29] Quanto a Sócrates, b
sentando-se[30] sobre o leito, dobrou a perna e a esfregou com força com a mão; e, enquanto a coçava,[31] disse:

"Que estranho, amigos, isso que parece ser de alguma maneira o que as pessoas chamam prazer; é impressionante que por natureza esteja ao lado daquele que é considerado seu contrário, a dor; o par não pode estar junto ao mesmo tempo na mesma pessoa, mas quando alguém busca um e o consegue, é como que forçado a levar o outro também,[32] como se ambos estivessem atados a uma única cabeça."

"Parece-me", disse, "que se tivesse isso em mente, Eso- c
po comporia uma fábula sobre como um deus, querendo reconciliar os dois que estavam em guerra, e não conseguindo, amarrou as suas cabeças no mesmo ponto. Por isso quando quer que um apareça, o outro vem atrás.[33] É assim que tenho a impressão de que acontece também comigo: depois de sentir dor na perna por causa da corrente, eis que o prazer aparece logo a seguir."

Cebes tomou a palavra e disse:

"Por Zeus, Sócrates, ainda bem que você me lembrou:
alguns já me perguntaram — ah, sim, também Eveno[34]
mais cedo — sobre os poemas que você compôs, quan- d
do colocou em versos as palavras de Esopo e musicou o proêmio a Apolo,[35] o que passava pela sua cabeça quando

os compôs, desde que veio para cá, uma vez que nunca
antes havia composto. Se é importante para você, de al-
guma maneira, que eu seja capaz de responder a Eveno,
quando ele me perguntar de novo (porque eu sei que vai
perguntar), me diga o que devo dizer."

"Bem", disse, "diga a ele a verdade, Cebes: que não os
compus querendo competir com ele na arte e nem com
e seus poemas — sabes que não seria fácil —, mas para
apurar o sentido de certos sonhos, e eximir-me de uma
obrigação,[36] caso seja este, talvez, o tipo de arte que me
ordenam fazer.[37] Pois eram mais ou menos assim: fre-
quentemente, ao longo da minha vida, me assombrava o
mesmo sonho, que aparecia ora numa forma, ora em
outra, mas dizia sempre a mesma coisa: 'Sócrates, com-
ponha e pratique arte'. E, ao menos no passado, eu assu-
mia estar fazendo precisamente aquilo que o sonho[38] me
61 recomendava e me incentivava a fazer, e acreditava que,
como aqueles que encorajam os corredores, também me
incentivava a fazer exatamente o que estava fazendo: arte.
Por ser a filosofia a maior forma de arte,[39] e eu a estar
praticando. Mas agora, depois do processo e depois que a
festa do deus impediu que eu fosse morto imediatamente,
me pareceu necessário, se é mesmo que o sonho me orde-
nasse repetidamente produzir arte no sentido comum do
termo,[40] não lhe desobedecer e assim produzi-la. Como é
b mais seguro não partir sem antes eximir-me da obrigação,
compus poemas para obedecer ao sonho. Assim, antes de
mais nada, compus para o deus cujo festival religioso já
estava acontecendo. Depois de honrar o deus, como me
dei conta que o poeta — se ele for mesmo poeta — deveria
criar histórias e não elaborar argumentos[41] — mas eu
não sou nem sequer um criador de histórias —,[42] por
esse motivo peguei aquelas fábulas que tinha à dispo-
sição e já conhecia, as de Esopo. Dentre essas compus
as primeiras que encontrei.[43] Responda assim a Eveno,
Cebes, diga-lhe que fique bem e que, se for sábio, que me

siga o quanto antes. Parece que irei hoje mesmo, assim c
ordenaram os Atenienses."

Símias respondeu:

"Mas que tipo de recomendação para Eveno é essa, Sócrates! O encontrei diversas vezes e pela impressão que tive suponho que de nenhuma maneira voluntariamente vá seguir o seu conselho."

"Mas por quê? Eveno não é filósofo?"[44]

"Parece-me que sim", disse Símias.

"Então irá querer isso, sim. Eveno e qualquer outra pessoa que se dedique seriamente a essa atividade. Claro, não fará violência contra si mesmo, todavia, pois dizem que isso não é lícito."[45]

E enquanto dizia essas coisas, abaixou as pernas até d
tocar o chão, e assim permaneceu sentado até o fim da conversa. Então Cebes lhe perguntou:

"Mas como você pode afirmar isto: que não é lícito exercer violência contra si mesmo, e logo depois que o filósofo precisa seguir quem está morrendo?"

"Que estranho, Cebes, você e Símias não ouviram sobre essas coisas, como discípulos de Filolau?"[46]

"Não, nada que fosse claro, Sócrates."

"Eu também falo disso somente a partir de algo que ouvi; mas não tenho nenhuma restrição em contar o que acabei ouvindo. Aliás, talvez seja realmente o mais oportuno para
quem está a ponto de ir embora para o outro lado examinar e
e contar mitos[47] sobre a vida que nos espera[48] naquele lugar, como acreditamos que ele seja. Além do que, o que mais podemos fazer até o pôr do sol?"[49]

"Por que, então, dizem que não é lícito matar a si mesmo, Sócrates? Efetivamente — para voltar ao que você acabou de perguntar — eu ouvi de Filolau, enquanto ele vivia conosco, e de algumas outras pessoas também, que não se deve fazer isso. Mas até agora ninguém me disse nada de claro a esse propósito."

"Vamos, é preciso coragem! Talvez agora você possa es- 62

cutar. Talvez venha a lhe parecer estranho que, entre todas as proibições, esta única seja absoluta: aos seres humanos nunca acontece, como em outros casos, que às vezes seja melhor estar morto que viver. E quanto àqueles para quem estar morto é melhor, talvez lhe pareça estranho que tais pessoas estejam proibidas de fazer esse bem para si e devam, em vez disso, esperar que um outro seja seu benfeitor."[50]

Cebes sorriu para ele levemente e disse — em seu dialeto:

"Zeus, sabi!".[51]

b "Sim, assim posto, pode certamente parecer absurdo", disse Sócrates, "mas não é, e pode até ter uma razão. O discurso que se faz a propósito dessas coisas nos mistérios,[52] de que nós seres humanos estamos como em uma guarita[53] e que não nos é permitido nos libertar e fugir dela, parece-me algo grande, mas não fácil de compreender.[54] Mas ao menos o seguinte me parece dito muito claramente, Cebes: que são os deuses a cuidarem de nós e que nós seres humanos somos uma das propriedades deles.[55] Acha que faz sentido?"

"Me parece que sim", disse Cebes.

c "Mas então", disse Sócrates, "se alguém que seja de sua propriedade se matasse sem que você tenha expressado a vontade que morresse, você não ficaria com raiva dele? E tendo condições para puni-lo, não o puniria?"[56]

"Com certeza!", disse.

"Talvez então não seja absurdo, dessa forma, que alguém não deva matar a si mesmo antes que um deus estabeleça alguma necessidade para isso, como esta em que agora me encontro."[57]

"Isto sim", disse Cebes, "parece-me razoável. Mas o
d que você me dizia há pouco, Sócrates, que os filósofos querem morrer de bom grado, isto, Sócrates, parece absurdo, se o que dizíamos há pouco faz sentido, isto é, que os deuses cuidam de nós e que nós somos propriedade deles. De fato, não é razoável que as pessoas mais sábias não

se ressintam de deixar esse posto, no qual são supervisio-
nadas pelos melhores supervisores que existem, ou seja,
os deuses. Seria inacreditável que eles pudessem crer que
cuidariam melhor de si mesmos uma vez livres. Somente
uma pessoa sem cabeça poderia pensar em fugir de seu
patrão; ele não conseguiria refletir sobre o fato que não e
deveria fugir, pelo menos não de um patrão bom, mas sim
que deveria fazer o possível para estar com ele, pois fugir
não faria qualquer sentido; quem tem cabeça desejaria
sempre ficar próximo de quem é melhor do que ele. Se as
coisas estão dessa maneira, Sócrates, parece ser o oposto
do que dizíamos há pouco: que são os sábios a lamentar
a morte, enquanto os tolos se alegram por ela."[58]

Ao ouvir isso, Sócrates me pareceu divertido pela ar-
gumentação de Cebes. Dirigindo-se a nós, disse: 63

"Eis aí Cebes, sempre à caça de alguma argumentação; não tem nenhuma vontade de se deixar convencer facilmente daquilo que se lhe diz".

Símias interveio: "Parece-me, Sócrates, que desta vez Cebes tem algo válido naquilo que diz. De fato, por que homens verdadeiramente sábios desejariam fugir de patrões melhores do que eles e abandoná-los de boa vontade? Creio que Cebes esteja chamando em causa você mesmo: porque você de bom grado persiste na ideia de nos abandonar e àqueles patrões bons que são os deuses, como você mesmo admite".

"O que vocês afirmam é justo", disse, "acredito de fato b
que estejam me dizendo que devo elaborar uma defesa
contra essas acusações como em um tribunal."[59]

"Exato!", disse Símias.

"Vamos lá, então", ele disse, "tentarei me defender de forma mais convincente para vocês do que para os meus juízes. Eu, de fato, Símias e Cebes", disse ele, "se não pensasse em alcançar, em primeiro lugar, os outros deuses, que são sábios e bons, e em segundo lugar as pessoas que morreram, sendo elas melhores do que as que estão

aqui, seria errado da minha parte não lamentar a morte.[60]
c Agora, esteja certo que eu espero alcançar homens bons, mesmo que isso eu não possa afirmar com confiança e sem qualquer dúvida, mas, com relação a chegar junto dos deuses, sem dúvida bons mestres, tenham certeza de que, se eu pudesse afirmar com confiança algumas dessas coisas, seria exatamente isso. É por isso que não estou ressentido como estaria de outra forma, mas tenho uma boa esperança[61] de que existe algo para os mortos e, como nos foi dito há muito tempo, os bons estarão muito melhor do que os maus."

"Mas então, Sócrates", disse Símias, "está intencionado a partir levando consigo esse pensamento, sem
d compartilhá-lo conosco? Pois parece-me que isso é algo compartilhável e que pode também nos fazer bem. [62] E ao mesmo tempo essa será sua defesa, se nos tiver convencido de suas palavras."

"Bem, irei tentar", ele disse, "mas antes vamos ver o que o nosso Críton parece-me querer dizer já há algum tempo."

"Era somente isso, Sócrates", disse Críton: "Faz algum tempo que a pessoa encarregada de lhe dar o veneno diz que era necessário que você fosse avisado de falar o mínimo possível. Ele diz isso porque, durante a conversa, as pessoas ficam muito quentes, e nada deve neutralizar a ação do
e veneno. Caso contrário, às vezes aqueles que se comportam assim acabam tendo de beber duas ou até três doses".

E Sócrates respondeu:

"Vire as costas para ele,[63] basta que esteja pronto a me dar duas doses, e se for necessário até três."

"Eu sabia que você diria isso", disse Críton, "mas ele vem me dando trabalho há algum tempo."

A defesa de Sócrates ou a vida filosófica

[63e-69e]

"Vire as costas para ele. Mas quero dar conta a vocês, 63 e
que são meus juízes, de como me parece razoável que
um homem que tenha passado a vida na filosofia seja
confiante ao morrer e possa ter esperança de que con- 64
quistará maiores bens lá, assim que tiver encontrado o fim. Tentarei agora, Símias e Cebes, explicar como as coisas estão. É provável que outras pessoas não tenham percebido que o único interesse daqueles que se dedicam corretamente à filosofia seja morrer e estar morto.[1] Se isso é verdade, estranho seria não se ocupar com nada mais durante a vida e justamente no momento em que a morte chegasse ressentir-se daquilo que antes mais importava e se buscava."

Símias começou a rir[2] e disse:

"Por Zeus, Sócrates, agora mesmo não estava com von- b
tade de rir, mas você me levou a isso. Creio efetivamente que a maioria, ao ouvir as coisas que você disse agora, as consideraria muito bem ditas contra aqueles que fazem filosofia, e as pessoas lá de nossas terras também concordariam que aqueles que se dedicam à filosofia estão de fato perto da morte, e entendem que a morte é exatamente o que essas pessoas merecem."[3]

"E diriam a verdade, Símias, mas não se dão conta do seguinte: não compreendem em que sentido os verdadeiros filósofos estão perto da morte, por que merecem morrer e c de qual morte. Por isso, vamos falar entre nós e virar as costas para essas pessoas. Acreditamos que a morte seja algo?"

"Com certeza", respondeu de imediato Símias.

"O que mais seria, portanto, se não a separação da alma do corpo? E que estar morto é assim: o corpo separado da alma está sozinho consigo mesmo; a alma, por sua vez, separada do corpo está sozinha consigo mesma. Poderia ser a morte outra coisa a não ser isso?"[4]

"Não, só pode ser isso", respondeu.

"Veja então, meu amigo, se você também pensa como
d eu. Porque, a partir daqui, poderemos saber mais sobre o que estamos procurando. Parece-lhe adequado para um filósofo dedicar-se aos assim chamados prazeres, como comer e beber?"

"De forma nenhuma, Sócrates", disse Símias.

"E aos prazeres sexuais?"

"De jeito nenhum."

"E quanto aos outros cuidados com o corpo? Você acha que dê a eles alguma importância? Considere, por exemplo, a compra de roupas e de sapatos de luxo, ou de outros adereços para o corpo: você acha que ele dá alguma importância ou que, ao contrário, não dá nenhum valor
e a essas coisas, exceto na medida em que precise absolutamente se preocupar com elas?"

"Se for um verdadeiro filósofo", disse, me parece que não dá nenhum valor a essas coisas."

"Não acha então", disse, "que mais em geral a atividade de alguém assim não se concentra no corpo, mas ao contrário, por quanto lhe for possível, afasta-se deste para se voltar para a alma?"

"Creio que sim."

"Portanto, em primeiro lugar, está claro que, em questões como essas, o filósofo — diferentemente dos outros
65 seres humanos — liberta sua alma o máximo possível da associação com o corpo."[5]

"É evidente."[6]

"E com certeza parece a muitas pessoas que para quem nenhuma das coisas desse tipo traz prazer e não se preocupa com elas não vale a pena viver, e, portanto, quem não pensa nos prazeres que derivam do corpo está tendencialmente muito perto de estar morto."

"Tem toda razão."

"O que dizer da aquisição[7] da sabedoria?[8] O corpo é um obstáculo se o envolvemos como companheiro na pesquisa? Quero dizer o seguinte: vista e audição levam b
alguma verdade para os seres humanos? Ou, como vejo os poetas[9] repetirem à exaustão, nada do que ouvem ou veem é preciso? Agora, se esses sentidos do corpo não são exatos nem claros, menos ainda serão os outros, que são todos inferiores[10] a eles, certo?"

"Certo", disse Símias.

"Mas então", disse Sócrates, "quando a alma alcança a verdade? Sempre que tenta investigar algo junto com o corpo, é claramente enganada."

"É verdade." c

"Então, não é no ato de raciocinar,[11] se é que é em algum lugar, que à alma aparece claramente alguma das coisas que são?"[12]

"É, sim."

"Então a alma raciocina melhor quando nenhuma dessas coisas a incomoda, nem o ouvido, nem a vista, nem uma dor ou algum tipo de prazer, mas quando consegue estar o mais possível sozinha consigo mesma, virando as costas para o corpo, e, por quanto lhe for possível, alcança o que é,[13] não se associando ou tendo qualquer contato com o corpo."

"As coisas estão mesmo assim."

"Não é, portanto, nesse caso que a alma do filósofo não dá absolutamente nenhum valor ao corpo, aliás foge d
dele e procura estar sozinha consigo mesma?"

"É evidente."

"Mas agora, Símias, como estão as coisas? Dizemos[14] que algo é justo em si mesmo ou não?"[15]

"Por Zeus, dizemos isso, sim."

"E também, algo belo e bom?"

"Como não?"

"Mas você já viu com seus próprios olhos algumas dessas coisas?"

"Não mesmo", ele respondeu.

"Mas então você as apreendeu com um dos outros sentidos por meio do corpo? Falo de todas aquelas coisas, como grandeza, saúde, força; em uma palavra, da essên-
e cia[16] de todas as outras coisas, isto é, de como cada uma é. O que tem de mais verdadeiro nelas pode ser percebido pelo corpo? Ou as coisas estão assim: que quem de nós esteja mais preparado e capaz de maior precisão para pensar cada coisa que está sendo investigada em si mesma será ele a chegar mais perto de conhecer cada uma delas?"

"Com certeza."

"Mas então, quem faria isso da maneira mais pura, não seria aquele que, na medida do possível, usasse somente seu pensamento para acessar cada realidade, sem empregar sua visão em seu pensamento, nem trazendo qualquer outro sentido em seu raciocínio? E assim pro-
66 curaria, utilizando o pensamento sozinho em sua pureza, caçar cada coisa que é, sozinha e pura, tendo se separado tanto quanto possível dos olhos e ouvidos e virtualmente de todo o seu corpo, porque o corpo perturba sua alma e, sempre que esteja associado a ela, não a deixa adquirir verdade e sabedoria? Não será este, Símias, mais do que qualquer um, quem encontrará aquilo que é?"

"O que você diz, Sócrates, é extraordinariamente verdadeiro", respondeu Símias.

b "A consequência necessária de tudo isso, portanto", disse, "é que os verdadeiros filósofos produzam uma opinião[17] de maneira que possam se dizer entre eles coisas deste tipo:[18] 'é possível que exista algum tipo de atalho[19] que nos conduza na investigação através do raciocínio, porque enquanto tivermos o corpo e nossa alma estiver

metida com esse tipo de mal, nunca adquiriremos adequa-
damente o que desejamos: dizemos que isto é a verdade.
O corpo de fato nos dá trabalhos sem conta por causa
da necessidade de nutrição, assim como as doenças, que, c
quando nos acometem, nos impedem de ir à caça do que
é. O corpo nos invade de amores, desejos, medos e fan-
tasias de todos os tipos, além de uma grande quantidade
de bobagens, o que faz com que, de fato, como se diz, não
seja possível pensar nunca em nada. Guerras, revoluções,
batalhas: o corpo e suas vontades são responsáveis por
elas. Todas as brigas surgem pela aquisição de riquezas e
é o corpo quem nos leva a procurá-las, pois a cura deste d
nos torna seus escravos e por sua causa, tomados por
todo esse trabalho,[20] não temos tempo para a filosofia.
Mas o pior de tudo é que, mesmo que tenhamos alguma
folga do corpo e comecemos a investigar algo, ele aparece
novamente em todos os lugares durante nossas pesquisas
e nos traz confusão e transtorno, até que por sua causa
não somos mais capazes de enxergar a verdade. Mas então
demonstramos realmente que, se quisermos conhecer algo
em sua pureza, devemos nos libertar dele e olhar para as
coisas em si mesmas[21] apenas com a alma. Somente então, e
ao que parece, teremos aquilo que desejamos e de que
nos dizemos amantes: a sabedoria. Mas somente depois
da morte: este é o sentido do argumento, e não enquanto
estamos vivos. De fato, se estando junto do corpo não é
possível conhecer nada em sua pureza, não resta mais do
que uma alternativa: ou não é possível adquirir conhe-
cimento em nenhum lugar, ou este pode ser adquirido
quando estivermos mortos. Nesse momento, e não antes,
a alma estará efetivamente sozinha consigo mesma, sepa- 67
rada do corpo. E enquanto estivermos vivos, estaremos
mais próximos do verdadeiro saber, ao que parece, quanto
menos estivermos em comunicação e em associação com
o corpo, a menos que absolutamente necessário, e não
formos infectados por sua natureza, mas nos purificarmos

dela, até que o próprio deus nos liberte.[22] Se nos mantivermos assim puros, livres da insensatez do corpo, com toda probabilidade estaremos junto de seres semelhantes e conheceremos por nós mesmos tudo o que não é mis-
b turado, que equivale talvez ao que é verdadeiro. De fato, ao que não é puro não é lícito tocar o que é puro'.[23] São esses, Símias, os argumentos e as opiniões sobre os quais todos aqueles que realmente amam o conhecimento devem conversar entre si. Ou não acha que seja assim?"

"Mais que tudo, Sócrates."

"Mas então, meu amigo", disse Sócrates, "se tudo isso é verdade, há muita esperança para aquele que chegar no lugar aonde estou indo de adquirir de maneira satisfatória, mais do que em qualquer outro lugar, aquilo pelo que nos demos muito trabalho na vida passada, de
c maneira que a passagem para o outro lado, que agora me foi imposta, acontece com uma boa esperança, como para qualquer outro homem que esteja confiante de ter preparado adequadamente seu pensamento, por assim dizer, purificado."[24]

"Com certeza", disse Símias.

"Não resulta então que a purificação, como dizia um discurso antigo,[25] seja exatamente o separar quanto mais possível a alma do corpo, acostumando-se a se recolher e a se recompor distante de todas as partes do corpo, es-
d tando sozinha consigo mesma, tanto agora quanto depois, libertada do corpo como de correntes?"[26]

"Com certeza", disse.

"Não seria exatamente isto o que chamamos de morte: libertação e separação da alma do corpo?"[27]

"Absolutamente", disse ele.

"E desatá-la, como falamos, é o que sempre e mais que tudo desejam aqueles que fazem filosofia corretamente, pois esta é a prática própria dos filósofos: a dissolução e a separação da alma do corpo; ou não?"

"Evidentemente."

"Então, como eu estava dizendo no início,[28] não seria
ridículo que um homem treinasse a vida toda para estar e
o mais próximo possível da morte, e depois, quando ela
chega, se ressentisse dela?"

"Seria ridículo, como não?"

"Por isso, então, Símias", disse, "aqueles que fazem filosofia corretamente se exercitam para morrer, e são entre todos os seres humanos os que estão mais distantes de ter medo de morrer. Veja isso desta forma. De fato, se os filósofos se opõem de todas as maneiras ao corpo e desejam que a alma esteja sozinha consigo mesma, mas quando isso acontece realmente ficam com medo ou ressentidos,
isso não seria o cúmulo do irracional?[29] Se não vão com 68
alegria para o lugar em que esperam poder alcançar aquilo que amaram durante a vida, pois amaram a sabedoria, e ainda se separar daquilo a que estavam unidos, mas ao qual se opunham? Muitos, por afetos humanos, pela morte de suas mulheres ou filhos, quiseram por vontade própria ir ao Hades, movidos pela esperança de ver lá aqueles de quem têm saudade[30] e de estar com eles.[31] E então, alguém que ame assim a sabedoria e alimenta com entusiasmo a mesma esperança de que em nenhum outro
lugar, a não ser no Hades, poderá encontrá-la de modo b
digno de menção se ressentirá de morrer e não será feliz de entrar naquele lugar? É preciso que ele pense assim, amigo, se for verdadeiramente filósofo. Pois estará convencido que não encontrará sabedoria pura em nenhum outro lugar a não ser lá. Mas se as coisas estão dessa forma, como dizia, não seria o cúmulo do irracional se alguém assim tivesse medo da morte?"

"Por Zeus, seria realmente o cúmulo", disse ele.

"E não seria evidência suficiente",[32] disse, "vendo um homem a ponto de morrer revoltado, dizer dele que não
era amante da sabedoria, e sim amante do corpo?[33] E, c
claro, essa mesma pessoa é também ou amante da riqueza ou amante da honra, ou de ambas."[34]

"É exatamente como você diz", disse Símias.

"Mas então, Símias, não seria o que chamamos de coragem a característica principal daqueles que estão nessa condição?"

"Sem dúvida", disse.

"E ainda a temperança — aquilo que também as pessoas comuns chamam de 'temperança', ou seja, não estarem atordoados os próprios desejos, mas fazer pouco-caso deles e se manter moderado — não é característica exclusiva daqueles que fazem pouco-caso do corpo e vivem na filosofia?"

d "Tem de ser", disse ele.

"Certo", disse ele, "porque se você quiser refletir sobre a coragem e a temperança de outras pessoas, as achará sem cabimento."

"Como assim, Sócrates?"

"Você sabe", disse ele, "que todos os outros consideram que a morte seja um dos grandes males?"

"Claro", ele disse.

"Então, seria pelo medo de males maiores que os corajosos entre eles suportam a morte, quando a suportam?"

"Isso mesmo."

"Então, exceto os filósofos, todos são corajosos por serem covardes e terem medo. No entanto, é absurdo que alguém seja corajoso por medo e por covardia."

e "Efetivamente."

"O que dizer daqueles que são moderados entre eles? Não se encontram na mesma situação, de serem temperantes por certa intemperança?[35] Embora digamos que isso é impossível, ainda assim, no caso deles, o que acontece com relação a essa temperança ingênua acaba sendo o seguinte: por temerem que lhes sejam negados os prazeres que desejam, eles se abstêm de alguns prazeres por serem dominados por outros. No entanto, embora chamem o
69 fato de serem governados por seus prazeres de 'intemperança', o que de fato acontece é que eles dominam alguns

prazeres porque são dominados por outros prazeres. E isso é exatamente o que acabamos de dizer: que de algum modo são temperantes por causa da intemperança."

"É o que parece."

"Meu caro Símias, olhando para a virtude não me parece que este seja o câmbio correto: de prazeres por prazeres, dores por dores e medo por medo, maior por menor, como se fossem moedas; porque existe somente uma moeda correta com a qual trocar todas essas coisas, a sabedoria.
É por ela e com ela, com a sabedoria, que acontece toda b
a compra e venda de coragem, temperança, justiça, em uma palavra, a verdadeira virtude, independentemente de os prazeres, medos e tudo o mais serem adicionados ou removidos. Se, ao contrário, essas coisas são separadas da sabedoria e são trocadas umas pelas outras, temo que esse tipo de virtude seja uma espécie de ilusão,[36] algo realmente servil, em nada sadia ou verdadeira. O que é verdadeiro é a
purificação de todas essas coisas. A temperança, a justiça, c
a coragem, assim como a própria sabedoria são espécies de ritos de purificação.[37] De fato, parece que aqueles que instituíram os ritos para nós não são pessoas sem importância, mas, na verdade, há tempos e por enigmas dizem que aquele que chegar ao Hades profano e sem iniciação irá ficar na lama, enquanto quem chegar lá purificado e iniciado habitará com os deuses.[38] De fato, como dizem aqueles que estão envolvidos nos mistérios, 'muitos são
os portadores de tirso, mas poucos os bacos'.[39] Estes últi- d
mos, em minha opinião, não são outros senão aqueles que seguiram a filosofia corretamente. Para ser um deles, porquanto me foi possível, não poupei esforço na minha vida, ao contrário me esforcei de toda maneira possível para me tornar assim. Se me esforcei corretamente e obtive sucesso, saberei disso com certeza quando chegar lá, se deus quiser; e acho que falta pouco.[40] Essas são as palavras", disse, "Símias e Cebes, de minha defesa, para mostrar que é natural
que eu não fique chateado ou ressentido por deixar vocês e e

os patrões daqui, pois acredito que lá também, não menos do que aqui, encontrarei bons patrões e companheiros.[41] Assim, se em minha defesa resultei mais persuasivo do que fui com o júri ateniense, bom para mim.[42]

O argumento dos contrários ou cíclico

[69e-72d]

Após Sócrates concluir seu discurso, Cebes tomou a palavra 69 e
e disse: "Sócrates, parece-me que falaste muito bem de todas
as outras coisas, mas a respeito da alma há muita incredu- 70
lidade entre as pessoas: pensam que, uma vez separada do
corpo, ela não existe mais em lugar algum, mas é destruída
e perece no momento em que a pessoa morre, imediata-
mente após separada do corpo, e que ao sair esvaece como
sopro ou fumaça,[1] voe para todo lado e não exista mais
em lugar algum. Pois se ela realmente existisse em algum
lugar sozinha consigo mesma, recolhida e separada desses
males que você mencionou, muita e bela seria a esperança,
Sócrates, de que o que você diz é verdade. Mas exatamente b
essa questão requer um incentivo não pequeno a acredi-
tar[2] que a alma existe após a morte da pessoa,[3] e com
alguma força e sabedoria".[4]

"O que você diz é verdade, Cebes", disse Sócrates. "Mas o que devemos fazer? Você gostaria que conversássemos sobre essas coisas para ver se é provável[5] ao menos que as coisas estejam assim?"

"Eu escutarei com prazer sua opinião", disse Cebes.

"Ninguém, creio", disse Sócrates, "que ao ouvir essas c
coisas, nem mesmo um poeta cômico, diria que tagarelo[6]
ou faço discursos sobre coisas que não compreendo. Se
você está de acordo, é preciso investigar.[7] Examinamos
isso da seguinte maneira: as almas das pessoas que mor-

rem estão no Hades ou não? Há efetivamente um discurso
antigo, do qual temos memória, que diz que lá estão as
almas quando vieram daqui, e que voltam para cá e re-
nascem dos mortos. Mas se é assim, que os vivos nascem
novamente dos mortos,[8] não há outra possibilidade a não
d ser que as almas existam lá. De fato, não poderiam nascer
de novo se não existissem. E, portanto, seria evidência
suficiente da verdade disso, caso realmente ficasse claro
que os vivos não vêm de lugar algum, a não ser dos mor-
tos. Mas se isso não for verdade, precisaremos de algum
outro argumento.”

“É isso mesmo”, disse Cebes.

“Se quiser entender mais facilmente”, continuou, “não
olhe para isso apenas com relação aos seres humanos, mas
também com relação a todos os animais e as plantas. Em
suma, com relação a tudo aquilo que está sujeito à geração.
e Observamos que todos são gerados da seguinte maneira:
os contrários dos contrários, e de nenhuma outra manei-
ra; isso vale para todas as coisas que estão em uma relação
desse tipo, como o belo é o contrário do feio, o justo do
injusto, e assim por diante, pois os casos são milhares.
Mas vamos considerar o seguinte: tudo aquilo que tem
um contrário de nenhum outro lugar forçosamente nasce
a não ser do seu contrário. Por exemplo, sempre que algo
se torna maior, presumo que seja necessariamente a partir
de uma condição anterior de ser menor que este se torna
em seguida maior?”

“Sim.”

“E se se torna menor, é a partir de uma condição ante-
71 rior de ser maior que mais tarde se tornará menor?”

“Assim é.”

“Da mesma forma: o que é mais forte do mais fraco,
e o mais lento do mais rápido?”

“Claro.”

“Mas então: se algo se torna pior, não faz isso a partir
do melhor? E se mais justo, do mais injusto?”

"Como não?"

"Consideramos então suficientemente estabelecido", disse, "que todas as coisas nascem assim: as contrárias das contrárias?"

"Com certeza."

"E, ainda, haveria algo nelas do seguinte tipo: entre um e outro de todos os opostos, pois são dois, há duas gerações: uma que vai de um contrário para o outro con- b
trário, e, em sentido contrário, outra geração que vai de um contrário para o outro? Entre uma coisa maior e uma menor, há aumento e diminuição, e, portanto, chamamos uma de aumentar e a outra de diminuir?"

"Sim", disse.

"E também o separar-se e combinar-se, o resfriar-se e aquecer-se, e todas as coisas desse tipo, ainda que em alguns casos não as nomeemos ainda assim é necessário que efetivamente nasçam umas das outras e que haja um processo de geração de cada uma delas para a outra?"

"Com certeza", disse.

"Mas então", disse, "há algo que seja o contrário de c
viver, como dormir é o contrário de estar acordado?"

"Claro que sim", disse.

"O quê?"

"Estar morto",[9] disse.

"Então, essas coisas nascem umas das outras, por serem contrárias, e, sendo duas, duas são as gerações entre elas?"

"Como não?"

"Bem, então", disse Sócrates, "eu vou dizer um dos pares que acabei de mencionar, o par em si e suas gerações, e você me dirá o outro par. Eu digo dormir e estar acordado, e digo que é do estar dormindo que nasce o estar acordado, e do estar acordado que nasce o estar dormindo, e que d
suas gerações são cair no sono e acordar. Parece-te um exemplo suficiente", disse ele, "ou não?"

"É sim."

"E agora você, me diga", falou, "a respeito da vida e da

morte: você não diz que estar morto é o contrário de estar vivo?"

"Eu, sim."

"E que nascem um do outro?"

"Sim."

"Mas daquilo que é vivo, nasce o que mesmo?"

"O que é morto", disse.

"E daquilo que é morto?", disse.

"É preciso admitir que seja o que é vivo", disse.

"Mas então, Cebes, é dos mortos que nascem as coisas que são vivas e os viventes?"

e "Evidente."

"As nossas almas estão, portanto, no Hades", disse.

"Parece que sim."

"Quanto às gerações, existe uma delas que seja de fato inconfundível? Morrer é sem dúvida inconfundível, não é?"

"Com certeza", disse.

"Como faremos então?", disse. "A compensaremos com uma geração contrária? Ou a natureza seria defeituosa a esse ponto? Não seria necessário devolver ao morrer uma oposta geração?"[10]

"Absolutamente, sim", disse.

"Mas qual?"

"O voltar a viver."

"Então", disse ele, "se há algo como voltar a viver,
72 isso de voltar a viver seria uma geração dos mortos para os vivos?"

"Certamente."

"Nesse caso, estamos também de acordo de que os vivos nascem dos mortos, não menos que os mortos dos vivos; nesse sentido, nos pareceu uma prova suficiente de que as almas dos que morreram devem existir em algum lugar, pois é daí que nascem novamente."

"Parece-me, Sócrates, por tudo que admitimos até aqui, que as coisas estão necessariamente assim.

"Veja, então, Cebes, que creio que não fizemos mal

ao chegarmos a esse consenso. Se de fato não houvesse uma compensação na geração de uns dos outros, como b
girando em círculo, mas a geração fosse uma linha reta, que partisse somente de um para o seu contrário, e não voltasse para este, nem completasse a volta, você percebe que finalmente tudo teria a mesma forma, estaria na mesma condição e cessaria de nascer?"[11]

"O que você quer dizer?"

"Não é difícil entender o que digo", falou. "Por exemplo, se houvesse o adormecer, mas não fosse compensado pelo acordar, que por sua vez nasce daquilo que dorme, você sabe que ao final todas as coisas mostrariam que a c
história de Endimião é uma balela e não tem cabimento,[12] porque todas as outras coisas estariam na sua mesma condição: dormiriam. E se todas as coisas se misturassem e não estivessem separadas, logo aconteceria o que diz Anaxágoras: "todas as coisas juntas".[13] Do mesmo modo, caro Cebes, se todas as coisas que participam do viver morressem e, uma vez mortas, permanecessem nessa forma e não voltassem à vida, não seria absolutamente inevitável que, no final, tudo estivesse morto e nada vivesse? Porque se as coisas vivas nascem de outras coisas, d
e se as coisas vivas morrem, qual mecanismo impediria que todas elas acabassem mortas?"

"Nenhum, Sócrates, ao que me parece", disse Cebes, "está absolutamente coberto de razão."

"É o que me parece também, Cebes", disse, "e mais do que qualquer outra coisa. E não nos iludimos ao chegarmos ao consenso sobre todas estas coisas: existe realmente o voltar à vida, os vivos nascem dos mortos e as almas dos mortos existem."[14]

Anamnese

[72e-77d]

Cebes tomou a palavra e disse: "Se tomamos aquele dis- 72e
curso, admitindo que seja verdadeiro,[1] que você, Sócrates, frequentemente fazia, segundo o qual a nossa aprendizagem não é outra coisa a não ser relembrar,[2] também por esse argumento é necessário termos apreendido em um
tempo anterior as coisas que lembramos. Mas isso seria 73
impossível se nossa alma não existisse em algum lugar antes de nascer nesta forma humana. Assim que, também por isso, a alma parece ser algo imortal".

"Mas, Cebes", disse Símias, tomando a palavra, "quais são as provas disso tudo? Me lembra? Pois neste momento não consigo mesmo lembrar."[3]

"É um único discurso", disse Cebes, "fantástico,[4] que quando as pessoas são perguntadas, se bem perguntadas,[5] dizem por si mesmas todas as coisas como são. Mas se não tivessem nelas o conhecimento e o raciocínio correto,[6] não estariam em condições de fazer isso. Se ainda fossem
colocadas na frente de figuras geométricas[7] ou a algo desse b
gênero, eis a demonstração mais segura de que as coisas são realmente assim."

"Mas se você não estiver convencido dessa forma, Símias", disse Sócrates, "veja se você concorda ao examinar a questão da seguinte forma. Você não acredita que aquilo que é chamado de aprendizagem possa ser relembrar?"

"Não é que eu não acredito nisso tudo", disse Símias,

“mas preciso que me aconteça exatamente aquilo do qual fala o discurso, isto é, lembrar. Na verdade, ouvindo o que Cebes tentou dizer, já estou me lembrando e me convencendo. Ainda assim, ouviria com prazer sua argumentação.”

c “Eis aqui”, disse Sócrates. “Estamos de acordo, então, que, se alguém lembrar de algo, precisará o ter conhecido em algum momento antes?”

“Claro”, disse.

“E estamos de acordo também sobre o seguinte: que quando o conhecimento surge desta forma, é relembrar? Onde quero chegar com isso? É o seguinte: no caso em que alguém veja ou ouça ou tenha alguma outra percepção de algo e não apenas o conheça, mas também pense em outra coisa que seja objeto não do mesmo conhecimento, mas de um conhecimento diferente: não estaríamos certos em dizer que ele se lembrou daquilo que lhe fez surgir o
d pensamento?”

“Como é que é?”

“Por exemplo: conhecer uma pessoa e conhecer uma lira são coisas diferentes?”

“Como não?”

“Agora, você sabe que sempre que os amantes veem uma lira ou o vestido ou qualquer outra coisa que seus amados costumam usar, acontece o seguinte: reconhecem[8] a lira e na cabeça retêm a imagem do jovem a quem pertence a lira? Isso é relembrar. Como o é quando alguém, ao ver Símias, costuma lembrar-se de Cebes — e há milhares de casos assim.”

“Por Zeus, são realmente milhares”, disse Símias.

e “Algo assim não é então algum tipo de relembrar? Sobretudo toda vez que a alguém aconteça isso com coisas que já havia esquecido, ou porque o tempo passou, ou por não estar prestando atenção a elas?”

“Com certeza”, disse.

“Mas então”, disse, “é possível que, ao ver uma pintura de um cavalo ou de uma lira, alguém se lembre de uma pessoa; e ao ver uma pintura de Símias, alguém se lembre de Cebes?”

“Claro.”

“E também ao ver um retrato de Símias, se recorde do próprio Símias?”

“Pode acontecer, claro”, disse ele. 74

“Mas se as coisas estão assim, não se conclui que a lembrança vem tanto de coisas semelhantes como também de coisas diferentes?”

“Essa é a conclusão.”

“Mas sempre que alguém se lembra de alguma coisa a partir de coisas semelhantes, não lhe acontece necessariamente de pensar se falta ou não falta algo na semelhança, quando comparado com aquilo de que ele lembra?”[9]

“Necessariamente.”

“Veja, então, se as coisas estão da seguinte maneira: dizemos que há algo igual, não digo um pau igual a um pau, ou uma pedra igual a uma pedra, nem algo desse tipo, mas alguma outra coisa que seja para além dessas: o igual em si mesmo?[10] Dizemos que é algo ou não é nada?”[11]

“Digamos isso, sim, por Zeus, e com extraordinária b
força.”

“E sabemos o que isso seja?”

“Claro!”

“E de onde tomamos conhecimento disso? Será das coisas das quais falávamos há pouco? Ao ver que paus ou pedras ou outras coisas eram iguais, não foi a partir destas[12] que passamos a pensar no igual, que é diferente destas coisas? Ou não acha que é diferente? Considere também o seguinte: pedras e paus iguais não parecem, às vezes, apesar de serem os mesmos, em um momento iguais e em outro não?”

“Com certeza.”

“E então, os iguais em si[13] já lhe pareceram desiguais, c
ou a igualdade já lhe pareceu desigualdade?”

“Jamais, Sócrates.”

"Esses iguais e o igual em si", disse, "não seriam, portanto, a mesma coisa?"

"Acho que não são, não, Sócrates."

"Ainda assim", disse ele, "não é a partir dessas coisas iguais, embora diferentes do igual em si, que você pensou e obteve o conhecimento dele?"

"É absolutamente verdade", disse.

"Agora, ou é semelhante a elas ou é diferente, não é?"

"Claro."

"Mas não faz qualquer diferença", disse. "Desde que
d você, vendo algo a partir dessa visão, pense em uma outra coisa, igual ou diferente que seja, o que aconteceu foi necessariamente um relembrar."[14]

"Com certeza."

"Mas então, não fazemos experiência de algo parecido a propósito dos paus e das pedras e das coisas iguais das quais falamos há pouco? Nos parecem iguais assim como o é o igual em si? Ou falta a eles algo para serem como o igual? Ou não falta nada?"[15]

"Falta, sim", disse, "e muito."

"Então estamos de acordo que sempre que alguém, ao
e ver algo, pensa 'o que estou vendo agora quer ser como alguma outra coisa, mas falta-lhe algo e não pode ser como ela, pois lhe é inferior', é necessário que a pessoa que pensa assim deva ter conhecido de antemão a coisa com a qual diz que se assemelha, ainda que de maneira defeituosa?"

"Necessariamente."

"Mas então? Nós também fizemos experiência de algo desse tipo com relação às coisas iguais e ao igual em si?"

"Totalmente."

"Devemos, portanto, ter conhecido o igual antes do
75 momento em que, ao ver pela primeira vez coisas iguais, pensamos que todas essas coisas desejam[16] ser como o igual em si, mas o são de maneira defeituosa."

"As coisas estão realmente assim."

"Mas estamos de acordo também sobre o fato de que

não o pensamos, nem seria possível pensá-lo, de outra maneira, a não ser partindo da vista, do tato ou de qualquer outra sensação; estou considerando todas elas uma coisa só."

"Efetivamente são uma coisa só, Sócrates, pelo menos no que diz respeito ao que o argumento quer mostrar."

"Mas é exatamente a partir das sensações que é preciso pensar que todas as coisas que estão ao alcance dos b
sentidos tendem àquilo que é igual, mas que ficam aquém dele, ou como queremos dizer?"

"Assim mesmo."

"Portanto, antes de começarmos a ver, ouvir e ter as outras sensações, devemos efetivamente ter tido algum tipo de conhecimento da existência do igual em si, se estávamos ao ponto de referir a ele as coisas iguais derivadas dos sentidos, por todas tenderem a ser como ele, ainda que sendo-lhe inferiores."

"Isso é certo, considerando o que já foi dito, Sócrates."

"Não foi a partir do momento em que nascemos que começamos a ver, ouvir e ter as outras sensações?"

"Foi, sim."

"Mas então cabe dizer que tivemos o conhecimento c
do igual antes disso?"

"Sim."

"Portanto, parece que o adquirimos necessariamente antes de nascer."[17]

"É o que parece."

"Mas se o adquirimos antes de nascer, nascemos possuindo-o; conhecemos antes de nascer, e também recém-nascidos, não somente o igual, o maior e o menor, mas o conjunto de todas as coisas desse tipo. De fato, nosso discurso é sobre o igual não mais do que sobre o belo e sobre o bom, o justo e o santo, e, como estava dizendo, so- d
bre todas as coisas em que colocamos o rótulo 'o que é',[18] quando perguntamos perguntas e quando respondemos respostas.[19] É, portanto, necessário que tenhamos adquirido o conhecimento de todas essas coisas antes de nascer."

"Isso mesmo."

"E se depois de adquiri-lo não o esquecêssemos toda vez, nasceríamos sempre sabendo e continuaríamos sabendo ao longo da vida toda. Porque saber é isto: ter conhecimento de algo, fixá-lo e não perdê-lo. Ou não é exatamente isso que chamamos de esquecimento, Símias: a perda do conhecimento?"[20]

e "Sim, é mesmo isso, Sócrates", disse.

"Se, ao contrário, eu creio, tendo-o adquirido antes do nascimento, o perdemos ao nascer, mas depois, usando nossos sentidos, recuperamos os conhecimentos que possuíamos em algum momento anterior sobre essas coisas,[21] o que chamamos de aprender não seria recuperar um conhecimento que é propriamente nosso?[22] E não estaríamos corretos ao afirmar que isso seja relembrar?"

"Claro."

76 "Ficou claro então que é possível o seguinte: ao perceber algo, seja vendo ou ouvindo, ou por alguma outra sensação, pensamos a partir disso outra coisa que havíamos esquecido, algo de que essa coisa estava próxima, embora diferente, ou com que era parecida. Assim (é o que estou dizendo) de duas uma: ou todos nós nascemos conhecendo essas coisas ou vamos conhecendo-as ao longo da vida, ou, por consequência, as pessoas que dizemos que aprendem, nada mais fazem a não ser lembrar. E a aprendizagem é, portanto, relembrar."[23]

"É assim mesmo, Sócrates."

"Então, qual das duas você escolhe, Símias? Já nascemos
b sabendo ou nos lembramos mais tarde das coisas que já sabíamos antes?"[24]

"Assim, de repente, Sócrates, não saberia escolher."

"Está bem. Mas você é capaz de fazer a escolha a seguir e dizer o que você acha a esse respeito? Um homem que tem conhecimento pode ou não pode dar conta do que sabe?"[25]

"Absolutamente sim, Sócrates", disse.

"E acha que todos possam conhecer as coisas das quais estávamos falando agora há pouco?"

"Bem que eu gostaria", disse Símias. "Mas tenho muito medo de que amanhã, a esta altura, não tenha mais uma única pessoa que seja capaz de fazer isso com competência."

"Mas então você não acredita, Símias, que todos te- c
nham conhecimento dessas coisas?"

"De maneira alguma."

"Então lembram o que apreenderam no passado?"

"Necessariamente."

"Mas quando nossas almas adquiriram o conhecimento dessas coisas? É certo que não foi desde que nascemos como seres humanos."

"Claro que não."

"Antes, então?"

"Sim."

"Então, Símias, as almas existiam antes mesmo de assumirem forma humana, separadas do corpo, e possuíam sabedoria."

"A não ser, Sócrates, que não adquiramos esses conhecimentos no exato momento do nascimento: efetivamente, haveria a possibilidade de ter acontecido neste momento."

"Muito bem, meu amigo, todavia em que outro momen- d
to os perdemos? Pois concordamos que não nascemos com eles. Ou será que os perdemos no instante em que os adquirimos? Ou você poderia apontar um outro momento?"

"Absolutamente não, Sócrates, não me dei conta de que não havia nenhum sentido naquilo que dizia."

"Temos então a seguinte situação, Símias: se existem, como estamos sempre repetindo, o belo, o bom e cada essência[26] desse tipo, e a ela referimos todas as coisas que derivam das sensações, descobrindo que existia já antes
e estávamos de posse dela, e se a comparamos com essas e
coisas, é então necessário que, da mesma forma que essas essências existem, exista também nossa alma, e antes

de nascermos. Mas se ao contrário não existissem, tería-
mos feito este discurso em vão? É isto, então: é necessário
tanto que elas existam como que nossas almas existam
antes de nascermos, e se a primeira afirmação não é ver-
dadeira, não o é também a segunda?"

"Extraordinário! Sócrates, parece-me de fato ser igual-
mente necessário. Além do mais o argumento encontrou
77 um belo refúgio no fato de nossa alma existir antes de
nosso nascimento analogamente à essência da qual você
fala. Pois não há nada que me pareça mais claro do que o
fato de que nada existe mais do que todas as coisas deste
tipo: o belo, o bom e todas as outras essências das quais
falava. E parece-me que isso tenha sido suficientemente
demostrado."[27]

"Mas... e Cebes?", disse Sócrates. "É preciso conven-
cer Cebes também."

"Creio que tenha sido suficiente também para ele, Só-
crates", disse Símias, "ainda que seja a pessoa mais obs-
tinada quando se trata de duvidar de argumentos. Creio,
todavia, que ele esteja plenamente convencido de que
b nossa alma existia antes de nascermos. Mas se ela ainda
existirá quando morrermos também, isso não parece nem
a mim ter sido provado, Sócrates", disse ele, "ao contrário,
continua o medo do qual Cebes falava, e que é comum à
maioria das pessoas, de que, no momento em que a pessoa
morre, sua alma esvaeça e esse seja o fim de sua existência.
O que impede, efetivamente, que a alma nasça e exista de
alguma outra forma antes de entrar em um corpo huma-
no, mas que, uma vez que entre e que em seguida se separe
dele, ela mesma não morra e seja destruída?"

c "Falou muito bem, Símias", disse Cebes. "Ficou claro
que foi demonstrada a metade daquilo que se devia: que
antes de nascermos, nossa alma existia. Agora será preciso
demostrar que ela existirá também depois de morrermos,
não menos do que antes de termos nascido, se a demons-
tração quiser ser completa."

"Mas está desde já demonstrado, Símias e Cebes", disse Sócrates, "se queremos juntar este argumento com aquele sobre o qual concordamos antes desse, isto é, que tudo o que é vivo nasce do que está morto.[28] Se portanto a alma existe também desde antes e, necessariamente, ao chegar d
à vida e nascer, não faz isso de nenhuma outra maneira a não ser a partir da morte e do estar morto. Como não haveria a mesma necessidade de que exista depois da morte, considerando que deve nascer novamente? O que vocês pediam, portanto, já está demonstrado."

O argumento da afinidade

[77d-84b]

“Parece-me, todavia, que você e Símias querem examinar 77 d
mais a fundo este argumento e que estão com aquele medo
infantil de que a alma de verdade ao sair do corpo se esvae- e
ça e seja dispersada pelo vento, sobretudo quando alguém
não morre em uma calmaria, mas em uma tempestade.”

Cebes, com um sorriso no rosto, disse: “Sócrates, tente nos persuadir como se estivéssemos com medo; ou melhor, não como se nós estivéssemos com medo: talvez exista realmente uma criança dentro de nós que está com medo dessas coisas. Tente convencê-la a não ter medo da morte como da cuca.[1] Mas então”, disse Sócrates, “será preciso encantá-la todos os dias,[2] até que se acalme”.[3]

“E, todavia, onde é que encontraremos um bom en- 78
cantador para essas coisas, Sócrates”, ele disse, “depois
que você nos deixar?”

“A Grécia é vasta, Cebes”, disse. “Há certamente homens bons nela, como também muitos são os povos estrangeiros:[4] é preciso buscar entre todas essas pessoas para encontrar um encantador como esse, sem poupar dinheiro e esforços, pois não há nada em que seja melhor gastar dinheiro. Mas é necessário que procurem se ajudando uns aos outros, pois não encontrariam mais facilmente do que assim alguém que seja capaz de fazer isso.”

“Será feito, sim”, disse Cebes. “Mas vamos voltar ao pon-
to que deixamos em suspenso: você gostaria de fazer isso?” b

“Claro que gostaria. Como não ia gostar?”

“Ótimo”, disse.

“Não deveríamos então”, disse Sócrates, “fazer a seguinte pergunta: que tipo de coisa é passível de passar por isso, isto é, de ser dissipada?[5] E que tipo de coisa é tal que devemos temer que seja passível disso e para qual tipo de coisa não devemos? E ainda, não deveríamos examinar de qual dos dois tipos é a alma? E a partir disso se devemos ter fé ou ter medo pela nossa alma?”

“Claro”, disse.

c “Então, não é verdade que o que foi composto e é composto por natureza é passível de passar pelo seguinte: de ser decomposto exatamente da mesma forma como foi composto? Ao contrário, se algo resulta não composto, somente este, se é que algo for, não passa por isso?”[6]

“Parece-me que seja assim mesmo”, disse Cebes.

“Não faz sentido que as coisas que estão sempre da mesma maneira e na mesma condição sejam exatamente aquelas não compostas, enquanto aquelas que estão ora de uma maneira ora de outra maneira, e que nunca estão na mesma condição, sejam aquelas compostas?”

“Acho que sim.”

“Vamos voltar então para as mesmas coisas que di-
d zíamos no discurso precedente. A essência em si, da existência da qual demos conta perguntando e respondendo,[7] encontra-se sempre nas mesmas condição e maneira ou está em condições diferentes em momentos diferentes? O igual em si, o belo em si e toda coisa que é em si (o que é) admitem algum tipo de mudança? Ou cada uma dessas coisas que são, sendo uniforme e sozinha consigo mesma, permanece na mesma condição,[8] e em nenhum momento, lugar ou maneira admite qualquer alteração?”

“É preciso que estejam sempre na mesma condição, Sócrates”, disse Cebes.

“O que dizer das muitas coisas que são belas, como as
e pessoas, os cavalos, as roupas e todas as coisas desse tipo; e

das coisas iguais, e das coisas que têm o mesmo nome daquelas em si?[9] Estão acaso na mesma condição, ou, ao contrário daquelas em si, não estão jamais na mesma condição, nem em relação a si mesmas, nem em relação às outras?"[10]

"É assim mesmo", disse Cebes. Essas coisas nunca estão na mesma condição."

E não é verdade que você pode tocar, ver e perceber 79
aquelas coisas com os outros sentidos, enquanto aquelas que permanecem na mesma condição você jamais poderia apreendê-las a não ser por meio de um raciocínio do seu pensamento,[11] pois essas coisas são invisíveis e não são visíveis?"

"O que você afirma é absolutamente verdadeiro", disse.

"Vamos supor, então, duas espécies de coisas que são, as visíveis e as invisíveis?"

"Vamos, sim."

"E que o invisível esteja sempre na mesma condição, enquanto o visível não esteja nunca na mesma condição?"

"Vamos supor isso também."

"Seguimos, então", disse. "Uma parte de nós não é b
corpo e outra, alma?"

"Não há nada além disso, sim."

"E a qual das duas espécies dizemos que o corpo é mais semelhante e congênere?"

"Isso está bem claro", disse. "Àquela visível."

"E quanto à alma: visível ou invisível?"

"Certamente, Sócrates, ela não é visível ao ser humano", disse.

"Mas estamos falando das coisas visíveis (ou menos) à natureza humana. Ou está pensando em alguma outra natureza?"

"Não, daquela humana."

"Então, o que dizemos da alma? Que é visível ou que é não visível?"

"Não visível."

"Invisível, então?"[12]

"Sim."

"Portanto a alma se assemelha mais do que o corpo ao invisível, e este ao visível?"

c "É como deve ser, Sócrates."

"E não dissemos já há algum tempo[13] que a alma quando utiliza o corpo para investigar, quer pela vista, quer pelo ouvido, quer por qualquer outro sentido — de fato investigar algo por meio do corpo significa exatamente fazê-lo por meio dos sentidos —, é arrastada pelo corpo para as coisas que não estão jamais na mesma condição, e ela anda por aí confusa, cambaleando como bêbada, por estar presa a realidades como essas?"[14]

"Certamente."

d "Mas quando investiga sozinha consigo mesma, sai em direção ao que é puro, que sempre é, que é imortal, que está na mesma condição; e, por ser a este congênere,[15] toda vez que está sozinha consigo mesma e que lhe seja possível fazê-lo está sempre com ele e para de andar por aí e permanece sempre na mesma condição com relação àquelas coisas que são imutáveis por ter entrado em contato com coisas que são assim também, e essa condição da alma é chamada de sabedoria?"

"Sim", disse. "O que você diz é correto e verdadeiro."

e "Então, pelo que dissemos há pouco, e pelo que acabamos de dizer, a qual das duas espécies a alma é mais semelhante e congênere?"

"Creio, Sócrates, que, por esse percurso da argumentação, qualquer um, até o mais teimoso, estaria de acordo que a alma é em tudo e completamente mais semelhante ao que está sempre na mesma condição do que àquilo que não está na mesma condição."

"Mas e o corpo?"

"À outra."

"Veja então também deste outro ponto de vista: sempre
80 que a alma e o corpo estão juntos, a natureza[16] prescreve
a este servir e ser comandado, a ela comandar e dominar.
Novamente, com base nisso, qual dos dois você acha que é

semelhante ao divino e qual ao mortal? Ou você não acha que o divino naturalmente comanda e lidera, e o mortal serve e é dominado?"

"Acho que sim."

"A qual dos dois então a alma é semelhante?"

"É claro que a alma ao divino, o corpo ao mortal, Sócrates."

"Observe bem, então, Cebes", disse, "se de tudo o que foi dito resulta no seguinte: é ao divino, ao imortal, ao b
inteligível, ao uniforme, ao indissolúvel, que sempre permanece na mesma condição com relação si mesmo, é a isso que a alma é sobremaneira semelhante;[17] enquanto o corpo ao que é humano, mortal, ininteligível, ao multiforme, ao dissolúvel, que nunca permanece na mesma condição com relação si mesmo.[18] Temos algo mais a acrescentar sobre essas coisas, Cebes, que sugira que as coisas não estejam assim?"

"Não temos, não."

"Mas então, se as coisas estão assim, não é do corpo se dissolver rapidamente, e da alma, ao contrário, ser totalmente indissolúvel, ou quase?"[19]

"Como não?" c

"Agora, você percebe", disse ele, "que quando a pessoa morre, o que dela é visível, o corpo que está em um lugar visível, o que chamamos de cadáver, o tipo de coisa que se dissolve, se desfaz e se dispersa, não lhe acontece isso imediatamente, mas se conserva por um tempo razoavelmente longo, e até por muito tempo, especialmente se alguém morre com seu corpo em boas condições e em uma idade favorável. O corpo dissecado e embalsamado, como as múmias no Egito, permanece quase íntegro por um tempo difícil de calcular, e mesmo que o resto do corpo apodreça, d
certas partes (ossos, tendões e todas essas coisas) são, por assim dizer, imortais, não é mesmo?"

"Sim."

"A alma, ao contrário, sua parte invisível, sai em di-

reção de um outro lugar desse mesmo tipo, nobre, puro
e invisível, do Hades como ele é de verdade ao encontro
do deus bom e sábio, o lugar para o qual, se deus quiser,
minha alma também irá daqui a pouco;[20] ou, quando
essa alma, que é naturalmente dessa forma, é separada
do corpo, será imediatamente dispersa e morrerá, como
e afirma a maioria das pessoas? Longe disso, meus caros
Cebes e Símias. Pelo contrário, é muito provável que as
coisas estejam da seguinte maneira: sempre que se separe
pura, sem trazer consigo algo do corpo, por não ter tido
qualquer comunhão com ele durante a vida, ao menos
não por sua vontade, mas, ao contrário, tenha fugido
dele e se recolhido sozinha consigo mesma, fazendo disso
seu exercício constante, que é nada mais do que filosofar
81 da maneira correta e estar realmente pronta para mor-
rer de bom grado. Ou não seria isso exercita-se para a
morte?"[21]

"Absolutamente."

"Então é nessas condições que a alma vai para o que
lhe é semelhante: o invisível, o divino, o imortal e o sábio;
e uma vez lá, pode ser feliz, separada da perambulação, da
estupidez, dos medos, dos amores selvagens e dos outros
males humanos; e, como se diz a respeito dos iniciados, ela
realmente passa o tempo que lhe resta com os deuses?[22]
É isso que devemos dizer, Cebes, ou seria outra coisa?"

"É isso, por Zeus", disse Cebes.

b "Sempre que, ao contrário, se separa do corpo contami-
nada e impura, pois ficava sempre com[23] o corpo, cuidava
dele, o amava e era enfeitiçada por ele, por seus desejos e
prazeres, ao ponto de estar convencida de que não hou-
vesse nada de verdadeiro a não ser o corpóreo que se pode
tocar, ver, beber, comer e usar para o sexo; e ao contrário
havia se acostumado a odiar, ter medo e fugir daquilo que
é obscuro para os olhos e invisível, mas que é inteligível e
c compreensível pela filosofia, acha que uma alma que esteja
nessa condição se separará pura e sozinha consigo mesma?"

"De jeito nenhum", disse.

"Ao contrário, creio, é engalfinhada pelo que é corpóreo,[24] que a frequentação e união com o corpo, por estar sempre com ele e por dedicar-lhe muitos cuidados, fizeram crescer junto com ela."[25]

"Justo."

"É preciso ver, caro amigo, que o corpóreo é pesado, carregado, terreno, visível; por isso uma alma desse tipo é carregada e arrastada novamente para um lugar visível por medo do invisível, ou, como se diz, do Hades, e
circula por tumbas e sepulcros, lá onde foram avistados d
fantasmas de almas em forma de sombras, imagens, essas, produzidas precisamente por essas almas que não se desvencilharam do corpo de maneira pura, mas que participam do visível e por isso podem ser vistas."[26]

"Faz sentido, Sócrates."

"Faz sentido, sim, Cebes. E também que não são as almas dos bons, mas aquelas dos inúteis a serem obrigadas a vagar por lugares como esse e pagar a pena por seu mau estilo de vida anterior. E vagam até que, tomadas
pelo desejo[27] daquele que sempre as segue de perto, isto e
é, o corpóreo, voltam a se prender a um corpo. E estão presas, como é de se esperar, àqueles mesmos caráteres que praticaram durante suas vidas."

"De quais está falando, Sócrates?"

"Por exemplo, aqueles que praticaram gulodices, violências e bebedeiras, e não cuidaram de evitá-las. Faz sentido que assumam a forma de asnos e de animais desse
gênero.[28] Ou não acha?" 82

"O que você diz faz todo sentido."

"Aqueles que tiverem escolhido injustiças, tiranias e roubos, assumirão a forma de lobos, falcões e milhafres; ou dizemos que essas almas irão assumir outras formas?"

"Não há dúvida que irão assumir essas formas", disse Cebes.

"Então", disse ele, "não é evidente que também as

outras irão assumir as formas às quais têm estado mais semelhantes, de acordo com suas práticas?"

"Claro", disse, "como não?"

"Mas então os mais felizes", disse, "e aqueles que vão
para o lugar melhor, não são aqueles que praticaram a
b virtude popular e política, o que chamam de 'temperan-
ça' e 'justiça', que surge do hábito e de uma prática sem
filosofia e inteligência?"[29]

"Em que sentido eles seriam os mais felizes?"

"Porque é provável que eles voltem para uma espécie política e mansa como eles, como a das abelhas, suponho, das vespas ou formigas, ou até mesmo para a espécie humana, e que deles nasçam homens moderados."

"É provável."

"Mas não é permitido a quem não tiver praticado a
c filosofia e tenha partido completamente puro, a quem ame
o conhecimento, voltar para a espécie dos deuses. É por essas razões, meus queridos Símias e Cebes, que aqueles que são realmente filósofos se afastam de todos os desejos do corpo, resistem e não se entregam a esses desejos; e não por temerem a perda de propriedades e a pobreza, como a maioria das pessoas que ama o dinheiro; tampouco se afastam de tais desejos por temerem a desonra e a má fama, como os amantes do poder e da honra."

"Efetivamente, não seria um comportamento adequado, Sócrates", disse Cebes.

d "Não seria mesmo, por Zeus", respondeu. "Por esse
motivo, Cebes, aqueles que cuidam de sua própria alma e não vivem para modelar seus corpos[30] viram as costas para essas pessoas e não seguem seus mesmos caminhos, pois não sabem aonde estão indo; ao contrário, eles acreditam que não se deva fazer nada contra a filosofia e a libertação e purificação que esta produz. E a seguem por onde os leve."

"Como, Sócrates?"

"Vou lhe dizer", falou. "Aqueles que amam o conheci-
e mento estão cientes de que a filosofia, sendo a alma deles

absolutamente presa e colada ao corpo, obrigada a investigar
todas as coisas que são por meio dele, como em uma prisão,
não sozinha consigo mesma, mas perdida em uma total ig-
norância, vendo a engenhosidade da prisão,[31] que funciona
pelo desejo, de maneira que aquele que está aprisionado
acaba por ser cúmplice de seu aprisionamento; como eu di-
zia, aqueles que amam o conhecimento estão cientes de que 83
a filosofia, recebendo a alma assim, a encoraja docemente
e tenta libertá-la, mostrando que a investigação conduzida
pelos olhos é cheia de enganos, assim como aquela pelos
ouvidos e pelos outros sentidos;[32] e a persuade a se afastar
deles, na medida em que não é necessário servir-se deles, e a
convida a se recolher sozinha em si mesma e se reencontrar,
a não acreditar a não ser em si mesma, pensando sozinha b
consigo mesma cada uma das coisas que são sozinhas con-
sigo mesmas;[33] e a não considerar em nada verdadeiro tudo
o que ela investiga com outros meios e que seja diverso em
diversos momentos; e que este é sensível e visível, enquanto
aquilo que ela própria vê é inteligível e invisível.[34] Assim, a
alma do verdadeiro filósofo, sabendo que não deve se opor a
essa libertação, se mantém sempre que possível distante dos
prazeres, dos desejos, das dores e dos medos. E reflete sobre
o fato de que, sempre que alguém faça experiência de prazer,
dor, medo ou desejo intensos, estes não lhe infligem os danos
que se poderia supor (por exemplo, adoecer ou desperdiçar c
dinheiro por causa de seus desejos), mas o maior e mais ex-
tremo de todos os danos, sem que sequer se dê conta disso."

"Qual, Sócrates?", disse Cebes.[35]

"Que a alma de cada pessoa, quando sente intenso prazer ou dor por algo, é forçada a acreditar profundamente que, seja o que for que dê origem a essa sensação, é o que há de mais evidente e verdadeiro. Mas não é assim, essas são sobretudo as coisas visíveis, não são?"

"Claro."

"É, portanto, sobretudo quando passa por isso que a d
alma está aprisionada ao corpo?"

"Mas como?"

"Porque cada prazer e cada dor, como se fosse um prego, fixa a alma ao corpo, a submete e lhe dá traços corpóreos, infundindo nela a opinião pela qual são verdadeiras as coisas que o corpo diz serem assim. Por ter as mesmas opiniões do corpo e por alegrar-se das mesmas coisas, creio, a alma é obrigada a ter o mesmo estilo de vida e a mesma forma de sustentação do corpo, de maneira que jamais chega ao Hades pura, mas sai do corpo sempre
e contaminada, e acaba caindo rapidamente de volta em outro corpo; por assim dizer, cresce nele como se tivesse sido semeada,[36] e por causa disso não participa da companhia daquilo que é divino, puro e uniforme."

"É absolutamente verdadeiro, Sócrates", disse Cebes.

"Por essas razões, Cebes, aqueles que amam justamente o conhecimento são moderados e corajosos, e não pelas razões pelas quais a maioria das pessoas é assim. Ou você acha que é?"

84 "Eu não, de jeito nenhum."

"Não mesmo. Esta é, portanto, a maneira como refletiria a alma de um homem filósofo: ele não pensaria que a filosofia deva libertá-la, mas, enquanto a liberte, que a alma deva, por sua própria vontade, entregar-se aos prazeres e às dores para acabar sendo novamente aprisionada, fazendo assim o trabalho sem fim de Penélope, tecendo em uma espécie de teia em sentido contrário.[37] Em vez disso, procurando-se um lugar de calmaria desses prazeres e dores, seguindo seu raciocínio e estando sempre concentrada nele, vendo o que é verdadeiro, divino e não um objeto de opinião, e sustentada
b por isso, pensa que deve viver assim enquanto viver, e uma vez que chegar ao seu fim,[38] alcançando o que lhe é congênere e do mesmo tipo, escapará dos males humanos. Portanto, dado esse tipo de sustento, não há risco de temer, Símias e Cebes, que ela se despedace durante sua separação do corpo e seja dispersa pelos ventos, e voe em todas as direções e não seja mais nada em lugar algum.

Objeções

[84c-91c]

FÉDON Um silêncio se fez depois destas palavras, e por um bom tempo.[1] O próprio Sócrates estava concentrado em seu discurso, como aparecia ao olhar para ele, e assim estava a maioria de nós. Símias e Cebes, por outro lado, cochichavam entre si.[2] Sócrates, vendo isso, perguntou: 84 c

"O que houve? Acham que às coisas que eu disse falta acrescentar algo? Pois é claro que, se alguém quisesse examinar com cuidado, encontraria muitas coisas duvidosas e fios soltos.[3] Se vocês estavam examinando outra coisa, não vou dizer mais nada. Mas, se vocês estão com dificuldade com relação ao que foi dito, então não hesitem nem por um
momento em falar vocês mesmos e em explicar, se acham d
que poderiam dizer isso de alguma outra forma melhor, e também em me chamarem para ajudá-los,[4] se acharem que, comigo, irão encontrar uma solução melhor."

E Símias disse:

"Então, Sócrates... vou lhe dizer a verdade: faz tempo que cada um de nós, estando em dúvida, pressiona e insiste para que o outro pergunte, pois queremos muito ouvir você; mas tememos causar incômodo e resultarmos fastidiosos, considerando a atual circunstância."

Ao ouvir isso, Sócrates sorriu levemente[5] e disse:

"Nossa! Símias. Vai ser difícil convencer as outras pes-
soas de que não considero em nada uma desgraça o destino e
que me coube, quando nem vocês eu consigo convencer.

Ao contrário, estão com medo de que eu esteja mais revol-
tado agora do que durante toda minha vida. Ao que parece,
acreditam que eu seja pior do que os cisnes na divinação:
85 eles, quando percebem que estão por morrer, e ainda que
cantassem também antes, cantam então mais e de maneira
estupenda, pela alegria de estarem prestes a ir ao encontro
do deus de quem são servos. As pessoas, pelo medo que têm
da morte, contam mentiras sobre os cisnes, e dizem que eles,
temendo a morte, saem cantando de dor. Mas não se dão
conta de que nenhum pássaro canta quando está com fome,
com frio ou quando sente alguma outra dor, nem mesmo o
próprio rouxinol ou a andorinha ou a poupa,[6] dos quais
se diz que cantam lamentando-se pela dor. Parece-me, ao
b contrário, que nem esses pássaros nem os cisnes cantam pela
dor; creio, em vez disso, que, pertencendo eles a Apolo e sen-
do adivinhos, e por esse motivo capazes de prever as coisas
boas que estão no Hades, cantam e se alegram nesse dia
mais do que nunca.[7] Eu mesmo me considero companheiro
de servidão dos cisnes e consagrado ao mesmo deus:[8] recebi
não menos do que eles, do meu patrão, a divinação, e não
estou mais melancólico do que eles ao me libertar da vida.[9]
Portanto, vocês precisam falar, perguntem o que quiserem,
até quando os Onze dos Atenienses[10] deixarem."

"Ótimo", disse Símias. Eu vou lhe dizer aquilo sobre
c o que estou em dúvida, e ele, sobre o que não concorda
daquilo que foi dito. Penso, como creio você também pen-
sa, Sócrates, que sobre essas coisas é impossível ou muito
difícil ter um conhecimento seguro nesta vida; mas não
confutar a todo custo as coisas ditas sobre elas e desistir
antes de se cansar examinando-as, sob todo ponto de vista,
é coisa de um homem completamente sem espinha. Com
relação a essas coisas, de fato, é preciso conseguir de duas,
uma: ou aprender como estão as coisas, ou descobri-lo
sozinho.[11] E se as duas forem impossíveis, pegar então o
d melhor dos discursos humanos, e o mais difícil de confutar,
embarcando nele como sobre uma jangada,[12] e arriscar-

-se a velejar pela vida, a menos que alguém não consiga atravessar de forma mais segura e menos perigosa sobre uma embarcação mais sólida, isto é, algum discurso divino. Neste momento, portanto, não terei vergonha de lhe fazer perguntas, agora que você mesmo me pede isso. Assim, não me arrependerei mais tarde por não ter dito agora o que penso. Pois, Sócrates, desde que comecei a considerar o que foi dito, tanto por mim mesmo quanto com ele aqui, não me pareceu realmente suficiente."

E Sócrates respondeu: e

"É possível que você esteja certo, meu amigo. Mas me diga, por favor, em que sentido você acha que não é suficiente."

"É o seguinte", disse, "seria possível fazer o mesmo
discurso sobre a harmonia, e sobre uma lira e suas cor-
das, visto que a harmonia de uma lira afinada é invisível,
incorpórea, realmente bela e divina, enquanto a lira em 86
si mesma e suas cordas são corpos, são coisas corpóreas,
compostas, terrenas e congêneres àquilo que é mortal.[13]
Sempre que alguém quebrasse a lira, ou cortasse e arreben-
tasse suas cordas, se alguém insistisse em um argumento
como o seu, de que seria necessário que aquela mesma
harmonia não fosse destruída, mas ainda persistisse (pois
não haveria como, quando a lira ainda existisse com suas
cordas arrebentadas, e quando as próprias cordas, que são
mortais, ainda existissem, e que a harmonia, que é da mes- b
ma natureza e congênere ao divino e imortal, pudesse ser
destruída, morrendo antes do que é mortal) e dissesse que
necessariamente a harmonia ainda existe em algum lugar e
que a madeira e as cordas seriam destruídas antes que acon-
tecesse o mesmo com a harmonia (pois acredito que você
também tenha isso para você, Sócrates: uma vez que nosso
corpo é esticado e, por assim dizer, mantido unido pelo
calor, pelo frio, pelo seco, pelo úmido e por coisas desse
tipo, consideramos[14] que a alma seja mistura e harmonia
dessas mesmas coisas, sempre que estejam bem misturadas c

umas com as outras e na justa proporção),[15] se, portanto, a
alma é alguma sorte de harmonia, é evidente que toda vez
que o corpo é afrouxado ou esticado de forma desmedida
por doenças ou outros males é necessário que a alma mor-
ra imediatamente, por mais divina seja, da mesma forma
como o fazem as outras harmonias que estão nas notas
musicais e em todos os objetos fabricados pelos artesãos,
ao passo que os restos de cada corpo resistem por muito
tempo, até que sejam queimados ou destruídos. Veja então
d o que diremos em resposta a esse argumento, na eventua-
lidade de alguém afirmar que a alma é uma mistura dos
elementos presentes no corpo e se dissolva primeiro na as-
sim chamada 'morte'."[16]

Sócrates então o encarou, daquele jeito que ele sempre
fazia, e abrindo-se em um sorriso, disse:

"O que Símias diz é correto.[17] Se um de vocês pu-
der resolver o problema melhor do que eu, que tal falar?
Parece-me que ele tenha atacado meu discurso de maneira
não trivial. Mas antes de responder a ele, creio que seja o
e caso de ouvir as críticas que Cebes, por sua vez, tem a fazer
ao discurso, para que, quando for o momento, decidamos
o que responder. Assim, depois de ouvi-los, poderemos
estar de acordo com eles — sempre que não desafinem —[18]
ou não, e neste último caso defenderemos o argumento.
Vamos, Cebes, agora é contigo: o que o incomodava?"[19]

"Vou lhe dizer", disse Cebes. "Eu acho que o argumen-
to ainda não saiu do lugar e está aberto à mesma crítica
87 que lhe fazíamos antes. Que nossa alma existisse antes de
assumir a forma atual,[20] não nego que tenha sido demos-
trado com muito cuidado. E, se não fosse um exagero dizer
isso, o foi de maneira realmente satisfatória. Mas que ela
exista ainda em algum lugar, depois de nossa morte, isso
não me parece que tenha sido demonstrado de maneira
equivalente. Já sobre o fato de que a alma não seja mais
resistente e duradoura do que o corpo, discordo da objeção
de Símias.[21] Porque acho que nisso tudo ela é muito supe-

rior. Mas então — você argumentaria — por que você ain-
da duvida, depois de ver que, após a morte da pessoa, o que
resta dela é a parte mais fraca? Não considera necessário b
que seja a parte mais duradoura a sobreviver nesse tempo?
A esse propósito, veja se o que digo faz algum sentido:
ao que parece, eu também, como Símias, vou precisar de
uma imagem.[22] Parece-me que da maneira como se falou
é como se alguém dissesse o seguinte a respeito da morte
de um velho tecelão: que ele não morreu, mas está são e
salvo em algum lugar. E, como prova disso, apresentasse
o fato de que a roupa que ele vestia, que ele próprio teceu,
está intacta e não foi destruída. E se alguém não acredi-
tasse nele e perguntasse se dura mais uma pessoa ou uma c
roupa que ela usa e veste, e tivesse como resposta que dura
muito mais uma pessoa, ele pensaria ter sido provado que
a pessoa estava, com ainda mais razão, sã e salva, já que o
que tinha menor duração não havia se destruído.[23] Eu não
creio, obviamente, que as coisas estejam assim. Veja você
também o que quero dizer: todo mundo poderia responder
que quem fala assim diz bobagens. Esse tecelão, de fato,
após tecer e vestir muitas dessas roupas, morre depois de-
las todas; mas, creio, antes da última, e nem por isso uma d
pessoa vale menos e é menos resistente do que uma roupa.
Essa mesma imagem vale para a relação entre o corpo e
a alma, e se alguém dissesse estas mesmas coisas sobre
eles, diria, penso, algo bastante oportuno, porque a alma
é douradora, enquanto o corpo é mais fraco e dura menos.
Mas com isso afirmaria ao mesmo tempo que cada uma
das almas gastaria muitos corpos, sobretudo no caso em
que vivesse muitos anos (porque se o corpo se transforma
e perece enquanto a pessoa é ainda viva, a alma continua
tecendo novamente o que havia se desgastado), e de todo e
modo seria necessário que, no momento em que morre, a
alma esteja vestindo sua última roupa, e que morra antes
dele só, e que, uma vez que a alma morra, somente então o
corpo revele sua fraqueza natural, e apodrecido se dissolva

rapidamente. Portanto, não seria o caso, ainda que se con-
sidere esse discurso válido, de ter confiança de que nossa
88 alma exista em algum lugar depois da morte.[24] Se de fato
alguém concedesse ainda mais a alguém que está dizendo o
que você diz, admitindo não somente que as nossas almas
existam também antes de nosso nascimento, mas que nada
impede que depois de nossa morte as almas de algumas pes-
soas ainda existam e sigam existindo e renasçam de novo
muitas vezes, e novamente morram (a alma é de fato na-
turalmente tão forte que aguenta renascer diversas vezes),
se então, concedendo essas coisas, não admitisse também
que a alma possa se cansar em seus muitos nascimentos e
que em uma dessas mortes pereça enfim, e se dissesse que
b ninguém poderia dizer que sabe qual seja essa morte e essa
dissolução do corpo que leva à destruição da alma também
(efetivamente, é impossível que qualquer um de nós tenha
a experiência disso), se as coisas estão deste modo, ninguém
pode enfrentar a morte com coragem, a não ser que seja a
coragem dos inconscientes, a menos que não possa provar
que a alma seja absolutamente imortal e indestrutível.[25] Se
não pode prová-lo, quem está por morrer precisará ter
medo de que sua alma possa perecer completamente no
momento em que estiver acontecendo[26] a separação do
corpo."

c Ficamos mal ao ouvi-los conversando assim (foi o que
nos dissemos uns aos outros em seguida) porque estáva-
mos totalmente convencidos do argumento anterior e ago-
ra parecia que estávamos novamente confusos e mergulha-
dos na descrença, não só com relação aos argumentos de
antes, mas sobretudo a respeito daqueles que se estavam
por vir; seja por nossa incapacidade como juízes, ou mes-
mo porque as próprias questões eram de fato duvidosas.

EQUÉCRATES[27] Pelos deuses, Fédon, como entendo vocês!
Eu mesmo tenho vontade de dizer algo parecido ao ouvir
d suas palavras: "Em qual discurso vamos acreditar agora?

O argumento que Sócrates fazia era realmente convincente, mas agora caiu e nos deixou descrentes".[28] É extraordinário como sempre me atraiu e ainda me atrai o argumento pelo qual nossa alma é uma espécie de harmonia, e agora que foi mencionado me fez lembrar, por assim dizer, que eu também era dessa opinião. E sinto novamente a necessidade, como no início, de um outro argumento que me convença de que a alma de quem morre não morre com ele. Conta, então, por Zeus, como Sócrates conti-
nuou o discurso. Ele também ficou visivelmente pertur- e
bado, como você diz que os demais ficaram, ou, em vez disso, ele veio calmamente em socorro ao argumento? E o ajudou de maneira suficiente ou inadequada? Por favor, conte-nos tudo com a maior precisão possível.

FÉDON Achei muitas vezes Sócrates extraordinário, Equécrates, mas nunca o admirei tanto como dessa vez em que
estive ao lado dele. Não havia nada de estranho em al- 89
guém como ele ter algo a dizer, mas o que me surpreendeu realmente foi, antes de mais nada, a maneira prazerosa, gentil e admirável com que ele acolheu os argumentos dos jovens; e em seguida a atenção que deu ao efeito que os argumentos tiveram sobre nós; e, enfim, quando estávamos quase desertando e sendo vencidos, cuidou bem de nós e nos chamou de volta, e nos animou a seguir ao seu lado e a examinar com ele o argumento.

EQUÉCRATES Mas como?

FÉDON Vou contar. Acontece que eu estava sentado à sua
direita, em um banquinho bem próximo a sua cama, e ele b
estava muito acima de mim. Então começou a acarinhar minha cabeça e a fazer cafuné[29] em meus cabelos que desciam até o pescoço, porque, sempre que podia, ele costumava brincar com os meus cabelos: "Talvez, amanhã, Fédon, você irá cortar essa bela cabeleira".[30]

"É o que parece, Sócrates", eu falei.

"Não irá, se você acreditar em mim."

"Mas como?", eu disse.

"Hoje mesmo", respondeu, "cortaremos os cabelos, eu os meus e você os seus, se fizermos morrer o argumento e
c não formos capazes de ressuscitá-lo. Também eu, se fosse você e me escapasse o argumento, faria como os argivos[31] uma promessa de não os deixar crescer antes de ter ganhado, revidando o discurso de Símias e Cebes."

"Mas contra dois", eu respondi, "nem sequer Héracles pôde."

"Então me chama como seu Iolau", disse, "até que tenha luz."

"Chamo sim", eu disse, "mas não como Héracles, e sim como Iolau que chama Héracles."[32]

"Dá no mesmo", ele disse. "Mas antes vamos ficar atentos para que não nos sejamos acometidos por um sentimento."

"Qual?", eu disse.

d "Não vamos nos tornar misólogos",[33] disse, "como aqueles que se tornam misantropos.[34] Pois não pode acontecer nada pior a alguém do que odiar os discursos. O fato é que misologia e misantropia nascem da mesma forma.[35] A misantropia se insinua quando se põe excessiva confiança em alguém que não tenha a necessária capacidade:[36] assim, acredita-se ser ele absolutamente sincero, sadio e de confiança, para descobrir pouco depois que é imprestável e pouco confiável, e a cada momento diferente. E caso isso aconteça a alguém com frequência, e de maneira especial
e por parte daquelas que ele considera as pessoas mais íntimas e amigas, de tanto apanhar acaba por odiar todo mundo e por crer que não tenha absolutamente nada de sadio em ninguém. Ou você nunca viu isso acontecer?"

"Claro", eu disse.

"E isso não é feio? Quem se comporta assim não trata as pessoas sem ter competência das coisas humanas? Se

de fato tivesse essa competência, saberia como as pessoas
são: poucas são realmente boas ou más, enquanto mui- 90
tíssimas são aquelas que estão no meio do caminho."[37]

"O que você quer dizer?", respondi.

"É como com as coisas muito pequenas e muito grandes", disse ele. "Há algo mais raro do que encontrar uma pessoa, um cachorro ou qualquer outra coisa muito grande ou muito pequena? Ou, ainda, muito rápida ou lenta, feia ou bonita, clara ou escura? Você se dá conta de que, em todos esses casos, as pontas extremas são poucas e raras, enquanto as intermediárias são abundantes e numerosas?"

"Com certeza", eu disse.

"Não acha", disse, "que, se se organizasse uma com- b
petição de maldade, muito poucos, até mesmo nesse caso, acabariam chegando primeiro?"

"É provável", eu respondi.

"É muito provável", ele disse. "Mas não é nisso que os discursos se assemelham às pessoas (e aqui sigo você na direção para onde leva o seu argumento), e sim no seguinte: quando alguém, sem ter a competência no campo dos discursos, acredita que um discurso seja verdadeiro, para imediatamente depois lhe parecer falso (e, por vezes, o é mesmo, por vezes, não), e assim por diante com
um outro discurso, e com um outro ainda, especialmente c
aqueles que passam o tempo se dedicando aos discursos antilógicos,[38] sabe muito bem que acabam por se acharem os mais sábios e serem os únicos a ter compreendido que não há nada de são e estável nas coisas e nos discursos,[39] mas que todas as coisas que existem viram continuamente para cima e para abaixo, como no Euripo, e jamais estão paradas em nenhum lugar."[40]

"Tens toda razão", eu respondi.

"Agora, Fédon", disse ele, "seria lamentável se houvesse realmente um argumento verdadeiro e sólido e que
pudesse ser apreendido, mas que, por se aproximar de d

certo tipo de argumentos, que ora parecem verdadeiros,
ora não, alguém culpasse não a si próprio ou a sua falta de
competência, mas, em vez disso, querendo se livrar dessa
dor, acabasse por transferir a culpa de si próprio para os
argumentos e, a partir daí, passasse o resto da sua vida a
odiar e a insultar os argumentos, sendo alienado tanto da
verdade como do conhecimento das coisas."[41]

"Por Zeus, sim, seria realmente lamentável", respondi.

"Mas então, antes de mais nada, vamos ficar atentos a
e isso", disse ele. "Não vamos permitir que entre em nossa
alma a convicção de que não há nada de são nos discursos;
pelo contrário, somos nós que não somos ainda sadios,
mas com coragem precisamos procurar ser sadios.[42] Você,
91 e também os outros, visando toda a vida futura, eu, de mi-
nha parte, a morte. Porque efetivamente neste momento, e
diante dela, corro o risco de me portar não como filósofo,
mas como alguém sem nenhuma educação e que quer
somente vencer a discussão.[43] Pois as pessoas desse tipo,
quando estão em desacordo sobre algum tema, não se
preocupam em como realmente estão as coisas das quais
estão falando, mas sua única preocupação é fazer com que
a posição delas pareça verdadeira àqueles que estão pre-
sentes. Eu creio que neste momento sou diferente dessas
pessoas somente nisto: não irei me preocupar com o fato
de que aos presentes pareça verdadeiro o que digo, se não
incidentalmente, mas que pareça ser assim quanto mais
b possível a mim mesmo. Calculo, de fato, caro amigo (veja
como quero sempre levar vantagem!),[44] que se acaso as
coisas que digo são verdadeiras, então é belo acreditar.[45] E
se não houver nada para quem morreu, pelo menos, neste
tempo que precede a morte, serei um peso a menos com
meus lamentos para aqueles que estão presentes, e essa
tolice[46] não permanecerá comigo, pois isso seria ruim, mas
desaparecerá em breve. Com esses preparativos, portanto,
Símias e Cebes, enfrento o argumento. Mas vocês con-
c fiem em mim: prestem menos atenção a Sócrates, e muito

mais à verdade; se acham que estou dizendo a verdade, concordem, se não, discordem com todos os argumentos, cuidando para que, com meu entusiasmo, eu não engane vocês nem a mim mesmo, e parta como uma abelha após deixar para trás o ferrão."[47]

Resposta às objeções

[91c-95e]

"Mas vamos lá", disse. "Antes de mais nada, me lembrem do que estavam falando, se acham que eu não esteja me lembrando. Símias pareceu-me ter dúvidas e estar com medo de que, ainda que a alma seja mais divina e mais bela do que o corpo, ela possa morrer primeiro, por ser uma espécie de harmonia. Cebes, de sua parte, parece-me estar de acordo comigo neste ponto: que a alma dura mais do que o corpo. Mas creio que não estava claro para ninguém se a alma, após gastar muitas vezes muitos corpos, não iria morrer ela mesma, no momento em que deixasse para trás o último corpo; e que a morte fosse exatamente isto: a destruição da alma, já que o corpo não para nunca de morrer. Não são essas as questões, Símias e Cebes, que precisamos investigar?" 91c d

FÉDON Os dois concordaram que eram essas, sim. "E os discursos anteriores, então", disse: "vocês não os aceitam em bloco, ou alguns deles sim e outros não?". e

"Alguns, sim, outros não", disseram.

"E o que dizem daquele discurso", continuou Sócrates, "pelo que afirmávamos que a aprendizagem é reminiscência[1] e que, sendo esse o caso, é então necessário que nossa alma deva existir anteriormente em outro lugar, antes de ser presa ao corpo?" 92

"Eu", disse Cebes, "fiquei convencido então, e de maneira extraordinária, e ainda sigo fiel a esse discurso como a nenhum outro."

"Eu também", disse Símias, "encontro-me na mesma situação e eu ficaria muito surpreso se algum dia viesse a ter uma opinião diferente sobre isso."[2]

E Sócrates respondeu: "Mas é necessário, estrangeiro de Tebas, que você mude de opinião, se permanece na ideia de que a harmonia seja algo composto e que a alma é uma espécie de harmonia composta pelos elementos
b esticados que formam o corpo. Porque você não poderia certamente admitir, nem para você mesmo, que a harmonia, algo composto, possa existir antes dos elementos dos quais devia ser composta. Ou poderia admiti-lo?".

"De modo algum, Sócrates", ele respondeu.

"Percebe, porém", disse, "que é exatamente isso que você acaba afirmando quando diz que a alma existe antes mesmo de entrar na forma de um corpo humano,[3] e que ela existe apesar de ser composta de elementos que ainda não existem? Porque a harmonia não é como aquilo a que você a está comparando: antes, nascem a lira, as cordas e
c as notas musicais ainda não harmonizadas, e por último, de todas essas coisas compõe-se a harmonia, que é a primeira a morrer. Então, como você irá fazer seu discurso estar em sintonia com aquele anterior?"[4]

"Não irei, Sócrates", disse Símias.

"No entanto, se há algum discurso que deve mostrar sintonia", disse ele, "é sobretudo aquele sobre a harmonia."

"Sim", disse Símias.

"Mas este", disse, "não está em sintonia. Veja então qual dos dois discursos você escolhe: que aprendizado é relembrar ou que alma é harmonia?"

"Muito mais o primeiro, Sócrates", disse. "Pois o ou-
d tro, efetivamente, me veio sem qualquer prova, na base de certa verossimilhança e plausibilidade, que é como a maioria das pessoas pensa. Eu sei que os discursos que

concebem demonstrações na base da verossimilhança são enganadores e, se alguém não está atento, eles enganam ainda mais, seja na geometria como em todas as outras esferas. Enquanto aquele sobre a reminiscência e a aprendizagem está baseado em uma hipótese digna de ser aceita.[5] Porque foi dito, de fato, que nossa alma existe antes de entrar em um corpo, como existe aquela essência que carrega o nome de 'que é'. Eu acolhi tal hipótese, essa e
é minha convicção, de maneira suficientemente correta.[6] Por essas razões, portanto, ao que parece, sou obrigado a não aceitar que eu ou qualquer outra pessoa diga que a alma é harmonia."

"E o que você acha",[7] disse, "do seguinte, Símias: acredita que a harmonia ou qualquer outra coisa composta possa estar em uma situação diferente daquela em que se 93
encontram os elementos que a compõem?"

"De jeito nenhum."

"Nem sequer, creio, fazer ou sofrer algo diferente daquilo que os elementos fazem ou sofrem."

Concordou.

"Nesse caso, não cabe à harmonia governar seus componentes, mas sim segui-los."

Concordou novamente.

"Assim, a harmonia está bem longe de fazer um movimento ou emitir um som ou fazer qualquer outra coisa contra suas próprias partes."

"Realmente, bem longe", disse.

"Mas então, cada harmonia não é naturalmente harmonia conforme a maneira pela qual foi harmonizada?"[8]

"Não compreendo", disse.

"Bom, dito de outra forma", disse, "uma harmonia que fosse harmonizada mais e totalmente, sempre que isso b
possa acontecer,[9] não seria uma harmonia maior e total? E se fosse menor e menos completamente, não seria uma harmonia menor e menos completa?"

"Claro."

"Isso vale também para a alma, de maneira que uma alma seja, ainda que minimamente, mais e melhor, ou menos e pior do que outra alma, esta mesma coisa: uma alma?"

"Não, de forma alguma", respondeu ele.

"Vamos lá", disse, "por Zeus! Não se diz que quando
uma alma tem intelecto e virtude é boa, enquanto se não
c tem intelecto mas tem maldade é má? Isso que se diz é
verdade?"

"Com certeza, é verdade."

"Mas, e quanto a alguém que considere a alma como harmonia, o que ele dirá que sejam essas coisas que estão na alma, isto é, virtude e vício? Seriam estas respectivamente outra harmonia ou outra desarmonia? E dirá que a alma boa esteja harmonizada e tenha em sua própria harmonia uma outra harmonia? E que a outra não esteja harmonizada e não tenha em si mesma uma outra harmonia?"

"Não saberia dizer", respondeu Símias. "Mas é evidente que alguém que afirmasse essa hipótese diria algo desse gênero, sim."

d "Antes, porém", disse, "concordamos que uma alma
não pode ser mais ou menos alma do que outra. Essa
concordância implica também que uma harmonia não é
mais nem mais completamente, ou menos e menos completamente, harmonia do que uma outra. É isso?"[10]

"Com certeza."

"E sendo nem mais nem menos harmonia, não será
e então nem mais nem menos harmonizada. Certo?"

"Certo."

"E aquela que não é harmonizada nem mais nem menos participará da harmonia em menor, maior ou igual medida?"[11]

"Igual."

"Portanto, uma alma, que não é maior ou menor alma do que uma outra, não poderá ser nem mais nem menos harmonizada?"

"Isso mesmo."

"Mas estando assim as coisas, ela não poderá participar mais do que uma outra da desarmonia ou da harmonia?"[12]

"Não, claro."

"E, ainda, estando assim as coisas, uma alma poderia participar mais do que outra do vício e da virtude, se é verdade que o vício é desarmonia e a virtude, harmonia?"

"Não poderia participar mais, não."[13]

"Ou melhor, Símias, seguindo o argumento correto, 94
nenhuma alma participará do vício, se for uma harmonia; pois uma harmonia que seja completamente si mesma, isto é, uma harmonia, jamais poderia participar de uma desarmonia."

"Claro que não."

"Mas então nenhuma alma, que seja completamente alma, participará do vício."

"Como poderia, considerando tudo o que foi dito?"

"Seguindo esse argumento, portanto, as almas de todos os seres viventes são da mesma forma boas, se é verdade que é da natureza das almas serem da mesma forma isso mesmo, isto é, almas."

"Parece-me também", disse.

"E acha belo", disse Sócrates, "dizer isso e que o discurso chegue a essas conclusões, no caso em que a hipótese b
pela qual a alma é harmonia seja correta?"

"De jeito nenhum", respondeu.

"Mas então?",[14] disse. "De todas as coisas que estão no ser humano, você pode afirmar que haveria uma outra coisa, a não ser a alma, que comanda, ainda mais por ser sábia?"

"Eu não."

"Se rendendo às afeições do corpo ou também se opondo a elas? O que quero dizer é algo assim: quando está com calor ou com sede, a alma puxa em sentido contrário, isto é, para não beber, e quando está com fome, para não comer. E certamente há inúmeros outros casos em que c podemos ver a alma se opondo ao que diz respeito ao corpo, não é mesmo?"[15]

"Claro."

"Mas não havíamos já concordado que a alma, por ser harmonia, não poderia cantar em oposição às tensões, relaxamentos, vibrações e qualquer outra afeição que os elementos que a compõem venham a sofrer? E que, pelo contrário, ela os segue e jamais poderia dominá-los?"

"Como não? Estávamos de acordo sobre isso, sim", disse.

"Mas agora, ao que parece, ela faz exatamente o oposto: domina todos os elementos dos quais dizíamos estar
d composta, opõe-se praticamente a todos ao longo da vida inteira, e comanda de todas as maneiras, castigando alguns deles (aqueles para os quais a ginástica e a medicina são apropriadas) de forma mais dura e infligindo sofrimentos, enquanto outros de forma mais doce, alguns com ameaças, outros com conselhos, conversando com os desejos, as raivas e os medos como se fossem algo distinto de si mesma? É um pouco o que Homero narrou na *Odisseia*, quando disse que Odisseu, 'após golpear o peito, reprovou
e o coração com o discurso: *suporta, coração: suportaste outro feito mais canalha*'.[16]

"Agora, você acha que quando Homero compôs isso ele pensou que a alma era harmonia e o tipo de coisa a ser conduzida pelas afeições do corpo? E não, em vez disso, o tipo de coisa que as guia e domina, sendo algo muito mais divino do que uma harmonia?"

"Por Zeus, Sócrates. Parece-me que sim."

"Portanto, excelentíssimo,[17] a nosso ver não é nada
95 correto dizer que a alma é um tipo de harmonia. Pois ao que parece estaríamos em desacordo com o divino poeta, e conosco mesmos."

"Pois é", disse.[18]

"Que seja", disse Sócrates. "Parece que de alguma forma Harmonia, a tebana, nos foi moderadamente propícia.

Mas quanto a Cadmo", disse, "como faremos, Cebes, a propiciá-lo? E com qual argumento?"

"Acredito que irá encontrá-lo", disse Cebes. "Com certeza esse discurso que você fez contra a harmonia foi extraordinário e superou minhas expectativas. Quando Símias expressava suas objeções, eu realmente me perguntava se alguém teria alguma maneira de vencer o argu- b
mento dele; por esse motivo me surpreendeu que ele não tenha resistido ao primeiro ataque contra o argumento dele. Assim, não ficaria maravilhado se também à objeção de Cadmo acontecesse o mesmo."

"Meu caro", disse Sócrates, "não fale em voz alta, para que algum mau olhado não nos faça perder o argumento que está por vir. Vamos, deixemos que o deus se ocupe dessas coisas. Mas nós vamos 'chegar junto', como diria Homero, para testar se o que você diz faz mesmo algum sentido.[19] Este é o cerne daquilo que está em questão: você pede que seja demonstrado que a nossa alma é algo indestrutível e imortal,[20] se se quer que um filósofo que c
esteja por morrer não acredite nisso de maneira insensata e boba, mas acredite com confiança que depois de sua morte ele se sairá melhor do que se tivesse morrido após viver uma vida diferente. Mas quanto ao demostrar que a alma é algo forte e divino, e que existia antes de nascermos como seres humanos, não há nada que impeça que todas essas coisas, você diz, indiquem não sua imortalidade, mas que a alma seja algo duradouro e que já existia em tempos incomensuráveis, e conhecia e fazia muita coisa.[21] Mas isso não é algo que a faça ser mais imortal, ao contrário, d
exatamente o entrar em um corpo humano é o começo de sua ruína, como uma doença. E vivia esta vida em sofrimento, para acabar morrendo na assim chamada 'morte'. E não faz diferença, você diz, se entra em um corpo muitas vezes ou uma vez só, no que diz respeito ao medo que cada um de nós tem; efetivamente, faz sentido que tenha medo, a menos que não seja tolo, quem não saiba e não

e possa demostrar que alma seja imortal. Creio que sejam estas, Cebes, as coisas que você afirmava. Estou deliberadamente voltando para elas muitas vezes para garantir que nada nos escape e para permitir que você, se quiser, possa acrescentar ou retirar algo."

Ao que Cebes respondeu: "No momento, não sinto necessidade de acrescentar ou retirar nada. Foi isso mesmo que eu disse".

Método

[95e-102a]

Sócrates, que havia ficado calado por um bom tempo, 95 e
como que refletindo consigo mesmo, disse então: "Não é pouca coisa o que está procurando, Cebes. Pois é preciso estudar a fundo a causa da geração e da corrupção.[1] De minha parte, se quiser, posso lhe contar de minhas expe- 96
riências a esse respeito.[2] Se achar que algumas das coisas que irei lhe dizer sejam úteis de alguma forma, poderá utilizá-las para reforçar sua convicção sobre o que estava afirmando".

"É claro que eu quero", disse Cebes.

"Escute então o que vou lhe dizer. Eu, quando era jovem, Cebes, fiquei realmente muito empolgado por aquela sabedoria que chamam de investigação sobre a natureza.[3] Achava magnífico, de fato, conhecer as causas de cada coisa, isto é, por que cada uma nasce, morre e é.[4] E andava muitas vezes pra cima e pra baixo[5] examinan- b
do coisas como estas aqui a seguir: 'é quando o quente e o frio produzem algum tipo de putrefação, como dizem alguns, que os seres viventes crescem?[6] É por causa do sangue que pensamos, ou é por causa do ar ou do fogo?[7] Ou não é nada disso, e, ao contrário, é o cérebro que fornece os sentidos da audição, da visão e do olfato, e destes nasceriam memória e opinião? E da memória e da opinião, uma vez consolidadas, surgiria o conhecimento?'. E ainda, observando as corrupções dessas coisas e

c os fenômenos celestes e terrestres,[8] acabei por me achar
completamente inadequado[9] para essa investigação mais
do que para qualquer outra. Vou lhe dar uma prova cabal
disso: antes, efetivamente, conhecia com clareza algumas
coisas, ou pelo menos assim parecia a mim e a outros,
mas depois dessa investigação fiquei a tal ponto cego[10]
que desaprendi exatamente aquelas coisas que antes eu
achava que sabia sobre muitos assuntos, mas em particu-
lar sobre por que um ser humano cresce. Antes, de fato,
acreditava ser claro para todos que era por meio do comer
d e beber.[11] Pois sempre que carne é adicionada à carne
pela alimentação, e ossos aos ossos, e assim também, na
mesma relação, a outras partes são adicionadas partes
que lhes são familiares, é então que o que era uma massa
pequena se torna uma grande; e é assim que uma pessoa
de pequena se torna grande. Foi o que pensava na época.
Não lhe parece razoável?"

"Parece-me sim", disse Cebes.

"Mas considera também o seguinte: eu acreditava que
era suficiente pensar que, sempre que uma pessoa parecesse
e alta perto de uma baixa, esta fosse maior exatamente por
causa da cabeça; e da mesma forma um cavalo em relação
a outro cavalo. E ainda mais claramente, que o dez é mais
do que o oito pelo fato de ter dois a mais, e que dois cúbitos
eram mais do que um, pois o superam em uma metade."[12]

"Mas, e agora?", disse Cebes. "O que você pensa disso tudo?"

"Estou tão longe, por Zeus", disse, "de pensar saber a
causa dessas coisas todas, que não admito nem sequer para
mim mesmo que quando a um se acrescente um, <ou que
este ao qual se acrescentou um se torne dois,>[13] ou que o
um que foi acrescentado ao outro se torne dois, ou que se
torne dois seja aquele ao qual se acrescentou como aquele
97 que foi acrescentado, graças à adição de um ao outro.
Fico maravilhado, de fato, que, quando cada um dos dois
existia separadamente do outro, cada um deles era um e,

então, não eram dois; mas quando se aproximaram um do
outro, essa se tornou a causa deles se tornarem dois: isto
é, o encontro que resultou de terem sido postos um perto
do outro.[14] Da mesma forma não consigo pensar que,
sempre que se divide o um, essa divisão pode ser a causa
de se tornar dois. Porque nesse caso haveria uma causa do
tornar-se dois contrária à causa precedente. Naquele mo-
mento, era por terem sido aproximados e adicionados b
um ao outro, enquanto agora por terem sido afastados e
separados um do outro. Se eu for seguir esse método de
investigação, nem sequer consigo saber e ter convicção do
porquê nasce o um: em uma palavra, por que qualquer
coisa nasce, morre e é. Misturo ao acaso qualquer outro
método, mas esse aí não sigo mais, não."

"Mas um dia ouvi alguém que lia um livro que, ele
afirmava, era de Anaxágoras.[15] E que dizia que o intelecto c
é o ordenador e a causa de todas as coisas.[16] Fiquei con-
tente com essa causa e me pareceu que de alguma maneira
fosse algo positivo que o intelecto fosse causa de todas as
coisas. E pensava que, se as coisas são assim, é o intelecto
ordenador que ordena todas as coisas e dispõe cada uma
delas na condição que for melhor.[17] Se, portanto, alguém
quisesse encontrar a causa de por que cada coisa nasce,
morre e é, o que deve descobrir sobre cada uma é o se-
guinte: qual é a melhor maneira de ela ser, subir ou fazer
qualquer coisa; e deste argumento deriva que uma pessoa, d
tanto no que diz respeito a si mesma como às outras coi-
sas, não deve considerar nada além do ótimo e do melhor.
Mas necessariamente a mesma pessoa conhecerá também o
pior, pois o conhecimento sobre essas coisas é o mesmo.[18]
Enquanto pensava isso, alegrava-me por ter encontrado em
Anaxágoras um mestre da causa das coisas que são que
estivesse alinhada com meu próprio intelecto;[19] alguém
que indicasse primeiro se a Terra é plana ou redonda[20] e, e
depois de ter me indicado isso, que explicaria com todo
cuidado a causa que tornava necessário que fosse assim,

argumentando que isso é o melhor e por que é melhor que
seja assim. E se dissesse que a Terra está no centro,[21] expli-
caria com todo cuidado por que é melhor que ela esteja no
98 centro.[22] Pois, se tivesse me mostrado isso, estaria pronto
a não ir atrás de mais nenhum outro tipo de causa.[23] Em
particular, a respeito do Sol estava pronto a ir atrás da
mesma forma, assim como a respeito da Lua e dos outros
astros, de suas velocidades relativas, de suas rotações e de
seus outros fenômenos, isto é, ir atrás da melhor maneira
pela qual cada um faz o que faz e sofre o que sofre. Jamais
poderia pensar que ele, depois de afirmar que todos esses
fenômenos tinham sido ordenados pelo intelecto, iria sair-
-se com uma causa diferente do fato de que o melhor para
eles é que fossem assim como são. Dessa forma, ao atribuir
b a causa a cada um deles e a todos eles em seu conjunto,
ele também explicaria com todo o cuidado o que era me-
lhor para cada um individualmente, assim como o bem
comum a todos eles. Não teria trocado minhas esperanças
nem sequer por muito dinheiro: ao contrário, fiz todo o
possível para achar aqueles livros e os devorei, para poder
conhecer o mais rapidamente possível o que é melhor e
o que é pior. Mas, meu caro amigo, dessa extraordinária
esperança fui sendo afastado para longe, porque, ao seguir
a leitura, vi um homem que não faz uso do intelecto[24] e
c não lhe atribui nenhuma causalidade no ordenamento das
coisas, mas atribui como causas o ar, o éter, a água e muitos
outros disparates. E achei que ele estava em uma situação
muito parecida com quem dissesse que Sócrates faz tudo
o que faz graças ao intelecto, mas imediatamente depois,
começando a falar das causas de cada uma das coisas que
faço, dissesse, antes de mais nada, que a causa de eu estar
sentado aqui agora é que meu corpo é composto de ossos e
tendões e, enquanto os ossos são rígidos e têm articulações
d que os separam uns dos outros, os tendões podem se esticar
e relaxar, e revestem os ossos juntamente com as carnes
e a pele que os mantêm juntos. Enquanto os ossos estão

fixados em suas juntas, os tendões se soltam e se esticam
e, assim, permitem que agora eu dobre meus membros:
essa é a causa pela qual eu me flexionei e estou senta-
do aqui. E ainda, para explicar o fato de que estou aqui
conversando com vocês, daria outras causas desse mesmo
tipo, trazendo para a discussão coisas como a voz, o ar, o
ouvido e um monte de coisas como essas, evitando dizer as e
verdadeiras causas: isto é, que uma vez que os atenienses
acharam por bem me condenar, por esse motivo também
eu achei por bem ficar sentado aqui, e achei mais justo
ficar e sofrer a pena que eles venham a me infligir.[25] Pois,
pelo Cão,[26] estes ossos e estes tendões, eu acho, estariam 99
há muito tempo pelas bandas de Megara ou da Beócia,[27]
levados para lá por uma opinião sobre o que é melhor, se
eu não considerasse mais justo e belo, em lugar de escapar
e fugir, me submeter à pena imposta pela cidade, seja ela
qual for.[28] Mas chamar de 'causa' coisas desse tipo é real-
mente um disparate. Se alguém dissesse que sem ter essas
coisas (ossos, tendões e tudo o mais que tenho) eu não seria
capaz de fazer o que quero, diria a verdade. Mas dizer que
é por causa delas que faço o que faço, e que faço essas coisas
usando o intelecto, mas sem que eu escolha o melhor, bem, b
essa seria uma maneira enormemente desleixada de falar.
Significaria não conseguir distinguir que uma coisa é causa
real, outra coisa é aquilo sem o que a causa nunca poderia
ser uma causa. Isso é exatamente o que a maioria das pessoas
me parece chamar de causa, cambaleando na escuridão,
por assim dizer, usando um nome equivocado.[29] É por isso
que um coloca um vórtice ao redor da Terra e, assim, faz
com que a Terra seja de fato mantida parada em seu lugar
pelo céu, enquanto outro lhe põe embaixo, como suporte,
o ar, como fosse uma tábua plana.[30] Mas o poder que as c
colocou da maneira melhor, como efetivamente estão neste
momento, esse não o procuram e nem pensam que tenha
alguma força divina; ao contrário, acreditam que um dia
poderão encontrar algum Atlas[31] mais forte e mais imor-

tal do que esse, e que melhor mantenha todas as coisas
juntas. E pensam que não seja o que é realmente bom, e o
que mantém junto, a ligar as coisas.[32] Eu teria com prazer
me tornado aluno de qualquer um[33] para aprender como
estão as coisas com relação a esse tipo de causa; mas uma
vez que fui impedido de fazer isso e não consegui nem
encontrá-la sozinho nem aprendê-la de outra pessoa, quer
que lhe demonstre, Cebes", ele disse, "como embarquei em
d uma segunda navegação[34] à procura da causa?"

"Não peço outra coisa", disse.

"Depois disso tudo", disse Sócrates, "já cansado de
investigar as coisas que são, pareceu-me então que de-
via cuidar para que não me acontecesse o que acontece
àqueles que contemplam e observam o sol durante um
eclipse: alguns quase perdem a visão, a menos que não
e observem a imagem dela refletida na água ou em alguma
outra coisa desse tipo. Eu também pensei algo parecido e
tive medo de me tornar completamente cego na alma por
observar as coisas com meus olhos e tentar apreendê-las
por meio de cada um dos sentidos.[35] Achei que deveria
encontrar refúgio nos discursos, e nestes examinar a ver-
dade das coisas que são.[36] Pode ser que a imagem que
100 estou traçando disso de alguma maneira não seja correta.
Não admito de fato que alguém que investigue as coisas
que são nos discursos esteja analisando-as por meio de
imagens, mais do que alguém que o faça nas experiências
reais.[37] De toda forma comecei assim, colocando como
hipótese, em cada ocasião, o discurso que considero ser o
mais sólido, e as coisas que me parecem estar de acordo
com este as ponho como verdadeiras, seja a respeito da
causa como de todas as outras coisas; e aquelas que não
estão, como não verdadeiras.[38] Quero, porém, lhe explicar
mais claramente o que estou dizendo, pois creio que você
ainda não tenha entendido."

"Não mesmo, por Zeus, não entendi tudo, não", disse
Cebes.

"Mas isso que estou dizendo", disse ele, "não é nada b
de novo, mas é aquilo sobre o que nunca parei de falar,
que sempre digo em todas as ocasiões e em particular no
discurso que acabo de fazer. Pois estou tentando mostrar
para você o tipo de causa da qual tenho me ocupado, isto
é, retorno novamente às coisas que repito o tempo todo,[39]
e começo com elas colocando como hipótese que exista
um belo em si mesmo, um bom em si mesmo, um grande
em si mesmo e assim por diante para todas as coisas desse
tipo. Se você me conceder e concorda que essas coisas
existem, a partir disso espero poder demostrar a você a
causa, e assim revelar que a alma é imortal."[40]

"Com certeza irei conceder isso", disse Cebes, "para c
que você não demore para chegar às conclusões."

"Observe, então, o que deriva disso e se você está de
acordo comigo. Parece-me que se há algo belo além do
belo em si, é belo por nenhum outro motivo a não ser
por participar daquele belo; e afirmo o mesmo para todos os outros casos. Você está de acordo com esse tipo
de causa?"[41]

"Estou de acordo", disse.

"Mas então", disse, "não compreendo mais e não consigo reconhecer as outras causas, aquelas dos sábios. Portanto, se alguém me diz o porquê de uma coisa qualquer d
ser bela, seja por ter uma cor vibrante, seja por sua forma
ou por qualquer outro motivo do tipo, viro as costas para
as outras causas (pois fico confuso no meio delas todas) e
tenho para mim o seguinte, ainda que de modo simplório,
improvisado e até ingênuo:[42] que o que faz aquela coisa
bela não é outra coisa a não ser a presença ou comunhão
ou como se deva chamar essa relação[43] daquele belo; não
posso de fato afirmar isso com absoluta confiança, mas
sim que graças ao belo todas as coisas belas são belas.[44]
Essa de fato me parece a resposta mais segura para dar
a mim mesmo e aos outros, e acredito que se me apegar
a ela não poderei jamais cair. Pois seguro é responder a e

mim mesmo e a qualquer outra pessoa que é pelo belo que as coisas belas se tornam belas. Não acha também?"

"Acho."

"E, portanto, pela grandeza as coisas grandes são grandes e as maiores são maiores, e pela pequenez as coisas pequenas são pequenas?"

"Sim."

"Assim, não iria concordar com alguém que dissesse
que uma pessoa é maior do que outra pela cabeça, e que
101 é menor do que outra pela mesma causa; mas iria teste-
munhar ao contrário que não poderia dizer outra coisa
a não ser esta: que tudo aquilo que é maior do que outra
coisa o é por nenhuma outra causa a não ser a grandeza,
e é maior por causa desta grandeza? E o que é menor o é
por nenhuma outra causa a não ser a pequenez, e é menor
a causa dessa pequenez? E você afirma isso por medo de
ser confrontado com uma objeção se for afirmar que uma
pessoa é maior do que outra pela cabeça, e o mesmo vale
se for menor: em primeiro lugar, porque o maior seria
maior e o menor seria menor por uma mesma causa; em
segundo lugar, porque o maior seria maior pela cabeça,
b que é menor, e seria realmente um milagre que alguém
fosse maior por algo menor. Ou não é esse seu medo?"

Cebes riu e disse: "Sim, é esse mesmo".

"Teria também medo de dizer, portanto", respondeu Sócrates, "que o dez é mais do que o oito pelo dois, e que por esta causa o supera, e não pela quantidade e por causa de uma quantidade? E que dois cúbitos são maiores que um cúbito de uma metade, e não pela grandeza? Esse seria efetivamente o mesmo medo."

"Com certeza."

"Mas então, adicionado um a um, você não se esqui-
c varia de dizer que a adição foi a causa de se tornar dois,
ou que a divisão foi a causa de ser dividido? E gritaria em
alta voz que não conhece outra maneira de cada coisa ser,
a não ser participando da essência própria daquilo de que

participa. E que, com relação ao que se dizia, você não
tem para apresentar uma outra causa do tornar-se dois a
não ser pela participação na dualidade.[45] Desta deverão
participar todas as coisas que virão a ser dois, enquanto as
que virão a ser um deverão participar da unidade. E virará
as costas para aquelas divisões, adições e outras sofisti-
cações desse tipo, deixando-as como resposta a pessoas
mais sábias que você. Você, ao contrário, que tem medo d
de sua própria sombra — como se costuma dizer — e de
sua inexperiência, ficaria agarrado a esse lugar seguro da
hipótese e responderia dessa forma.[46] Se alguém recusas-
se essa mesma hipótese, viraria as costas para ele e não
responderia antes de considerar se as consequências dela
estão de acordo ou menos entre si.[47] E se tiver de dar razão
àquela mesma hipótese, agiria da mesma maneira, colo-
cando uma hipótese entre aquelas que lhe pareçam a cada
momento as melhores entre as mais universais,[48] até que
você chegue a algo satisfatório. E não iria misturar tudo e
como fazem os antilógicos,[49] que discutem ao mesmo tem-
po os princípios e as consequências, se realmente quiser
descobrir alguma das coisas que são. Não dão qualquer
atenção a elas em seus discursos, pois graças à sua sabe-
doria, ainda que confundindo todas as coisas, conseguem
ainda ficar satisfeitos consigo mesmos. Mas você, se for
um dos filósofos, creio que fará como eu digo." 102

"É realmente verdade o que você diz", responderam
ao mesmo tempo Símias e Cebes.

O argumento final

[102a-107b]

EQUÉCRATES E, por Zeus, com toda razão, Fédon. Parece- 102 a
-me que ele falou sobre essas coisas de maneira extraordinariamente clara, compreensível até para quem possui pouco intelecto.

FÉDON Pois é, Equécrates, foi o que todos os presentes também acharam.

EQUÉCRATES E nós também, que não estávamos lá, mas que escutamos isso agora. E o que ele disse em seguida?[1]

FÉDON Depois que lhe concederam esses pontos e foi acor-
dado que cada uma das ideias existe e que as outras coisas, b
participando delas, dela recebem o mesmo nome,[2] acredito que ele tenha feito a seguinte pergunta: "Se as coisas estão como você diz", disse Sócrates, "quando você diz que Símias é maior que Sócrates e menor que Cebes, não estaria afirmando que em Símias existem ambas as coisas, a grandeza e a pequenez?".[3]

"Digo, sim."

"Mas então admitiria que o enunciado 'Símias é maior do que Sócrates', assim como é expresso, não é ver-
dadeiro? Pois Símias não é por natureza maior do que ele, c
isto é, por ser Símias, mas sim pela grandeza que tem,[4] nem é maior do que Sócrates por ser Sócrates, mas por

Sócrates ter pequenez em comparação com a grandeza de Símias.”

“Verdade.”

“Nem é menor do que Fédon por Fédon ser Fédon, mas por Fédon ter grandeza em comparação com a pequenez de Símias.”

“É assim mesmo.”

“Dessa forma, portanto, Símias é chamado de ‘pequeno’ e ‘grande’, por estar no meio entre os dois: submete
d sua pequenez à grandeza do outro para ser superado, mas
impõe sua grandeza ao outro para superar sua pequenez.”[5]

E com um sorriso disse:

“Acho que estou falando como se estivesse redigindo um contrato, mas, de qualquer forma, as coisas estão mais ou menos como eu digo”.[6]

Ele concordou.

“Digo isso porque quero que você pense como eu. Porque eu acho que a grandeza em si não quer ser jamais ao mesmo tempo grande e pequena, mas também que a grandeza em nós[7] não admite a pequenez e não quer ser superada; de duas uma, portanto: ou foge e cede o lugar toda vez que
e o pequeno, que é o seu contrário, se aproxima, ou morre
logo que esse chegue. Não quer de fato ser diferente do que é, tendo de suportar e acolher a pequenez. É o meu caso: tendo acolhido e suportado a pequenez, e continuando a ser quem sou, sou esse cara pequeno; mas aquela grandeza que é em mim não suporta, sendo grande, ser pequena. Da mesma forma, a pequenez que é em nós não quer tornar-se, nem ser, grande; nem qualquer outro contrário quer ser o
103 que era e, ao mesmo tempo, vir a ser, e ser, seu contrário,
mas se isso lhe acontecer se afasta ou morre.”[8]

“Estou completamente de acordo”, disse Cebes.

Um daqueles que estavam presentes,[9] já não recordo bem quem fosse, ao ouvir isso, disse:

“Mas pelos deuses! Vocês não haviam concordado nos discursos anteriores[10] exatamente o contrário daquilo que agora estão dizendo: que o grande nasce do pequeno, e o pequeno do grande, e que, simplificando, é dos contrários que nascem os contrários? Mas agora entendo que esteja se dizendo que isso nunca poderia acontecer."

Sócrates, que havia se voltado para ele para ouvi-lo, disse:

"Bem lembrado. Todavia você não está compreenden- b
do a diferença entre o que estamos falando agora e o que falávamos então. Naquele momento, de fato, se dizia que uma coisa contrária nasce de uma coisa contrária; neste momento, porém, que o contrário em si não pode jamais se tornar contrário de si mesmo. Isso vale tanto para aquele que é em nós como para aquele que é na natureza. Porque então, meu amigo, falávamos das coisas que têm contrários, chamando-as com os nomes daqueles contrários, mas agora falamos dos contrários em si, cuja presença nas coisas nomeadas faz sim que recebam seus nomes. E dizemos que os contrários em si nunca quereriam admitir c
nascer uns dos outros."

E olhando ao mesmo tempo para Cebes, disse:

"Você também, Cebes, ficou de alguma forma confuso por aquilo que ele disse?"

"Não desta vez", disse Cebes, "ainda que não negue que em muitas coisas estou confuso, sim."

"Então, estamos de acordo", disse, "pelo menos sobre o seguinte: que o contrário não será nunca contrário a si mesmo?"

"Absolutamente", disse.

"Mas então, veja se está de acordo comigo também sobre o seguinte", disse. "Você chama algo de quente ou de frio?"

"Claro."

"São o mesmo que fogo e neve?"

"Por Zeus, claro que não!" d

"Então o quente é algo diferente do fogo, e o frio da neve?"

"Sim."

"Mas acredito que você seja da opinião de que a neve, sendo neve, não admitirá nunca o calor, como dizíamos antes, permanecendo o que era, isto é, ao mesmo tempo neve e calor; mas ao se aproximar o calor lhe cederá o lugar ou morrerá."

"Certamente."

"E também o fogo, ao se aproximar o frio, lhe cederá o lugar ou morrerá. E jamais suportaria, uma vez admitido o frio, ser ainda o que era, isto é, ao mesmo tempo fogo e frio."

e "O que você diz é verdade", disse.

"Pois acontece", disse Sócrates, "com relação a algumas coisas desse tipo, que não apenas a ideia em si merece seu próprio nome para sempre, mas também outra coisa que não é aquela ideia, mas que, enquanto existir, possui sempre a forma dela.[11] Talvez o que eu quero dizer fique ainda mais claro no seguinte caso: ao ímpar deve sempre caber esse nome que agora lhe damos, não é?"

"Claro."

"É o único entre as coisas que são (esta é minha pergun-
104 ta) ou há outra coisa que, ainda que não seja o ímpar, deva ser sempre chamada de ímpar, ao mesmo tempo que com seu próprio nome, pois sua natureza jamais está afastada do ímpar? Estou falando do caso do três, assim como de muitos outros números. Veja por exemplo o caso do três. Não acha que, além de ser chamado com seu nome próprio, deva ser chamado também de ímpar, ainda que este não seja idêntico ao três? Mas da mesma forma o três, o cinco
b e metade de toda a série numérica é por natureza de tal maneira que cada um deles é sempre ímpar, ainda que não seja idêntico ao ímpar; e assim o dois, o quatro e, por sua vez, a outra série numérica: ainda que não sejam idênticos ao par, é cada um deles sempre par. Está de acordo com isso ou não?"

"Como não?", ele disse.

"Veja então aquilo que quero mostrar para vocês", disse. "É o seguinte: é evidente que não somente aqueles contrários não se admitem reciprocamente, mas isso vale também para aquelas coisas que, ainda que não sejam contrárias entre si, sempre têm contrários; bem, nem estas últimas parecem admitir qualquer ideia[12] que seja contrária àquela que esteja nelas, e quando essa se aproxime, certamente morrem ou lhe cedem o lugar. Ou não diremos c
que o três morrerá ou sofrerá de qualquer outra maneira antes de suportar tornar-se par, sendo ainda três?"

"É assim mesmo", disse Cebes.

"Mas o dois não é contrário ao três", disse.

"De fato, não é."

"Assim, não somente as ideias contrárias não resistem quando se aproximam umas das outras, mas também as outras coisas não resistem quando se aproximam dos contrários."

"É absolutamente verdade", disse.

"Quer que definamos, se conseguirmos, o que sejam essas coisas?"

"Certamente."

"Seriam, Cebes, então, aquelas que são obrigadas, por d
aquilo que as ocupa, não somente a ter a própria ideia, mas também aquela de um contrário que é sempre contrário a um outro."[13]

"Como é?"

"É o que dizíamos há pouco. Sabe muito bem que as coisas ocupadas pela ideia do três, não somente são três, como também ímpar."[14]

"Correto."

"Podemos assim afirmar que a ideia contrária à forma que a faz ser o que é não poderia jamais chegar em uma coisa como essa."

"Efetivamente não."

"E não era a ideia do ímpar a fazer isso?"

"Sim."

"E a ideia do par não era contrária a ela?"

"Sim."

e "Portanto, a ideia do par não chegará nunca perto do três."

"Não mesmo."

"O três, portanto, não participa do par."

"Não participa."

"Portanto o três é ímpar."

"Sim."

"Assim, a respeito daquilo que dizia que devíamos definir, ou seja, aquelas coisas que não são os contrários de algo, mas ainda assim não admitem esse contrário — como agora o três, que, apesar de não ser contrário ao par, nem por isso o admite, porque carrega[15] sempre consigo o
105 contrário,[16] da mesma forma como o dois com o ímpar, o fogo com o frio, e muitíssimos outros casos. Veja então se quer defini-las da seguinte maneira: não somente o contrário não admite o contrário, mas também algo que carregue consigo o contrário de outra coisa, qualquer que seja essa coisa para a qual esteja se dirigindo, esta mesma coisa, que carrega consigo o contrário, nunca admitirá o contrário daquilo que está carregando. Relembre isso de novo, pois não faz mal escutá-lo mais vezes. O cinco não admitirá a ideia do par, nem o dez, que é seu dobro, do ímpar. Mas também o dobro é o contrário de alguma outra coisa,[17] e
b ainda assim não admitirá a ideia do ímpar. Nem o um e meio e outras fracções desse gênero, isto é, um meio, um terço e as outras semelhantes admitem a ideia do inteiro. Está me acompanhando? Concorda com isso?"

"Estou completamente de acordo", disse, "e estou acompanhando."

"Então me diga novamente, desde o início", disse ele. "E não responda com as palavras que utilizei em minhas perguntas, mas faça como eu faço. Digo isso porque, por conta do que discutimos agora, para além daquela resposta segura da qual se dizia, vislumbro uma outra resposta,

também segura. Porque, se você me perguntasse qual é a coisa que surgindo no corpo o faz quente, não irei lhe c
dar aquela resposta segura e ingênua,[18] isto é, o calor, mas uma mais refinada, que resulta do que discutimos agora,[19] isto é, o fogo. E se me perguntasse qual é a coisa que surgindo no corpo o faz adoecer, não irei responder a doença, mas a febre. E se me perguntasse qual é a coisa que surgindo no número o faz ímpar, não irei responder a imparidade, mas a unidade, e assim por diante. Mas veja se você entende bem o que eu quero dizer."

"Sim, muito bem", disse.

"Então me responda", disse Sócrates. "Qual é aquela coisa que surgindo no corpo o faz ser vivo?"

"A alma", respondeu.

"É, portanto,[20] sempre assim?" d

"Como não?", disse ele.

"Assim a alma, qualquer coisa que ela ocupe, chegará carregando consigo sempre a vida."

"Chegará assim", disse.

"E há algo que seja contrário à vida, ou não?"

"Há, sim."

"O que é?"

"A morte."[21]

"Portanto, a alma nunca admitirá o contrário daquilo que sempre carrega consigo. Pelo que foi dito anteriormente,[22] estamos de acordo sobre isso?"

"Absolutamente."

"Mas então, como é que chamávamos agora mesmo o que não admite a ideia do par?"

"Ímpar", disse.

"E o que não admite o justo ou que não admite o culto?"[23]

"Inculto", disse, "e injusto." e

"Bom. E como chamamos o que não admite a morte?"

"Imortal", disse.

"Agora, a alma não admite a morte, certo?"

"Não."

"Mas então a alma é imortal."

"É imortal."

"Bom. Podemos dizer que isso foi demostrado? O que acha?"

"Foi sim, Sócrates, e de maneira completamente satisfatória", disse.[24]

106 "Mas então, Cebes, se o ímpar fosse indestrutível, poderia o três não ser indestrutível?"

"Como não?"

"Portanto, se o não quente fosse necessariamente indestrutível, sempre que alguém aproximasse da neve o calor, esta não se retiraria salva e sem se dissolver? Pois não poderia morrer e nem, ficando em seu lugar, poderia admitir o calor."

"É verdade", disse.

"Da mesma forma, creio, se também o não frio fosse indestrutível, sempre que ao fogo se aproximasse algo frio, não apagaria ou morreria, mas iria embora são e salvo."

"Necessariamente."

b "Por consequência é necessário falar do mesmo modo com relação ao imortal. Se o imortal é também indestrutível, é impossível que a alma, quando a morte se aproxime dela, morra. Porque, com base no que dissemos há pouco, não admitirá a morte ou estará morta, assim como o três não será, como dizíamos, par, nem o será o ímpar, e o fogo não será frio, nem o será o calor que está no fogo. Alguém poderia dizer: 'O que impede que o ímpar não se torne par sempre que o par se aproxime dele — como
c havíamos concordado — e que, ao contrário, este morra e o par nasça em lugar dele?'. Não poderíamos responder a quem levanta essa objeção que o ímpar não morre, pois o ímpar efetivamente não é indestrutível. Se tivéssemos concordado com isso, seria fácil respondermos que, quando o par chega, o ímpar e o três vão embora e desaparecem. E responderíamos assim também com relação ao fogo, o quente e as outras coisas, não é mesmo?"

"Certamente", disse.

"Portanto, também agora, a respeito do imortal, se estamos de acordo que seja também indestrutível, a alma, além de imortal, será também indestrutível.[25] Caso con- d
trário, precisaríamos de um outro argumento."

"Mas não há necessidade disso", disse Cebes, "pelo seguinte motivo: dificilmente haverá outra coisa que não admita destruição, se o imortal, que é eterno, irá admitir a destruição."

"Quanto ao deus, creio", disse Sócrates, "e à própria ideia de vida e a qualquer outra coisa que é imortal, todos concordam que nunca morrem."

"Todos os seres humanos, por Zeus", disse Cebes, "e mais ainda, creio, os deuses."

"Assim, visto que o imortal é também indestrutível, o e
que mais poderia ser a alma, que é imortal, senão também indestrutível?"

"Deve absolutamente ser assim."

"Portanto, quando a morte chega para a pessoa, sua parte mortal, ao que parece, morre; enquanto sua parte imortal vai embora sã e salva e intocada, cedendo o lugar para a morte."

"Claro."

"Assim, Cebes", ele disse, "mais do que qualquer outra coisa, a alma é imortal e indestrutível. E nossas almas 107
realmente existirão no Hades."[26]

"De minha parte, Sócrates", ele disse, "não tenho nada a acrescentar nem motivos para não acreditar nos argumentos. Mas se Símias aqui, ou algum outro, tem algo a dizer, é bom que não fique calado, pois não vejo para que outra ocasião, a não ser esta aqui, adiaria quem quisesse dizer ou ouvir sobre esses argumentos."

"Eu também", disse Símias, "tendo por base os argumentos, não tenho motivos para não acreditar. Ainda assim, a grandeza das questões que se discutem, como b
também minha pouca confiança na fragilidade humana,

me obrigam a manter certa desconfiança sobre o que dissemos."[27]

Sócrates respondeu:

"Não somente sobre essas questões, Símias, você está correto, mas também sobre as primeiras hipóteses.[28] Ainda que vocês as considerem confiáveis, devem ser examinadas mais claramente; e quando as tiverem examinadas de maneira satisfatória, creio, acompanharão o discurso até onde um ser humano possa acompanhá-lo. E se este ficar claro, não irão investigar além disso." [29]

"Tens razão", disse.

O mito final

[107c-115a]

“Mas sobre isso, meus caros”, ele acrescentou, “é justo ter 107 c
em mente que se a alma é imortal, é preciso cuidar dela
não somente pelo tempo que dura o que chamamos de vi-
da,[1] mas todo o tempo; e que neste momento os riscos de
não cuidar da alma realmente parecem ser terríveis. Pois
se a morte fosse de fato uma separação de tudo, seria um
golpe de sorte para os malvados: ao morrer se separariam
de seu corpo e, ao mesmo tempo, de suas maldades por
se separarem também da alma. Mas, agora,[2] visto que a
alma é imortal, não há outra fuga das maldades ou sal- d
vação para ela a não ser se tornar a melhor e mais sábia
possível. A alma de fato vai ao Hades trazendo consigo
nada mais do que sua educação e seu modo de vida, e
se diz que são sobretudo essas as coisas que fazem bem
ou fazem mal a quem morreu, desde o começo de sua
viagem para aquele lugar. E se diz também o seguinte:[3]
quando alguém morre, o demônio, que lhe coube em sorte
enquanto vivia,[4] se põe a guiá-lo para aquele lugar no
qual se reúnem aqueles que precisam ser julgados,[5] para
irem em seguida ao Hades, sendo guiados por aquele ao e
qual foi ordenado conduzi-los de um lugar para o outro.
Uma vez que lá receberam a sorte que lhes cabia e que
esperaram o tempo devido, então um outro guia os traz
até aqui novamente, depois de muitos e longos ciclos de
tempo.[6] Mas a viagem não é como diz o Télefo de Ésqui-

108 lo.[7] Ele diz que o caminho que leva ao Hades é simples,
mas a mim não parece nem simples nem um só. Se assim
fosse, não haveria necessidade de guias: ninguém jamais
erraria a estrada se esta fosse uma só. Ao contrário, ela
parece ter muitas bifurcações e encruzilhadas. Digo isso
a partir da observação dos ritos e das práticas daqueles
que estão aqui entre nós.[8] A alma ordenada e sábia segue
e não ignora a situação em que se encontra. Ao contrário,
aquela que tem desejo pelo corpo, como eu já disse antes,[9]
b seduzida por muito tempo por ele e pelo mundo visível,
após muitas resistências e mais sofrimentos, parte com
violência e dor, conduzida pelo demônio que lhe coube.
E ao chegar onde estão as outras, uma alma que seja
eventualmente impura e tenha realizado coisas deste tipo,
tendo se envolvido em assassinatos injustos ou cometido
outros atos que sejam irmãos desses e característicos de
almas irmãs, é evitada por todas as outras: dessa alma
todas se afastam e a evitam, e nenhuma quer se tornar
sua companheira de viagem ou seu guia. Assim ela vaga
c em total miséria até que certos períodos de tempo sejam
cumpridos e, uma vez concluídos, é arrastada pela necessidade para a moradia que lhe cabe. A alma que passou
a vida pura e moderadamente tem a sorte de ter deuses
como companheiros de viagem e guias, e habita no lugar
que lhe é conveniente. A Terra tem muitos lugares maravilhosos e uma pessoa me convenceu[10] de que ela mesma
não tem o aspecto nem o tamanho que se acredita que
tenha, com base no que dizem aqueles que costumam falar sobre ela."[11]

E Símias:

d "O que você entende dizer, Sócrates? Sobre a Terra
eu mesmo ouvi dizer muitas coisas, mas não essas que
convenceram você. Por essa razão, gostaria de ouvi-las."

"Mas é claro, Símias. Não creio que precise da competência de Glauco para descrever quais sejam; já mostrar que sejam verdadeiras, bem, isso me parece mais difícil

do que a competência de Glauco.[12] E não somente com toda probabilidade eu não seria capaz disso, mas também, ainda que soubesse o que fazer, creio que a vida que me resta, Símias, não seria suficiente para dar conta de um
discurso tão comprido. Mas certamente nada me impede e
de falar de minhas convicções sobre o formato da Terra e dos seus lugares."[13]

"Mas isso vai bastar", disse Símias.

"Muito bem, então. Fiquei convencido, antes de mais nada, que se a Terra é redonda e está no meio do céu, para
que não caia não precisa nem do ar nem de qualquer 109
outra necessidade desse tipo, mas são suficientes, para que permaneça onde está, a uniformidade do céu consigo mesmo por todo lado e o equilíbrio da própria Terra. Pois algo que esteja em equilíbrio no meio de algo uniforme não poderá se inclinar mais ou menos para nenhum lado, mas permanecerá de maneira uniforme sem se inclinar. Foi disso que fiquei convencido antes que tudo."

"E com razão", disse Símias.

"Em seguida", disse, "que a Terra é um lugar imenso
e que nós que habitamos uma pequena parte dela, entre o b
Fásis e as colunas de Hércules,[14] vivemos em volta do mar como formigas ou rãs em volta de um pântano; enquanto muitas outras pessoas habitam muitos outros lugares do mesmo tipo. Existem efetivamente em torno de toda a Terra diversas cavidades de diferentes formatos e tamanhos, para as quais confluíram água, névoa e ar. Já a Terra em si está lá, pura no puro céu, lá onde estão os astros; aquele
mesmo céu que grande parte das pessoas que costuma c
falar dessas coisas chama de éter. Água, névoa e ar são sedimentos deste último e confluem continuamente para as cavidades da Terra. O fato é que não nos damos conta de que habitamos essas cavidades; acreditamos, ao contrário, estar morando acima, na superfície da Terra. É como se alguém que morasse lá no fundo, no meio do mar, acreditasse estar morando na superfície do mar. E, ao observar

o Sol e os outros astros através da água, acreditasse que
o mar fosse o céu; e por causa de sua preguiça e fraqueza
d não conseguisse jamais alcançar a superfície do mar e,
emergindo e saindo dele para este lugar aqui, tampouco
ver como é mais puro e mais belo do que o mundo onde
ele se encontra. E nem escutar isso de outra pessoa que o
tivesse visto.[15] É exatamente o que acontece conosco: ha-
bitamos uma cavidade da Terra, mas acreditamos habitar
a superfície dela e chamamos o ar de céu, como se este céu
fosse aquele onde os astros se movem. É a mesma coisa:
e por causa de nossa fraqueza e preguiça, não conseguimos
ir até a extremidade do ar. Porque se alguém chegasse até
o topo ou criasse asas e voasse, levantaria a cabeça e veria
as coisas lá em cima, assim como aqui os peixes veem o
nosso mundo, se levantarem a cabeça para fora do mar;
e se sua natureza for boa o suficiente para aguentar o que
vê, saberia que aquele é o verdadeiro céu, a verdadeira
110 luz e a verdadeira Terra.[16] Pois essa Terra, essas pedras e
tudo mais que está neste mundo são danificados e corroí-
dos, como as coisas do mar pela ação da maresia. E nem
no mar nasce alguma coisa que valha a pena mencionar,
nem há, por assim dizer, nada bem-acabado: há rochas
cavadas, areia e uma quantidade inimaginável de lodo e
lama, lá onde há também terra, e coisas que não vale a
pena comparar com as belezas a nossa volta. Por sua vez,
as coisas que estão lá em cima pareceriam ser ainda mais
belas do que aquelas que estão a nossa volta; se, de fato
b é belo contar mitos, vale a pena, Símias, ouvir como são
as coisas na superfície da Terra sob o céu."

"Mas é claro, Sócrates", respondeu Símias, "seria um
prazer ouvirmos esse mito."[17]

"Pois então, meu amigo", ele disse, "se conta que esta
Terra em si, se alguém pudesse vê-la de cima, se assemelha-
ria com uma daquelas bolas de doze pedaços de couro,[18]
coloridas com várias cores: se comparadas com elas, as
c cores daqui são como as amostras que usam os pintores.

Lá a Terra toda é dessas cores, mais brilhantes e mais
puras do que estas: uma parte é púrpura e extraordina-
riamente bela, uma outra é dourada, outra ainda é toda
branca, mais branca do que o gesso ou a neve, e da mesma
forma é coberta por outras cores, que são mais numerosas
e belas do que todas que já vimos. Pois as cavidades, que
são cheias de ar e de água, lhe dão um aspecto colorido
que brilha na variedade das outras cores. Ela se mostra, d
assim, como um todo contínuo e multicolorido.[19] Sobre
uma Terra como essa, tudo o que nasce — árvores, flores
e frutos — o faz da maneira análoga. Da mesma forma,
as montanhas e as pedras, seguindo o mesmo princípio da
analogia, têm polidez, transparência e cores mais bonitas.
E as pedras preciosas daqui que tanto amamos — corna-
linas, jaspes, esmeraldas e quantas mais — não são mais
do que fragmentos daquelas; lá não há pedra que não seja e
como essas e, aliás, ainda mais bela. A causa disso é que
lá as pedras são puras e não danificadas e corroídas como
as daqui pela ação da decomposição e da maresia, devido
ao confluir aqui de elementos que trazem feiura e doença
para as pedras, para a terra e até para as plantas e os ani-
mais. A Terra em si é enfeitada com todas essas coisas, e
ainda com ouro, com prata e com outros adornos desse 111
tipo, que são naturalmente brilhantes, se encontram em
toda parte na Terra e são muitos e muito grandes: ver essa
Terra é um espetáculo que deixa os espectadores felizes.
Sobre ela há muitos animais de várias espécies e também
seres humanos, uns habitam no interior, outros em volta
do ar, como nós em volta do mar, outros ainda em ilhas
próximas do continente e circundadas pelo ar.[20] Em uma
palavra, o que para nós é a água e o mar, para suprir as
nossas necessidades, lá é o ar; e o que para nós é o ar, lá b
é o éter. As estações são tão amenas que aqueles que
lá habitam não ficam doentes e vivem muito mais do
que os daqui.[21] Quanto à vista, ao ouvido, ao intelecto
e a todas as faculdades do gênero, eles nos superam em

pureza no mesmo grau em que o ar supera a água e o
éter, o ar. E há também bosques consagrados aos deuses e
templos, e neles os deuses habitam de verdade. Também
há oráculos, profecias e contato direto com os deuses,
c isto é, encontros face a face com eles. Eles veem o Sol, a
Lua e os astros tal como são, e qualquer outra felicidade
além dessa se segue daí.[22] Essa é a natureza da Terra como
um todo e das coisas que estão em sua superfície; mas há
lugares nela, em correspondência das cavidades, muitos
desses dispostos em círculo em volta da Terra toda, uns
mais profundos e mais amplos do que aqueles em que
habitamos, outros mais profundos mas com uma abertura
d menor do que aquela do lugar onde estamos, outros ain-
da de menor profundidade e mais largos daqueles deste
mundo.[23] E todos esses lugares são conectados entre si por
canais subterrâneos em muitas direções, com saídas algu-
mas mais estreitas, outras mais largas, pelas quais corre
muita água de uns para os outros, como em vasos para
misturar o vinho.[24] E há rios inimaginavelmente grandes
e sempre fluindo debaixo da terra, de águas quentes ou
frias, e uma grande quantidade de fogo, grandes rios de
fogo, muito fogo e enormes rios em chamas, e muitos rios
e de lama líquida, ora de lama mais pura, ora mais suja.
Assemelham-se aos rios de lama da Sicília, que correm
ao lado da lava, e à própria lava. E todo lugar está cheio
desses rios, a depender de como a correnteza se dirige para
cada um deles em cada momento; e todos eles são movidos
para cima e para baixo,[25] como se houvesse um balanço
dentro da Terra. O balanço acontece pelas seguintes cau-
sas naturais: uma das aberturas na Terra é particularmente
112 grande e atravessa a Terra toda de lado a lado. É a ela que
Homero se refere quando diz: 'Para muito longe, para o
abismo mais fundo sob a Terra'.[26] Ele e muitos outros poe-
tas a chamaram de Tártaro. Para essa abertura confluem
todos os rios e dela fluem novamente para fora. E cada
um se torna da mesma qualidade da terra pela qual flui.

A causa de todas as correntezas fluírem de lá para fora, e b
confluírem novamente de volta, é que esta água não tem
base ou fundação. É balançada e ondula para cima e para
baixo, e o ar e o vento que estão em volta dela fazem a
mesma coisa. Pois a seguem seja quando corre para um
lado da Terra ou para o outro. E, como naqueles que
respiram, o ar flui sempre, inspirando e expirando, assim
lá, balançando junto com a água, o ar, entrando e saindo,
gera ventos terríveis e inimagináveis.[27] Assim, quando a c
água se retrai para a região chamada de inferior, ela flui
através da Terra para os lugares aos quais essas correntezas levam e os enche, como fazem as pessoas que irrigam;
quando ao contrário sai de lá e corre para este lado, enche
novamente as correntezas daqui, que, cheias, fluem pelos
canais e pela Terra; e chegando aos lugares para os quais
traçam seus percursos,[28] fazem surgir mares, lagos, rios
e nascentes. Daí, afundando novamente na Terra, algu- d
mas percorrem trechos mais longos e mais numerosos;
outros trechos mais curtos e menos numerosos, e então
caem no Tártaro novamente. Algumas muito mais abaixo
em relação ao lugar da qual saíram, outras menos. Mas
todas as correntezas fluem para um lugar mais baixo do
que aquele de onde saíram; algumas correm para o lado
oposto do qual saíram, outras para o mesmo lado. Há
também aquelas que dão a volta completa, uma ou mais
vezes, rodeando a Terra como as serpentes, e, depois de
alcançarem o ponto mais baixo possível, caem novamente.
E podem descer para um dos dois lados até o meio, mas e
não além disso, porque o caminho de ambas as correntezas pelo lado oposto é para cima.[29]

"Há também muitas outras correntezas, grandes e de
todas as formas. Acontece que, entre essas muitas correntezas, há quatro em particular;[30] destas, a maior e que
corre em um círculo mais externo é chamada de Oceano. Diretamente oposto a ela, flui em sentido contrário o 113
Aqueronte, que corre por lugares desertos e flui debaixo

da terra até entrar no lago Aquerusíade, para onde chegam
muitas das almas daqueles que morreram. Lá permanecem
pelo tempo que lhe foi decretado, algumas por mais e
outras por menos tempo, e finalmente são enviadas para
nascerem de novo como seres vivos.[31] Um terceiro rio sur-
ge no meio desses dois, e perto de sua nascente desemboca
em um lugar enorme, que está em chamas devido a uma
grande quantidade de fogo, e forma um lago maior do que
o nosso mar, borbulhante de água e lama; de lá avança em
b círculos, turvo e enlameado; e vai serpenteando por outros
lugares da Terra, até chegar à beira do lago Aquerusíade,
mas sem se misturar com suas águas; finalmente, após dar
muitas voltas debaixo da Terra, cai na parte mais baixa
do Tártaro. Trata-se do rio que chamam Piriflegetonte:
correntezas de lava jogam fragmentos dele em todo lugar
na Terra. Do lado oposto, a este corre o quarto rio, antes
para um lugar terrível e selvagem, conforme se diz, todo
c de uma única cor, ciano:[32] o chamam Estígio, e o lago que
o rio forma ao confluir nele, Estige.[33] E depois de desaguar
aí e de suas águas adquirirem poderes terríveis, afunda
na Terra, e, avançando em círculos em sentido contrário
ao Piriflegetonte, encontra o lago Aquerusíade do lado
oposto. Também a água dele não se mistura com nenhuma
outra. Este também, depois de andar em círculos, deságua
no Tártaro, do lado oposto ao Piriflegetonte: os poetas o
chamam de Cócito.[34]

d “É esta a natureza desses lugares. Quando os que mor-
reram chegam para o lugar ao qual o demônio os conduz,
primeiramente se submetem ao juízo: aqueles que viveram
bela e santamente, e aqueles que não. E aqueles que pare-
çam ter vivido uma vida mediana são levados às margens
do Aqueronte, sobem nas embarcações que lá os esperam,
e, uma vez chegados por meio destas ao lago, habitam
esse lugar.[35] E se alguém tiver cometido alguma injustiça,
será purificado pagando a pena de suas injustiças. E cada
e um, conforme seus méritos, receberá prêmios por suas

boas ações. Aqueles que forem julgados incuráveis, por causa da enormidade de suas culpas, ou por terem cometido muitos e graves sacrilégios, ou muitos assassinatos injustos e contra a lei, ou muitas outras ações semelhantes, o destino que lhes cabe os joga no Tártaro, e de lá não saem nunca mais.[36] Aqueles que pareçam ter cometido culpas graves mas curáveis, como seria o caso de terem cometido, por um excesso de raiva, uma violência contra o pai ou a mãe, mas que passaram o resto da vida arre- 114
pendidos, ou aqueles que se tornaram homicidas, mas depois também viveram arrependidos, estes são destinados a serem jogados no Tártaro. Uma vez jogados lá e passado um ano, a onda os empurra para fora: os homicidas, Cócito abaixo, os agressores de pai e de mãe, para o Piriflegetonte;[37] e uma vez arrastados até o lago Aquerusíade, lá gritam e chamam, uns aqueles que mataram, outros aqueles que machucaram, e, ao chamá-los, imploram e suplicam que os deixem entrar no lago e os acolham. b
Se conseguem convencê-los, entram, e seus males acabam; se não, são arrastados novamente para dentro do Tártaro e de lá voltam mais uma vez para os rios.[38] E não deixarão de sofrer isso até que convençam aqueles que prejudicaram. Pois essa é a pena que os juízes lhes impuseram.[39] Aqueles que forem julgados por terem vivido uma vida especialmente santa são libertados dos lugares subterrâneos e, como saídos de prisões, sobem para a moradia c
pura e habitam sobre a Terra. Entre eles, aqueles que se purificaram suficientemente graças à filosofia vivem daí para a frente sem corpo e chegam a moradias ainda mais belas do que essas, e que não é fácil descrever, nem haveria tempo suficiente para isso agora.[40] Mas então, Símias, exatamente por tudo que narramos, é preciso fazer de tudo na vida para participar da virtude e da sabedoria. Pois belo é o prêmio, e grande a esperança.[41]

"Defender a qualquer custo que as coisas estejam exa- d
tamente da maneira como eu narrei não é apropriado para

um homem que tenha cabeça; mas que sejam assim (ou algo bem parecido) a respeito das almas e de suas moradias, visto que a alma é claramente algo imortal, isso sim me parece apropriado e penso que vale a pena correr o risco de acreditar que sejam assim — pois o risco é belo —; é preciso encantar a si mesmos com essas coisas, por isso eu venho me demorando há algum tempo no mito.[42] Mas então, por isso tudo, é preciso que esteja confiante com
e relação à sua própria alma um homem que na vida virou as costas para os outros prazeres do corpo e os adornos, como se pertencessem a outra pessoa, por acreditar que façam mais mal do que bem; e em vez disso tenha perseguido os prazeres da aprendizagem[43] e enfeitado a alma não com adornos alheios, e sim com aqueles próprios
115 para ela: a moderação, a justiça, a coragem, a liberdade, a verdade. Aguarda assim a viagem para o Hades como alguém que estará pronto a ir assim que o destino chamar.[44] Vocês", acrescentou, "Símias e Cebes e os outros, partirão por sua vez cada um no seu tempo; mas a mim o destino me chama agora, como diria um ator trágico. E está quase na hora de tomar banho: é melhor beber o veneno depois de me banhar para não dar às mulheres o trabalho de lavar um cadáver."

A morte de Sócrates

[115b-118a]

Após Sócrates ter dito isso, Críton respondeu: 115 b

"Muito bem, Sócrates. Mas quais são suas instruções, para eles ou para mim, com relação a seus filhos ou a qualquer outra coisa? Podemos fazer algo para você, algo que você deseje de maneira especial?"

"Nada de novo, Críton", ele respondeu. "É o que sempre digo. O que quer que vocês façam, se cuidarem de vocês mesmos, farão algo que agrada a mim, aos meus e a vocês mesmos, ainda que não se comprometam a fazer isso neste momento; se, ao invés, não irão cuidar de vocês mesmos e não desejam viver seguindo as pegadas daquilo que falamos agora e no passado, ainda que agora
fizessem muitas promessas exageradas, isso não serviria c
para nada."[1]

"Então, iremos nos empenhar para fazer dessa maneira", disse. "Como devemos enterrar você?"

"Como quiserem", ele respondeu. "Sempre que consigam me pegar e eu não escape de vocês."

Então sorriu calmamente[2] e, olhando para o nosso lado, disse:

"Gente, não consigo convencer Críton de que eu sou este Sócrates aqui, que está conversando e colocando em ordem cada um dos argumentos; ele acredita, ao contrário,
que eu seja o cadáver que ele verá daqui a pouco e me d
pergunta como deve me enterrar. Veja, eu acabei de fazer

um longo discurso afirmando que, depois de tomar o ve-
neno, já não estarei mais aqui com vocês, mas irei embora
para encontrar aquelas felicidades dos bem-aventurados.
Contudo, tenho a impressão de que, para ele, eu falo com
segundas intenções,[3] para consolar vocês e a mim mesmo.
Deem a Críton uma garantia contrária àquela que ele deu
aos juízes.[4] Ele deu garantias de que eu ia ficar, vocês ao
invés que, uma vez morto, não irei ficar, mas irei embora.[5]
e Dessa forma, Críton irá aguentar mais facilmente e, ao ver
meu corpo queimado ou sepultado, não irá ficar revoltado
por eu estar sofrendo uma sorte horrível, e não dirá que é
Sócrates aquele que está expondo, carregando ou sepultan-
do. Veja bem, excelente Críton", disse Sócrates, "não falar
bem não somente é um erro, mas é também algo que faz
mal às almas. Não tenha medo e diga que está sepultando
116 meu corpo: pode sepultá-lo como preferir, seguindo por
quanto for possível os costumes."[6]

Dito isso, Sócrates se levantou e foi para um outro
quarto para se lavar. Críton foi com ele e pediu que ficás-
semos. Ficamos, então, e conversamos entre nós, pensando
novamente sobre o que foi dito. E também refletindo por
algum tempo sobre a desgraça que nos acometeu: sim-
plesmente sentíamos que estávamos de alguma maneira
perdendo um pai e seríamos daí para a frente órfãos. Ele
b se lavou e lhe foram trazidos os filhos — dois deles eram
pequenos e um grande — e chegaram também aquelas
mulheres da casa.[7] Falou com elas na frente de Críton e
deu a elas as instruções que queria. Em seguida, pediu que
as crianças e as mulheres fossem embora.[8] Enquanto ele,
sozinho, veio ficar conosco. O sol estava quase se pondo,[9]
pois ele havia passado muito tempo lá dentro. Uma vez
chegado, de banho tomado, se sentou. Mas já não se falou
de muitas coisas. Chegou então o enviado dos Onze, que,
estando de pé na frente de Sócrates, disse:

c "Não irei fazer a você, Sócrates, a crítica que faço aos
outros, que ficam bravos comigo e me maldizem quando

anuncio que chegou a hora de tomar o veneno, por ordem dos arcontes.[10] Você, ao contrário (e não é de agora que me dei conta disso durante o tempo em que estiveste aqui), é o homem mais nobre, mais gentil e melhor entre todos aqueles que aqui jamais vieram; e também agora você não irá ficar bravo comigo, porque sabe de quem é a
culpa. Neste momento, portanto, você sabe o que eu vim d
anunciar... adeus! E tente suportar o inevitável da melhor maneira possível."[11]

Então começou a chorar e, voltando-se, foi embora.

Sócrates, olhando para ele, disse:

"Adeus para você também, faremos o que você diz."

E se dirigindo para nós:

"Que pessoa gentil", disse. "Durante todo o tempo em que estive aqui, ele me visitava e às vezes conversava comigo: tem sido o mais agradável dos homens, e com que nobreza chora por mim agora. Mas força, Críton, vamos seguir as palavras dele:[12] alguém traga o veneno, se já foi moído. Caso contrário, a pessoa encarregada faça isso."

"Mas... eu creio, Sócrates", disse Críton, "que o sol e
esteja acima dos montes e ainda não se pôs. Além disso eu sei que outros bebem o veneno bem depois de quando anunciaram que era a hora. Antes comem e bebem à vontade, e alguns até fazem sexo com quem bem quiserem. Não se apresse, portanto, ainda há tempo."

E Sócrates respondeu:

"É esperado que essas pessoas que você menciona se comportem assim, pois acham que ganham alguma coisa com isso, como também é esperado que eu não vá me
comportar assim, pois eu acho que não terei nenhuma van- 117
tagem ao beber o veneno um pouco mais tarde, a não ser me tornar ridículo aos meus próprios olhos por me agarrar à vida e economizar quando já não resta mais nada. Vamos lá", disse, "confie em mim e faça o que digo."

Críton ouviu e fez um sinal ao escravo que estava próximo. O escravo saiu e logo depois voltou, acompanhado por aquele que era o responsável por administrar o veneno e que o carregava em uma taça, já moído. Sócrates o viu e disse:

“Muito bem, meu caro amigo, você é quem sabe dessas coisas: o que é preciso fazer?”

b “Basta beber”, disse, “e caminhar até sentir as pernas pesadas: então, deite. O resto, o veneno fará sozinho.”[13]

E então entregou a taça para Sócrates. Ele a aceitou de bom grado, Equécrates, sem medo e sem mudar nem de cor nem de expressão do rosto; pelo contrário, olhando de baixo para cima aquela pessoa, como era seu costume, com seu olhar de touro,[14] disse:

“Que tal se com esta bebida fizéssemos uma libação para alguém? É permitido?”

“Está moída somente na medida certa para beber, Sócrates”, ele respondeu.

c “Compreendo”, disse. “Mas é permitido e necessário pedir aos deuses que a mudança de moradia daqui para lá seja feliz. É isso que eu peço, então, e que assim seja!”[15]

Ao dizer isso, tomou a taça e bebeu tudo, com calma e serenidade. A maioria de nós até aquele momento havia mais ou menos conseguido segurar as lágrimas, mas, quando o vimos beber até o final, já não aguentamos mais. Quanto a mim, ainda que contra minha própria vontade, as lágrimas caíram abundantes: cobri meu rosto e chorava
d por mim mesmo, não certamente por ele, mas por minha sorte, pois estava perdendo um amigo como esse. Críton, antes mesmo de mim, não conseguindo segurar as lágrimas, se levantou e saiu. Apolodoro, que já havia chorado todo o tempo sem parar, naquele momento berrava em voz alta, chorando e se lamentando, e todos os presentes se lamentavam, com exceção do próprio Sócrates.

E ele:

“Mas o que estão fazendo?”, disse. “Que coisa! Foi exatamente por isso, sabem, que mandei embora as mu-
e lheres, para que não fizessem esse tipo de coisas.[16] Pois ouvi dizer que é preciso terminar a vida no meio de pa-

lavras de bom auspício.[17] Fiquem tranquilos, portanto, e aguentem firmes."[18]

Ao ouvir isso ficamos envergonhados e seguramos as lágrimas. Ele passeou um pouco, disse sentir as pernas pesadas e deitou de costas, como havia lhe aconselhado aquela pessoa. E logo este que havia lhe dado o veneno começou a tocá-lo e, de tempo em tempo, a examinar pés e pernas, até que lhe deu em beliscão no pé e perguntou
se estava sentindo alguma coisa. Sócrates respondeu que 118
não. Depois disso, foi a vez das panturrilhas, e assim subia e nos mostrava que Sócrates estava ficando frio e rígido. Então o tocou novamente, e nos disse que, quando chegasse ao coração, naquele momento ele partiria. Quando praticamente toda a região do abdômen havia ficado fria, descobrindo seu rosto, pois o havia coberto, Sócrates disse (e estas foram suas últimas palavras):

"Críton, devemos um galo a Asclépio.[19] Paguem a dívida, não se esqueçam."

"Faremos isso", disse Críton, "mas veja se tem mais a dizer."

A esta pergunta, Sócrates não respondeu mais nada. Pouco tempo depois se moveu e a pessoa o descobriu: seus olhos estavam fixos. Ao ver isso Críton lhe fechou a boca e os olhos.

Esse, Equécrates, foi o fim de nosso amigo. Um homem que foi, podemos dizer isso, o melhor entre todos aqueles que conhecemos então, e sobretudo o mais sábio e mais justo.

Agradecimentos

GABRIELE CORNELLI

Gostaria de agradecer, antes de mais, a Monique Pyrrho, companheira de vida e de palavras, pela leitura cúmplice de cada uma das páginas deste volume. E a Bibi. Que esteve gentilmente ao meu lado todo os dias.

Discuti muitas das opções de tradução e minha interpretação, ao longo dos anos, com diversos colegas que passaram pela Cátedra Unesco Archai da Universidade de Brasília. Quero agradecer de maneira especial a Alberto Bernabé, Aldo Dinucci, Alexandre Costa, Ana Flaksman, Andrea Capra, Antonio Vargas, Beatriz Bossi, Beatriz de Paoli, Bruno Conte, Celso Vieira, Chloe Balla, Daniel Nascimento, Danilo Marcondes, David Ebrey, David Gallop, David Sedley, Delfim Ferreira Leão, Eduardo Wolf, Elisabetta Cattanei, Esteban Bieda, Felipe Gall, Fernando Gazoni, Fernando Santoro, Filip Karfik, Filippo Forcignanò, Flávia Vasconcellos Amaral, Francesc Casadesús Bordoy, Franco Ferrari, Franco Trabattoni, Gábor Betegh, Giovanni (Gianni) Casertano, Irley Franco, Irmgard Männlein-Robert, Laura Gemelli Marciano, Livio Rossetti, Luc Brisson, Luca Pitteloud, Luisa Severo Buarque de Holanda, Marcus Mota, Maria Aparecida Montenegro, Maria Cecília (Quilha) Gomes dos Reis, Monique Dixsaut, Noburu Notomi, Pedro Dotto, Pia de Simone, Pilar Spangenberg, Rafael Pitt, Raul Gutiérrez, Renato Matoso, Ricardo Salles, Rodolfo Lopes, Sylvain Delcomminette, Thomas Johansen, Tom Robinson, Vicente Sampaio e Zhonghe Liang.

Um agradecimento especial ao meu editor, Antônio Xerxenesky, pela parceria, a confiança e a leitura atenta e delicada dos originais. E a Beatriz Antunes pela revisão atenta, cúmplice e paciente com meus "barbarismos".

Apresentei minha tradução comentada do diálogo em algumas ocasiões ao longo dos anos. Desejo citar duas delas, por considerá-las as mais significativas e produtivas: um curso que ministrei em 2023 na pós-graduação em filosofia da Universidade de Sichuan, na China, a convite do colega Liang Zhonghe; e um curso que ministrei em 2024 no programa de pós-graduação em lógica e metafísica da Universidade Federal do Rio de Janeiro a convite do colega Daniel Nascimento.

Agradeço ainda às minhas alunas e aos meus alunos da Universidade de Brasília, de maneira especial às minhas orientandas e meus orientandos, pelas contribuições diretas e indiretas ao sucesso deste projeto: Ana Carolina Rocha, André da Paz, Ariadne Coelho, Arthur Gabriel Sobreira, Carlos Gustavo Direito, Erick Araujo, Erick D'Luca, Felipe Zanchet, Fernanda Pio, Gabrielle (Gabi) Cavalcante, Helena Franzon, Isadora Fernandes, João Dantas, Juan Felipe Pardo, Kevin de Almeida, Leonardo Guimarães, Lorena Ferreira, Luana Cândida, Luana Pasca, Mariana Belchior, Milena Ribeiro, Michel Menezes, Rosane Maia, Tadeu Cavalcante, Thiago Rodrigo Costa, Vânia (Aia) Silva e Wilder de Souza.

Finalmente, o estudo e a tradução não seriam possíveis sem a acolhida generosa do departamento de filosofia da Universidade de Oxford e do departamento de estudos clássicos da Universidade de Cambridge: ambos os estágios, que contaram com o apoio da Capes, foram essenciais para o desenvolvimento deste projeto.

Notas

PRÓLOGO [pp. 81-90]

1. A primeira palavra do diálogo é αὐτός (você mesmo), o que é significativo, ainda mais se levarmos em conta que, por exemplo, a *República* inicia com κατέβην ("desceu [Sócrates] ao Pireu"), uma evocação da descida ao Hades. Aqui, como bem observou Burnyeat (1997): "a palavra *autós* é crucial para a formulação de dois dos temas filosóficos mais substantivos do *Fédon*: por um lado, a Teoria das Formas; por outro, a identificação de si mesmo com a alma imortal em oposição ao corpo. [...] Do início ao fim, o *Fédon* é dominado por *autós*, assim como as Leis são dominadas por *theós*. Para uma reviravolta extra, recorde-se a maneira como Sócrates faz sua primeira entrada nas *Nuvens*, de Aristófanes, suspenso no alto de uma cesta como um *deus ex machina*. 'Quem é aquele sujeito na cesta?', pergunta Estrepsíades. 'Autós (ele mesmo)', responde o estudante. 'Quem é ele mesmo? (*ti autós*).' 'Sócrates' (218-9)". Também no *Fédon* Sócrates entra imediatamente em cena: o diálogo é sobre ele. Mas Platão parece querer ao mesmo tempo dizer ao leitor: "Você mesmo, leitor, agora estará lá com Sócrates".
2. É sabido que o termo grego φάρμακον possui um significado duplo e ambíguo: remédio e veneno. Pode haver, desde o princípio do diálogo, a ideia de que o veneno que mata Sócrates é ao mesmo tempo o remédio que o livra de sua vida mortal, como parecem sugerir as páginas

finais do diálogo (118a). A mesma duplicidade pode ser uma metáfora daquilo que aparecerá nas primeiras palavras que Sócrates pronuncia no diálogo: a ambiguidade entre o prazer e a dor. Quanto ao veneno, trata-se provavelmente de cicuta, ainda que haja alguma dúvida sobre isso, devido à discrepância entre a descrição da ação lenta do veneno feita por Platão (118a) e a compreensão da literatura médica contemporânea, que esperaria, ao contrário, uma reação física bem mais violenta à ingestão da substância. É possível imaginar, como faz Gill (1973), e mais recentemente Ebrey (2023), que Platão queira aqui elogiar a grande força física e a resistência de Sócrates ao veneno?

3. A partícula πρὸ mantém aqui o duplo sentido de "em face" da morte e "antes" dela (cf. Casertano, 2015, p. 269).

4. Logo nas primeiras linhas do diálogo é introduzido o tema ético central que acompanha todo o texto: como um ser humano deve se portar diante da morte? Rowe (1993, p. 107) nota aqui uma possível ironia no termo ἐτελεύτα, pois a morte de Sócrates não é realmente o fim, como se verá ao longo do diálogo.

5. A expressão "ir a Atenas" é a tradução de um advérbio (Ἀθήναζε) que sugere, ao mesmo tempo, a frequência e a importância dessa ida a Atenas para um cidadão grego do tempo, e, por contraste, o isolamento da Atenas pós-Guerra do Peloponeso, pois já ninguém mais "ia a Atenas". Platão não deixa aqui de traçar uma pincelada leve, mas significativa, da desgraça política em que se encontrava Atenas depois da morte de Sócrates.

6. Mais precisamente trinta dias depois, de acordo com Xenofonte (*Mem.* IV, 8, 2). Considerando que o julgamento de Sócrates ocorreu no dia seguinte à partida da missão para Delos (58a7) e Plutarco diz que os atenienses "ainda hoje" comemoram a partida de Teseu no sexto dia de Munichion (*Thes.* 18.2), o julgamento de Sócrates pode ser datado no sétimo dia de Munichion. Se Xenofonte estiver correto em seu registro de que Sócrates foi "obrigado a viver por trinta dias depois que o veredito foi dado" (*Mem.*, IV, 8, 2), isso significa que a delegação ateniense retornou de Delos no

quinto dia de Thargélion e que Sócrates morreu no sexto dia de Thargélion, em 399 a.C. (cf. White, 2000, p. 155).

7. A repetição em 58a6 dos termos τύχη e ἔτυχεν ("teve sorte" e "por acaso") foi vista por Loriaux (1969) e Gallop (1975) como um sinal da intervenção divina e providencial, que teria permitido, portanto, o atraso de um mês no cumprimento da pena. Como Rowe (1993, p. 108), acredito haver aqui uma referência ambígua à sorte. Obviamente o vocabulário da sorte e do acaso, demasiado contemporâneo e laicizante, é falho na tradução de um imaginário religioso antigo em que o destino e a vontade divina estão profundamente imbricados.

8. Trata-se aqui do festival das Délias, que acontece no monte Antesterion (cf. Xen. *Mem.* IV, 8, 2) entre os meses de fevereiro e março. O festival recorda o bem conhecido mito de Teseu e o Minotauro. No final do século V, Teseu havia se tornado o herói mais proeminente de Atenas e lhe foi atribuído um papel comparativamente grande nas etiologias do culto ático. Sua expedição a Creta foi um evento muito celebrado nos mitos e ritos da cidade, popularizado e embelezado em poesia, folclore, épica e lírica (em especial por Simônides, p. 550, e Baquílides, p. 17). A evidência mais antiga da importância do mito é a recorrência dela em vasos áticos, como é o caso do grande *krater* de François (agora em Florença), do final do século VI, que celebra a vitória de Teseu como líder de seus "duas vezes sete" companheiros (exatamente da mesma forma que Platão os chamará aqui) em uma procissão (ou dança, ou ambas as coisas) diante de Ariadne (cf. Beazley, 1956, p. 76; Plut. *Thes.* 21). Sua partida para Creta foi comemorada por um festival chamado Delfínia em homenagem a Apolo (White, 2000). A referência ao mito de Teseu e do Minotauro tem convidado a leituras do *Fédon* que tenham esse mito como motivo central: assim Sócrates é identificado comumente como Teseu, salvador de Atenas, e por outras como o próprio Minotauro, vítima da mesma Atenas (Guimarães da Costa & Cornelli, 2024a).

9. Rowe (1993, p. 109) vê na expressão ὥς φασιν Ἀθηναῖοι (contam os atenienses) um possível ceticismo, por com-

preender que o navio seria ainda o mesmo que havia levado, muito tempo antes, Teseu para Cnosso. Plutarco (*Thes.* 23) justifica que o navio permaneceu o mesmo até o tempo de Demétrio de Falero (final do séc. IV AEC), pois suas tábuas eram continuamente substituídas. Essa substituição das tábuas do navio, no dizer de Plutarco (*Thes.* 23), era utilizada como exemplo para um experimento mental dedicado às questões da identidade: após substituir toda a madeira do navio, ele poderia ser considerado ainda aquele mesmo navio? Mesmo que o testemunho de Plutarco possa não ser decisivo, creio que aqui seja possível simplesmente imaginar que a referência possa não ser ao navio em si e sim ao transporte, por assim dizer. O mesmo navio, no sentido em que falamos hoje do mesmo ônibus ou trem, significaria não o veículo, e sim a mesma rota. Se assim for, o φασιν (contam) poderia ser uma referência às tradições míticas atenienses, nada mais do que isso.

10. A tradição finca suas raízes na história do homicídio, por mãos atenienses, do filho do Minotauro, Androgeo. Por essa mancha, Zeus pune a cidade de Atenas com carestias e pestes, das quais os atenienses só poderiam se libertar enviando para o Minotauro sete casais de jovens para serem mortos a cada nove anos. Dorter (1982, p. 4) sublinha o valor simbólico do número catorze, que corresponde ao número dos amigos de Sócrates presentes na cadeia, como se verá a seguir. Sócrates deveria assim ter sido o novo Teseu, salvador de Atenas como também de si mesmo, se não tivesse sido morto (Trabattoni, 2011, p. 5; Dixsaut, 1991, p. 318; Rowe, 1993, p. 109). Para uma narrativa completa da tradição, ver Plutarco (*Thes.* 15ss). Sobre a representação de Sócrates como herói no *Fédon*, ver Loraux (1995, p. 146) e mais recentemente Ebrey (2023, p. 35).

11. Θεωρία, que traduzi por missão, pode ser uma embaixada ou uma missão político-diplomática ("embassy" em Sedley & Long, 2011), mas a tradução remete com frequência e compreensivelmente a uma conotação religiosa: "pèlerinage" em Dixsaut (1991), "pellegrinaggio" em Casertano (2015) e Trabattoni (2011), "peregrinação" em Azevedo (2000), "*ambasceria sacra*" em Centrone (2000).

12. O advérbio δημοσίᾳ pode também significar "às custas do povo". Alguns autores relacionam isso com a ideia de que tanto Teseu quanto Sócrates devem ser compreendidos no âmbito dos rituais de *pharmakos* (uma espécie de bode expiatório). Compton (2006, p. ix) explora "o tema da exclusão do poeta — por julgamento, exílio ou execução/morte — do qual a questão do *pharmakós* é o reflexo ritual" e inclui na lista dos *pharmakoi* Esopo, Sócrates e mais de uma dúzia de outras figuras míticas e históricas da Grécia. Ver Introdução a esse respeito.
13. O advérbio δεῦρο significa literalmente "para cá", mas deve ser compreendido em sentido lato, pois a personagem Fédon está na realidade em Fliunte, e não em Atenas (cf. Rowe 1993, p. 110).
14. São os onze magistrados sorteados para cuidar dos condenados à morte (ver 59e).
15. Alguns manuscritos (βTδ) atribuem a expressão ἀλλὰ παρῆσάν τινε a Equécrates, tornando-a uma pergunta. Assim καὶ πολλοί γε seria a resposta de Fédon.
16. Os pronomes plurais em 58d2 e 4, bem como τοὺς ἀκουσομένους em d7, indicam que Equécrates está acompanhado por um ou mais amigos, sugerindo uma audiência mais ampla, como observam Hackforth (1955, p. 28) e Casertano (2015, p. 270).
17. Como bem nota Prufer (1986), a estrutura narrativa do diálogo se baseia na memória de Fédon. Ainda que o mesmo dispositivo narrativo se encontre em outros diálogos, como no *Teeteto* ou no *Banquete*, o relembrar de Fédon é bastante significativo, considerando a centralidade da teoria da reminiscência para os argumentos de Sócrates no diálogo.
18. Com o termo ἡδύς, se faz aqui uma primeira e leve referência ao léxico do prazer, que, em breve, será o centro da discussão das primeiras páginas do diálogo.
19. O termo μοῖρα (literalmente porção recebida, quinhão) indica aqui um plano, um destino traçado pela divindade, a determinação divina de que algo aconteça. No caso específico, Sócrates deve morrer e ir para o Hades, divindade que rege o mundo dos mortos e que o designa por metonímia.

A tradução por "benção" quer englobar, em um contexto lexical mais contemporâneo, toda essa gama de sentidos.

20. Com esta estranha mistura de prazer e dor, somos introduzidos a uma das questões teóricas centrais do diálogo e de toda a obra platônica: pense-se por exemplo na discussão sobre prazer e dor no *Filebo* (46c). O estranhamento (ἄτοπος) é um dispositivo maiêutico ao qual Sócrates recorre frequentemente nos diálogos.

21. Rowe (1993, p. 111) aponta que o que devemos esperar aqui não é mais simplesmente uma tragédia, mas uma *tragicomédia*. Essa observação será muito reveladora para uma interpretação mais global do diálogo e da própria figura de Sócrates como protagonista deste.

22. Apolodoro de Falero, um dos mais entusiastas discípulos de Sócrates, era conhecido por seu temperamento "exagerado", que lhe garantiu o epíteto de *μανικός*, o louco, o intenso, e que cabe muito bem na representação que Fédon faz dele. Por mais que Apolodoro seja tomado como exemplo exagerado de uma situação emocional desbalanceada, uma μανία, todos os discípulos que se encontravam com Sócrates naquele momento se comportam de maneira semelhante.

23. Diversos comentadores, como Burger (1984); Dorter (1986); Brann (1998); Futter (2015); Gonzalez (2018), notaram que os discípulos citados são catorze, indicando um possível paralelismo implícito na passagem com os catorze jovens (sete casais) que, no mito de Teseu, que acaba de ser citado, foram para Creta encontrar a morte pelo Minotauro. Sócrates, novo e verdadeiro Teseu, estaria reencenando o mito e libertando do medo da morte seus catorze jovens discípulos, como aponta Klein (1985, p. 318). Ainda que instigante, o paralelismo tem alguns problemas. Dorter (1982, p. 5), por exemplo, nota que, enquanto Teseu era um dos catorze, Sócrates seria o 15º presente na prisão.

24. Trata-se de uma das poucas menções a Platão em todo o corpus platônico (há somente mais duas, na *Apologia* 34a e 38b). A ausência de Platão é inesperada, da mesma forma que a referência a ela no tecido da narrativa não

deixa de ser de alguma maneira surpreendente. O tema é objeto de um longo debate, provavelmente inaugurado pela obra editada por G. Press (2000), não à toa intitulada *Who Speaks for Plato? Studies in Platonic Anonymity*. Uma inigualável discussão sobre o anonimato e a autoria dos diálogos é aquela de Vegetti (2003b, p. 66). Dediquei um verbete do *Coimbra Companion: Platão* (Cornelli, 2018) sobre as consequências desta ausência programada de Platão para sua filosofia. Para além de toda a possível interpretação, deve-se reconhecer que Platão brinca de esconde-esconde com o leitor, revelando mais uma vez sua tremenda habilidade literária.

25. Mais uma menção a pessoas que se esperava que estivessem presentes, mas que estavam ausentes. Platão é um escritor consciente o bastante para usar esse detalhe com um significado mais do que incidental (Compton, 2006, p. 159). Ver nota 26.

26. Sedley (1995) observou muito bem que o diálogo entre Fédon e Equécrates é extraordinariamente geográfico. Fédon menciona Atenas, Fliunte, Delos e Creta, o paradeiro naquele dia especial de vários dos membros principais do círculo socrático, incluindo algumas pessoas de Tebas e outras de Megara, e ainda outras que estariam em Egina. O Egeu está sendo cuidadosamente aberto diante de nós como um mapa.

27. A expectativa de que Xantipa fosse conhecida (γιγνώσκεις γάϱ, "certamente a conheces"), ainda mais por um estrangeiro como Equécrates, parece indicar que ela tinha um papel público ao lado de Sócrates, ainda que nesta cena ela seja retirada da prisão para dar lugar à discussão filosófica. Nas fontes contemporâneas a Sócrates, entretanto, não há qualquer menção a ela que corrobore a ideia de ela ter relevância pública, nem mesmo Aristófanes a menciona em suas comédias (Saxonhouse, 2018, p. 612). Mas a invisibilidade pública de uma mulher é a norma social, resultado de uma cultura misógina e patriarcal. Portanto, a presença de Xantipa ao lado de Sócrates em suas últimas horas é, sem dúvida, uma escolha consciente de Platão em termos de representação de gênero e não

pode ser vista como casual. Por não haver outras esposas mencionadas no corpus platônico, a presença de Xantipa aqui é relevante (Saxonhouse, 2018, p. 617). A literatura posterior, a começar por Xenofonte, desenha para Xantipa o papel de uma personagem caricata, uma megera quase cômica (cf. Guimarães da Costa, Pio & Cornelli, 2024). Não é, todavia, essa a figura de Xantipa que Platão decide representar aqui no *Fédon*.

28. A primeira personagem a falar no diálogo dentro do diálogo é a própria Xantipa, e não Sócrates ou um dos seus amigos. Imaginemos a cena se desenrolando no palco: abrem-se as cortinas e lá estão um homem deitado e uma mulher com o filho no colo sentada. Ouve-se o barulho de passos dos amigos chegando e finalmente um movimento: eles entram todos juntos. Então o silêncio inicial é rompido pelas palavras da mulher, Xantipa. Da mesma forma, as primeiras palavras de Sócrates, ainda que não dirigidas diretamente a ela (Dixsaut, 1991, p. 72), se referem a ela, pois são um pedido aos companheiros: "alguém a leve embora para casa".

29. Xantipa parece desempenhar o papel duplo de esposa e mãe dos filhos de Sócrates e de mulher que vive a antecipação do luto, chorando e lamentando. No final do dia e do diálogo (116b) há uma menção anônima a ela como uma das "mulheres da casa". A ação de bater o peito é comum na representação do luto nas tragédias clássicas, como em Sófocles e Eurípides (S. *El.*, 84ss e E. *Supp.*, 71ss), onde também aparece o grito de lamento como parte da representação do luto.

30. No particípio ἀνακαθιζόμενος, o prefixo ἀνα pode sugerir que Sócrates estivesse deitado antes de se sentar. Sócrates segue sentado por quase todo o diálogo, até 116a. A imagem é simbólica, segundo Loraux (1995, p. 162), pois os mortos são assim representados em boa parte da iconografia antiga, de maneira especial no contexto de rituais de iniciação.

31. É de se supor que Sócrates esfregue a perna presa aos grilhões.

32. Dixsaut (1991, pp. 321-2) lembra, com razão, que o leitor

de Platão está habituado a narrativas fantásticas. Exemplo disso são os andróginos no discurso de Aristófanes no *Simpósio* (190d), por sua vez inspirado em Empédocles (DK 31 B 60-2).

33. Betegh (2009, p. 78) anota que a passagem revela algo da compreensão que Platão deverá atribuir à relação entre discurso e mito ao longo de todo o diálogo. De fato, à primeira afirmação teórica de Sócrates (sobre o prazer e a dor) segue-se um mito. Na verdade, essa justaposição ou reforço do logos pelo mito está presente também ao longo de boa parte da obra platônica (*Protágoras* 320c; *Simpósio* 189d; *Górgias* 523a).

34. Sofista e poeta elegíaco, Eveno é lembrado por Platão como inventor de algumas figuras retóricas (*Phdr.* 267a), alguém que ensinava a virtude em troca de cinco minas (*Apol.* 20b-c) e, ironicamente, como alguém muito difícil de superar em suas qualidades.

35. Aqui o mesmo verbo (ἐντείνω) atribui significados diferentes a cada um dos dois objetos que sintaticamente lhes estão ligados: ἐντείνας τοὺς λόγους (versificar palavras) de Esopo e ἐντείνας προοίμιον (modular o proêmio) de Apolo. No segundo caso, "esticar" (sentido literal de ἐντείνω) é "subir o tom" de algo que já está em verso, isto é, o proêmio a Apolo. Curiosamente o mesmo sentido pode ser encontrado nas *Nuvens*, de Aristófanes (968, ἐντειναμένοι τὴν ἁρμονίαν).

36. No sentido de pagar uma dívida sagrada. Com toda a probabilidade uma referência implícita, polêmica e até tristemente irônica à profunda devoção religiosa de Sócrates, que ainda assim é aqui condenado por impiedade.

37. O termo μουσική, literalmente a "arte das musas", expressa um sentido bem mais amplo do que aquele de "música" em nossos dias. Sigo Gallop (1975) na tradução por "arte", de maneira a indicar um amplo leque de produção cultural e intelectual. A tradução de μουσική por "art" no *Fédon* está consolidada já desde Gallop (1975).

38. Sócrates é sabidamente um grande sonhador. Platão faz um uso importante de metáforas de sonhos em várias páginas de seu corpus, mas não exclusivamente referidas a Sócrates

(Morgan, 2010). De modo mais amplo, o estado de sonho é para Platão um estado comum da humanidade (*R.* 520b-c; *Apol.* 31a) e o momento que a divindade entra em contato com o ser humano para indicar ou prever caminhos. Já desde Heráclito (DK 22 B89; ver também B1, B2, B73) é possível encontrar a ambivalência com que a cultura grega considerava os sonhos: a metáfora do sonho não tem apenas um significado negativo, mas também um positivo, como em Platão (Tigner, 1970). De especial interesse para a interpretação do *Fédon* é o sonho que Sócrates revela ter tido a Críton, no início do homônimo diálogo (43c-44b), com uma referência a um verso homérico que indicaria a volta de Sócrates (como de Aquiles) para sua pátria. No contexto do *Fédon*, este retorno evocaria a volta da alma para a sua condição imortal e desencarnada (Dixsaut, 1991, p. 325; Casertano, 2015, p. 276; De Paoli, 2017).

39. A afirmação de que a filosofia é a maior forma de música-arte é, provavelmente, uma referência ao pensamento pitagórico. Cita-se com frequência para isso um fragmento do peripatético e músico Aristoxeno de Tarento sobre música e filosofia (Dixsaut, 1991, p. 324).

40. A μουσική δημώδης, arte popular, deve ser imaginada como poesia em performance, isto é, com voz e instrumentos.

41. A distinção entre mitos e logos, à qual tanta manualística da filosofia antiga nos acostumou, não corresponde a algo preciso na filosofia antiga em geral e tampouco em Platão. Na verdade, a ambivalência entre esses termos perpassa a literatura e a filosofia antigas como um todo.

42. A afirmação de que Sócrates não é um criador de histórias soa bastante estranha, já que ele de fato faz uso abundante de narrativas míticas, tanto no *Fédon* como no restante do corpus. Essa estranheza se deve, mais uma vez, à ambiguidade do termo *mythos*. O uso de mitos por Platão, juntamente com sua crítica aos mitos dos poetas, é claramente sinal de uma abordagem bastante fluida do mito tradicional. Somente após o advento da escrita será possível uma definição mais clara do lugar do mito no discurso filosófico.

43. Essa dupla referência "casual" às fábulas de Esopo não deve enganar o leitor. Sócrates parece dar pouca atenção à

escolha dessas fábulas de Esopo entre tantas outras, como se tivesse pegado o primeiro livro que tinha em mãos. Na verdade, alguns autores argumentam que a aproximação de Sócrates e Esopo no momento em que ele é condenado à morte é uma fina estratégia narrativa empregada por Platão para sugerir uma comparação entre as biografias dos dois, num claro elogio a Sócrates (Clayton, 2008 e Zafiropoulos, 2015).

44. É possível considerar essa uma pergunta séria? Ou se trata de um comentário irônico?

45. Casertano (2015, p. 277) tem razão quando destaca que o emprego de φασι (dizem) — assim como em 61e, na menção à crença de καὶ ἄλλων τινῶν (algumas outras pessoas também) — implica que a proibição da morte voluntária era algo difundido na literatura e na cultura grega antigas, para além da referência mais imediata, feita logo a seguir, ao pitagorismo e a Filolau. Contudo, a proibição absoluta da morte voluntária não pode ser considerada uma posição platônica. Nas *Leis* (9.873b-d) ela é justificada em alguns casos específicos.

46. Filolau de Crotona é um filósofo pitagórico do século V AEC. Possuímos alguns poucos fragmentos das obras dele, editados por Huffman (1993). O conteúdo de sua filosofia pitagórica e mesmo de sua teoria da alma imortal é, todavia, motivo de debate. Remeto para isso ao meu livro (Cornelli, 2011).

47. A aproximação desconcertante (Dixsaut, 1991, p. 327) destes dois verbos: διασκοπεῖν e μυθολογεῖν (examinar e contar mitos), naquela que pode ser compreendida como uma declaração programática de Sócrates sobre o diálogo como um todo, indica a complexidade da tarefa que Sócrates e Platão se propõem aqui. Provar a imortalidade da alma requererá lançar mão de todos os dispositivos ao mesmo tempo: de raciocínio e persuasão, de dialética e de narração, em uma palavra, de *mythos* e de *logos* (Trabattoni, 2011, p. 21).

48. O termo ἀποδημία pode indicar tanto a estadia (a vida) no além-túmulo, como prefiro, quanto a viagem para o além, opção da maioria dos tradutores (Loriaux, 1969, p. 47).

49. As condenações a morte na Atenas clássica eram sempre executadas ao pôr do sol (Loriaux, 1969, p. 4), daí o diálogo representado no *Fédon* se desenvolver ao longo do dia todo.

50. A afirmação está em conformidade com a visão positiva sobre a aniquilação da vida humana na *Apologia* (40c4-41c6). Para uma reflexão sobre essa posição de Sócrates e sua modéstia epistêmica, ver Austin (2018). Segundo Trabattoni (1993), os dois argumentos apresentados por Sócrates contra a morte voluntária fazem sentido somente se compreendidos na moldura ética do eudaimonismo platônico: em lugar de apresentar um princípio ético abstrato, Sócrates concentra seus argumentos sobre o bem para o ser humano envolvido na tomada de decisão, mesmo no caso da morte voluntária.

51. Cebes utiliza Ἴττω em lugar de Ἴστω, revelando assim sua ascendência tebana (*Ep. vii* 345a). A expressão dialetal remete para o divino, quase uma explosão espontânea, um misto de surpresa e desespero do interlocutor diante da argumentação socrática. Segui Ana Maria Pompeu na solução encontrada por ela para traduzir para o cearês o dialeto beócio dos *Acarnenses*, de Aristófanes (Pompeu, 2014a), "com acento à fala do homem do campo ou do caipira de outras regiões brasileiras" (Pompeu, 2014b, p. 26).

52. Um escólio à passagem (*Schol. Pl. Phaed.* 62b 10, Greene, *of* 429 ii) refere esses mistérios ao orfismo. Contudo, a referência à imagem da φρουρά pode sugerir algum cuidado especial em atribuirmos ao orfismo as ideias a seguir. Bernabé (2011, p. 215) argumenta que "a palavra φρουρά não pode ser utilizada pelos órficos, já que, como indica Burkert, trata-se de um termo não apropriado para um poema hexamétrico, o veículo habitual da poesia órfica".

53. Com o termo φρουρά (guarita) estamos no coração da teoria platônica da alma, e por isso sempre em um equilíbrio incerto. A ambiguidade do termo — entre os sentidos de prisão e de guarita, ou custódia — é evidentemente proposital. Aqui, com a introdução do termo περίβολος, revestimento da alma, feito à imagem de um δεσμωτηρίον,

de uma prisão, Platão estaria de fato recusando a visão totalmente pessimista do corpo como tumba (σῆμα), em favor de uma imagem menos definitiva, de revestimento ou de cárcere (De Vogel, 1981; Ferwerda, 1985; Edmonds, 2004, p. 177). Dizer que o corpo é revestimento e prisão da alma é, realmente, bem mais leve do que dizer que é sua *tumba*. O que importa observar é que a imagem do corpo--prisão ou corpo-guarita, como nesse caso, permite: a) a *intervenção* liberatória da filosofia, enquanto a simples equação corpo-tumba não; e b) a consideração de uma relação mais positiva entre corpo e alma, que, conforme se verá, emerge ao longo do diálogo como uma inédita possibilidade de leitura.

54. Literalmente, "olhar através dele", de διεῖδον (sem tempo presente em uso).

55. É pouco provável que se trate de uma teoria propriamente platônica: a ideia de que os seres humanos pertençam aos deuses parece aqui a consequência da imagem expressa por Sócrates do corpo como guarita. Nesse contexto pode ser mais bem compreendida como desenho de uma providência dos deuses em defesa dos seres humanos.

56. Para além da hedionda referência à escravidão e ao poder sobre a vida e a morte de outro ser humano, o que chama atenção nesta passagem é a improbabilidade de se aplicar uma punição a alguém já morto, a menos que a morte voluntária do escravo não tenha tido sucesso. Ainda mais improvável é que a punição possa ser exercida via intercessões junto às divindades ínferas no Hades, como parece sugerir Rowe (1993, p. 129). É mais fácil imaginar, ainda que seja mais perturbador, que a raiva do patrão por perder a sua propriedade escale a ponto de dar lugar a desejos impossíveis de vingança, em um quadro antropológico e sociológico que Platão devia conhecer muito bem. O léxico da escravidão e da libertação dela perpassa essas linhas do diálogo e pode sugerir uma polissemia inédita para o próprio termo φρουρά. Loraux (1982) e depois Kamen (2013) percebem que no *Fédon* o léxico da guerra é constantemente entrelaçado com aquele da escravidão, de maneira que φρουρά reúne ao

mesmo tempo os significados de prisão, alojamento dos escravos, senzala, e posto de guarda ou guarita.

57. O vocabulário aqui é arcaico e remete diretamente ao contexto jurídico, com bem viu Loriaux (1969, p. 69).

58. A objeção de Cebes parte mais uma vez de uma perspectiva eudaimonística, como foi o caso de Sócrates em 62a (Trabattoni, 2011, p. XVII). Ver nota 54.

59. Com uma referência literária elegante, Sócrates ecoa aqui a defesa frente ao tribunal que o condenara à morte e insere o *Fédon* dramaticamente como uma continuidade da *Apologia*. Sócrates em seu último dia no corredor da morte é convidado a fazer uma segunda apologia, agora não mais para evitar a condenação à morte, e sim para justificar sua prontidão (ῥᾳδίως) e seu desejo (ἐθέλω) de morrer.

60. Warren (2001, p. 105) acredita que a passagem indique que a morte do filósofo, por ter a aprovação dos deuses, constituiria uma exceção à proibição da morte voluntária expressa anteriormente. Contudo, Sócrates não me parece afirmar aqui mais do que o simples desejo dele de encontrar deuses e pessoas boas após a morte. A questão parece-me especialmente importante, pois nela está imbricado um dos temas centrais do debate sobre a interpretação do diálogo e da filosofia platônica como um todo: a felicidade, aqui e no além-túmulo, é possível apenas para os filósofos ou para todas as pessoas?

61. A mesma ideia da "esperança boa" na imortalidade da alma, que, sendo boa, permitirá encontrar no além-túmulo também homens bons, é expressa da mesma forma na *Apologia* (41c). Que se trate de esperança e não de certeza é repetidamente afirmado por Sócrates nesta passagem. O sentido e o peso de toda a argumentação e de toda a prova da imortalidade da alma que será apresentada a seguir por Sócrates não poderão ser compreendidos sem fazer referência a essa "modéstia epistémica" (Seferoglu, 2020), ou, para utilizar uma expressão que Konstan (2022) aplica ao Sócrates de Xenofonte, a uma "epistemologia da dúvida".

62. A referência de Símias é ao célebre adágio pitagórico *koiná* (*tá ton philon*), ("todas as coisas em comum entre amigos"). A referência a esta partilha não pode ser casual, está claro.

Casertano (2015, p. 285) e Dixsaut (1991, p. 329) tratam das referências ao adágio na literatura pitagórica e no próprio Platão. Sobre o sentido da comunhão de bens no pitagorismo antigo, veja-se Cornelli (2011 e 2018).

63. Com a expressão "virar as costas" procuro traduzir o verbo χαίρειν (dar adeus). É a primeira das "viradas de costas" que Sócrates dá ao longo do diálogo, como bem notou Dixsaut (1991, p. 329): aos beócios (64b), aos corpos (65c), aos amigos dos corpos, do dinheiro e das glórias (82d), aos sentidos (83a), às causas dos sábios (100c), aos amantes das adições, divisões e outras coisas refinadas do gênero (101c), àqueles que põem em dúvida as hipóteses (101d), aos prazeres e aos adornos do corpo (114e) e finalmente ao enviado dos Onze (116d). Casertano (2015), que traduz por "dar adeus", pode assim afirmar que "todo o *Fédon* constitui o adeus de Sócrates" (Casertano, 2015, p. 285).

A DEFESA DE SÓCRATES OU A VIDA FILOSÓFICA [pp. 91-100]

1. Rowe (1993, p. 135) anota que a probabilidade de as pessoas pensarem na filosofia como uma busca pela morte é mínima.
2. O riso de Símias aqui é distinto do que ele dá em 62a. Aqui se trata de uma explosão francamente inesperada em um contexto trágico como este, o que nos permite entendê-lo como um evidente sinal dramático. O motivo da risada e de sua presença na narrativa ficarão evidentes a seguir.
3. A relação entre os filósofos e a morte é algo bem presente no imaginário dos atenienses de então, ainda que em um sentido diferente do que Sócrates propõe no diálogo. O entendimento dos cidadãos é a cifra da tensão de morte que se estabelece entre a filosofia e a cidade, e que resulta na condenação de Sócrates à morte. Mas é também a imagem difundida na literatura do tempo, como nas *Nuvens*, de Aristófanes, onde diversos sinais indicam essa relação, sendo a branquidão funérea de Sócrates e seus discípulos

e o interesse deles pelo Tártaro os sinais mais evidentes. Sem falar do desfecho (cômico?) da comédia, em que Sócrates e seus discípulos são queimados vivos no interior do φροντιστήριον (pensatório, como é chamada na peça a casa-escola de Sócrates, v. 1490).

4. A ἀπαλλαγή, a separação da alma do corpo, é condição sine qua non para a demonstração de sua imortalidade, ainda que Centrone (2000, pp. 203-4) tenha razão em afirmar que a imortalidade da alma não pode ser considerada consequência necessária dessa separação. Com as expressões αὐτὸ καθ' αὑτὸ e αὐτὴν καθ'αὑτὴν ("sozinho consigo mesmo", o corpo, e "sozinha consigo mesma", a alma) entramos no coração do léxico da metafísica platônica.

5. A ascese do corpo é um traço comum à filosofia dos socráticos, como pode ser muito bem notado pela vertente socrática cínica que é inaugurada por Antístenes. Se verá, todavia, que o também socrático Platão irá dar a essa renúncia ao corpo um sentido mais epistêmico do que ascético. A ascese tem como finalidade não apenas a renúncia aos bens do corpo, como a busca por outros bens, que podem ser alcançados somente após a separação deste.

6. O verbo φαίνεται aqui pode indicar "parecer", se subentender um infinitivo, ou um — mais forte — "ser evidente" se regido por um particípio predicativo. Considerando não haver sinais de dúvida nas respostas de Símias, e sim total acordo, opta-se pela segunda leitura (Trabattoni, 2011, p. 35).

7. O termo κτῆσις indica a aquisição de algo e, por consequência, sua posse. Logo a seguir (66a-67b), Platão usará o verbo κτάομαι (adquirir, possuir) nada menos que quatro vezes para se referir ao conhecimento pleno e perfeito das realidades eternas (Trabattoni, 2023, p. 27).

8. Em Platão, o termo φρόνησις, diferentemente de Aristóteles, não tem o sentido técnico de sabedoria prática. Indica de maneira mais genérica, junto com outros termos como σοφία, sabedoria. Para uma definição de φρόνησις no *Fédon*, ver 79d.

9. Trata-se, é evidente, dos poetas-filósofos da tradição pré-socrática. A referência mais próxima desse texto é prova-

velmente o seguinte fragmento de Epicarmo: "é a mente que vê e ouve; todo o resto é surdo e cego" (*fr.* 214 Kassel-Austin). Mas é fácil pensar no próprio Parmênides (DK 28 B7-8): "pois isto não, nunca hás de domar não entes a serem; mas o que pensas, separa desta via de investigação; nem o hábito multitudinário ao longo desta via te force a vagar o olhar sem escopo, e ressoar ouvido e língua, mas discerne pela palavra a litigiosa contenda por mim proferida. Ainda uma só palavra resta do caminho: que é" (trad. de Santoro, 2011). Para as outras possíveis referências, ver Dixsaut (1991, p. 330).

10. A superioridade da vista e do ouvido, que proporcionam prazeres *belos* (*Hp. Ma.* 297-9), é frequentemente afirmada por Platão ao longo de toda sua obra, com uma especial predileção pela vista (*Phdr.* 250d e *R.* 507d).

11. O verbo λογίζομαι significa originalmente "contar" e, na filosofia platônica, onde as ciências matemáticas, geométricas e astronômicas possuem uma clara proeminência, é o raciocínio que, por excelência, permite chegar a algo exato e claro (65b). A separação do corpo de tal procedimento da alma, portanto, está imbricado tanto em sua etimologia como em seu uso no interior da filosofia de Platão.

12. Rowe (1993, p. 140) sugere que Sócrates possa estar se referindo, com este τῶν ὄντων, não às *coisas que são*, em sentido mais metafísico, e sim mais simplesmente àquelas *coisas em questão*. Preferi aqui, todavia, a primeira opção, que aponta para o lento surgimento do léxico da metafísica, pois as páginas a seguir me parecem autorizar essa opção.

13. O genitivo τοῦ ὄντος é o coletivo equivalente do τῶν ὄντων anterior (65c), a sublinhar mais uma vez o vagaroso estabelecimento de um léxico metafísico nessas páginas iniciais do diálogo.

14. A resposta tem um sinal importante, expresso pela repetição, na mesma página, de φάμεν (dizemos, do verbo φημί). À pergunta metafísica sobre como é a realidade, a resposta metafísica do próprio Sócrates é inaugurada pelo *dizer*, não pelo *ser*. O dizer de que algo *em si é* justo, belo, bom possui uma dupla função teorética: a) Platão

parece reconhecer que o âmbito da metafísica se desenvolve sempre na linguagem. A ontologia está fundada em uma experiência linguística, no *dizer* que algo é assim; e b) nossa linguagem nos permite dizer/pensar que algo pode ser justo, belo ou bom em si, em sua totalidade, ainda que não tenhamos efetivamente a experiência de algo que seja sempre e de todo justo, belo ou bom, por estes estarem sempre misturados com seu contrário, em uma tonalidade cinzenta que é a marca do mundo das coisas. Nesse sentido, em nossa experiência linguística encontra-se embricado o desejo de que uma cidade cem por cento justa e bela, por exemplo, possa existir. Porque podemos *dizer* que algo justo em si... apenas é. Ao dizermos isso, nos colocamos linguisticamente no âmbito dos universais; nosso desejo nos coloca a um passo daquele âmbito metafísico que será constituído pelas ideias.

15. Com a fórmula τί δέ (como estão as coisas? O quê? *Quid enim?*) e a pergunta sobre a existência de algo que seja αὐτό (em si) inicia aqui aquela que pode ser considerada a virada metafísica do diálogo (Trabattoni, 2023, p. 32). A imediata concordância de Símias com uma afirmação decidida como essa de Sócrates, e que parece levar para a teoria das ideias, é um tanto surpreendente. Sócrates estaria chamando em causa uma experiência prática e linguística comum entre os seres humanos, que o tempo todo se deparam com noções de caráter universal (Trabattoni, 2011, p. 39). Não estou de todo convencido dessa gradação ou lenta aproximação, no diálogo, dos universais para as ideias. Segundo Ebrey (2023), o diálogo possui uma estrutura em desdobramento (*unfolding structure*) e seria esse o motivo da antecipação ainda não completamente elaborada de temas e motivos que serão desenvolvidos mais para a frente.

16. Substantivo do verbo ser, οὐσία (essência) significa "propriedade" na linguagem mais corrente, aquilo que é próprio de algo. Na linguagem filosófica, a partir de Platão, o termo mantém a ideia geral de algo que "pertence" a outra coisa, no sentido de ser sua característica mais própria, sua própria maneira de ser (Dixsaut, 1991, p. 331). Em Platão acaba por se consolidar como um termo central

para a caracterização das ideias transcendentes (Sedley & Long, 2011, p. 3).

17. A conversa dos filósofos entre si, que Sócrates define como δόξα (opinião), segue até a página 67b.
18. A frase é de difícil compreensão e tem levado a um bom número de propostas de correções e emendas (Loriaux, 1969, p. 89, faz um apanhado das mais importantes).
19. Rashed (2009) considera o ἀτραπός (atalho, caminho) como uma referência explícita de Platão à tradição da investigação filosófica pitagórica (ver a interpretação já clássica de Ebert, 1994, 2004), mas propõe que a menção platônica esteja voltada mais imediatamente aos traços pitagóricos da personagem das *Nuvens*, de Aristófanes. O termo é claramente positivo na tradição pitagórica, enquanto a tradução que proponho (atalho) quer relacioná-lo mais imediatamente com a δόξα (opinião): nesse sentido não representaria a via mestra para a verdade (que, ao contrário, será constituída pela dialética), mas somente um atalho, um caminho alternativo.
20. Por duas vezes nessa página, Sócrates fala da ἀσχολία, que traduzi como "trabalho", mas que é mais compreensível como o contrário da σχολή, o tempo livre, a *folga* necessária para a dedicação à filosofia; termo que de fato aparecerá na linha seguinte.
21. Com a expressão αὐτὰ τὰ πράγματα (as coisas em si mesmas), Sócrates aprofunda o investimento metafísico de seu argumento: as coisas que apenas a alma pode enxergar serão, claramente, as ideias.
22. A contraposição dos verbos ἀναπίμπλημι (infectar) e καθαρεύω (purificar) desenha com precisão uma abordagem imunológica da relação da alma com o corpo, que pode ser vista por todo o diálogo e em grande parte da concepção do dualismo corpo-alma no corpus platônico. Ferrari (2019) interpreta todo o diálogo a partir desse conceito de purificação, emprestado dos rituais e dos mitos da religião antiga e trasposto no interior dos argumentos de Sócrates em três sentidos: no âmbito ético, a alma precisa sempre estar o mais purificada possível de sua relação com o corpo; no sentido epistemológico, a separação da alma

do corpo (66a) será a condição para que ela possa conhecer as ideias; do ponto de vista ontológico, a pureza representa o carácter não qualificado e absoluto das ideias, que estão sempre sozinhas consigo mesmas (Ferrari, 2019, p. 37).

23. Retorna aqui o adjetivo θεμιτός ("lícito", como em 61c), que remete propositalmente ao vocabulário da proibição religiosa, mas agora trasposto para uma discussão que diz respeito ao exercício humano e filosófico de separação da alma do corpo em sentido ético, epistemológico e metafísico. Com essa remissão a uma fala não por acaso proverbial, se encerra a sessão dedicada à opinião dos filósofos genuínos (66b).

24. Spinka (2001) anota que uma das diferenças entre a purificação apresentada por Sócrates e aquela ritual, própria das religiões mistéricas e antigas gregas em geral, é que esta não se constitui como um ato pontual de libertação de uma mancha, mas é o resultado de toda uma vida dedicada à purificação/separação do corpo.

25. O advérbio πάλαι (antigamente) costuma introduzir uma referência à tradição antiga, religiosa ou poética, em geral órfica ou pitagórica. Dixsaut (1991, p. 333), todavia, reconhece que a construção da frase neste caso poderia indicar que o advérbio πάλαι se refere ao que foi dito há pouco, o que Sedley & Long preferiram em sua tradução (2011, p. 54). A meu ver, a construção especial da frase não é suficiente para fazer esquecer a constante referência de Sócrates, na mesma página e no restante do diálogo, às teorias da alma imortal como recebidas dos mais antigos.

26. Chama atenção aqui o paralelo entre a imagem do corpo como corrente e a descrição de Sócrates sendo libertado das correntes na prisão, em 60c.

27. A definição resumida da morte como λύσις καὶ χωρισμὸς ψυχῆς ἀπὸ σώματος (libertação e separação da alma do corpo) é lapidar em sua simplicidade e acompanha toda a filosofia da imortalidade de Sócrates ao longo do diálogo.

28. Ver 64a.

29. Emprestei de Dixsaut (1991, p. 219) a elegante solução de tradução de πολλὴ ἀλογία por "*le comble de l'illogisme*".

30. O verbo ἐπιθυμέω significa desejar, querer. Traduzi assim

em 67e. Aqui o contexto de luto e o uso da língua portuguesa sugerem a tradução por "sentir saudade".

31. Alguns comentadores, como Hackfort (1955), procuraram encontrar nessa passagem uma alusão a mitos gregos em que o amor vence, de alguma forma, o medo da morte, como no mito de Orfeu, citado por Platão no discurso de Fedro no *Banquete*. Mas provavelmente Bernabé (2011, p. 46) tem razão ao afirmar que se trata "apenas de uma alusão geral ao desejo de morrer que invade aqueles que perderam entes queridos".

32. O termo τεκμήριον (evidência) pertence tanto ao vocabulário jurídico, no sentido de indício, quanto ao médico, no sentido de sintoma (Dixsaut, 1991, p. 333). A tradução por "evidência" permite abarcar ao mesmo tempo os dois âmbitos.

33. A oposição entre φιλόσοφος (amante da sabedoria, filósofo) e φιλοσώματος (amante do corpo) representa a síntese em termos gerais do dualismo psicofísico que perpassa toda a filosofia platônica tal como expressa nos diálogos. No entanto eu gostaria de evitar imaginar aqui uma referência implícita a muito mais do que isso, como seria por exemplo o caso da tripartição da alma.

34. Novamente duas palavras compostas a partir do prefixo φιλο-: φιλοχρήματος (amante da riqueza) e φιλότιμος (amante da honra). Shorey (1903) e Burnet (1911) propuseram que, por trás desse desenho do homem como amante do corpo, da riqueza e da honra, Platão estava projetando a tripartição da alma exposta só mais tarde, na *República*. Para quem como eu mantém uma postura cética com relação à cronologia tradicional da escrita dos diálogos, o problema de Platão imaginar antes algo que teria supostamente escrito depois é irrelevante. Isso porque os diálogos, a princípio sem data de publicação, poderiam ter sido escritos e reescritos durante todas as mais de quatro décadas de atividade filosófica e literária de Platão.

35. Azevedo (2000) anota que, "com este paradoxo, pretende Platão realçar o caráter ilusório das virtudes praticadas pelo homem comum, que não têm a apoiá-las uma autêntica reflexão filosófica" (Azevedo, 2000, p. 124). A dialética aqui

proposta por Platão, o absurdo do σώφρων (moderado) ser tal por seu contrário, isto é, pela ἀκολασία (intemperança), quer mostrar que o cálculo hedonístico não garante a correta gestão da vida ética, cujo sucesso é garantido exclusivamente pela filosofia (ver também *Prot.* 353b).

36. O termo traduzido aqui por "ilusão" é σκιαγραφία, literalmente "pintura de sombras", e se refere a uma técnica pictórica de chiaroscuro, que, de maneira especial no cenário do teatro, cria a ilusão da presença de algo que não está lá. Platão volta a citar o termo na *República* (365c) no sentido de ilusão de virtude e, no *Teeteto* (208e), com a ideia de que olhar de longe para as realidades pode levar ao engano.

37. O termo καθαρμός se refere com toda probabilidade aos ritos mistéricos, como aqueles de Eleusis. Aqui Sócrates substitui as virtudes citadas pelos ritos de iniciação, que incluíam o uso do fogo (Burkert, 1987, p. 98) e de bebidas especiais (Bowden, 2010, p. 38), entre outros elaborados e antigos rituais.

38. O destino privilegiado ou não da alma no Hades é diretamente relacionado ao aprendizado iniciático (por enigmas) de palavras-chave, símbolos, que lhe permitem navegar pela passagem da vida para a morte: "a decisão sobre se a alma deve ser castigada e reencarnar-se ou alcançar o seu lugar de privilégio no Além depende de que ela, após a separação do corpo, saiba dar as respostas adequadas aos guardiões ou a Perséfone, respostas que aprendeu na iniciação" (Bernabé, 2011, p. 413).

39. Trata-se aqui de uma citação literal de um fragmento órfico (*of* 434 III, 576 I), atribuída "àqueles que estão envolvidos nos mistérios", e que aponta para uma hierarquia nas iniciações, sendo que somente uma minoria chegaria ao grau de "baco" (Bernabé, 2011, p. 352).

40. A única certeza que Sócrates demonstra ter com relação ao que o espera após a morte já iminente é que fez o possível para adquirir a sabedoria necessária para ser acolhido como iniciado/virtuoso. Não é nada mais do que isso o que uma vida na filosofia permite esperar. Outro sinal da modéstia epistêmica de Sócrates.

41. Opto por seguir a maioria dos editores, que consideram τοῖς δὲ πολλοῖς ἀπιστίαν παρέχει uma interpolação de 70a. Rowe (1993, p. 152) tem opinião diferente.
42. Centrone (2000, p. 179) anota com razão que neste, como em outros casos, Sócrates parece sempre quebrar o páthos e os tons de alta dramaticidade e de sóbria teorização dos argumentos com observações finais feitas quase que em tom de brincadeira.

O ARGUMENTO DOS CONTRÁRIOS OU CÍCLICO [pp. 101-5]

1. A imagem da alma como πνεῦμα ἢ καπνὸς (sopro ou fumaça) é homérica (Hom. *Il.* 23. 100-4). A referência a Homero aparece também no começo do terceiro livro de *República* (387a: "a alma, como uma fumaça, na terra mergulhava estridulando", na trad. de Anna Lia de Almeida Prado, 2006). O léxico da alma em Homero não é estável, todavia. Tanto a *Ilíada* como a *Odisseia* empregam um amplo leque de termos para "alma" (e para "corpo"). Cada um deles carrega diversos sentidos e nuances. Mesmo os pensadores antigos posteriores a Homero foram consolidando o vocabulário com muita dificuldade: o termo geral para corpo acabou sendo *soma*, enquanto para a alma dois termos se sobressaem na literatura clássica: *nous* e *psyche* (Lye, 2020, p. 143). A preocupação com o destino da alma está presente desde os primeiros versos de Homero: no prólogo da *Ilíada* (1.1-5) se diz: "Canta, ó deusa, a cólera de Aquiles, o Pelida (mortífera!, que tantas dores trouxe aos Aqueus e tantas almas [ψυχὰς] valentes de heróis lançou no Hades, ficando seus corpos [αὐτοὺς] como presa para cães e aves de rapina [...])". (Trad. de Frederico Lourenço, 2013). A bem da verdade, nesses versos não há o termo "corpo", conforme a referida tradução, mas αὐτοὺς, ou seja, "eles mesmos". E isso significa algo muito importante: o que a alma deixa é o próprio indivíduo como um todo, tornando-se algo diferente, menor, e que não mais identifica a pessoa. Ao

ser deixado aos animais para ser devorado, o corpo perde sua individualidade, a unidade de sua forma e as características representativas do ser humano.

2. Empresto de Casertano (2015, p. 300) a solução adotada para a tradução de παραμυθίας καὶ πίστεως (incentivo a acreditar), pois me parece efetivamente ser este o sentido do pedido de Cebes. Mais do que a exigência de garantias ou provas da imortalidade da alma — como entende a maioria das traduções (Loriaux, 1969, p. 115) —, Cebes quer ser *persuadido* da crença de Sócrates contrária à opinião comum, homérica, sobre a alma.

3. A mesma incredulidade com relação à imortalidade da alma é expressa por Glaucon em *República* (608d).

4. Ver a nota 1 anterior sobre a concepção homérica da alma no Hades como um fantasma, sem vitalidade. A ideia de imortalidade da alma constitui uma novidade absoluta, que Platão recebe das tradições órfico-pitagóricas, desafia diretamente a figuração homérica das almas no Hades como ἀμενηνὰ κάρηνα ("cabeças fracas", ver Hom. *Od.* 10.521), sombras que perderam consciência ou vontade e que jamais poderiam voltar do Hades (Bernabé, 2016b, p. 18).

5. O argumento de Sócrates — seguindo a mesma lógica da nota 40 da seção "A defesa de Sócrates ou a vida filosófica" — não visa "provar" a imortalidade da alma, e sim ver se é "provável" (εἰκός) que a alma seja imortal. O léxico da verossimilhança aqui não é o do discurso verdadeiro, da demonstração racional forte, e sim o da persuasão. Assim compreende Sobrinho (2007): "Sócrates estabelece previamente que o 'exame a fundo' (70e) acerca da imortalidade da alma é delimitado no campo do plausível, não podendo, portanto, conferir a certeza definitiva. Essa perspectiva, que adota os pressupostos de uma tradição mítica, torna argumentação e mito indiscerníveis" (Sobrinho, 2007, p. 104).

6. A referência aqui ao κωμῳδοποιός (poeta cômico), ligada à acusação dirigida a Sócrates de ser alguém que fala muito e à toa (ἀ¯δολεσχῶ), lembra imediatamente a mesma acusação feita nas *Nuvens*, de Aristófanes (1480 e 1485),

ou mesmo em Eupolis (*fr.* 352), conforme anota Olimpiodoro. A mesma acusação é lembrada por Isócrates na *Antídosis* (262).

7. Azevedo (2000, p. 48) traduz διασκοπέω (investigar) por "discutir". Ainda que o verbo indique mais propriamente a indagação e a pesquisa, sendo esta socrática e platônica, podem ser pensadas sempre como resultado de διαμυθολογέω (conversar, dialogar, ver 70b), de maneira que investigar e dialogar podem significar a mesma coisa.

8. O παλαιὸς λόγος (discurso antigo; ver nota 25 da seção "A defesa de Sócrates ou a vida filosófica") é aquele da palingenese (πάλιν γίγνεσθαι, nascem de novo, repetido duas vezes). É o advérbio πάλιν que dá o nome a este primeiro argumento, chamado tradicionalmente de *cíclico*, em especial na literatura anglo-saxã. Trata-se da própria teoria da metempsicose ou reencarnação. A menção à memória (οὖ μεμνήμεθα) não é casual, como veremos a seguir no argumento da reminiscência, que depende do da metempsicose (Cornelli, 2005).

9. Ebert (2004, p. 183) sublinha, com razão, que estar morto não é o contrário de estar vivo, pois "jamais ter estado vivo" é também o contrário de estar morto.

10. O argumento recebeu também o nome de ἀνταπόδοσις, do verbo ἀνταποδίδωμι, aqui traduzido por "compensar". O léxico é aquele de um equilíbrio constante no ciclo entre vida e morte, confirmado também pela imagem da improvável deficiência da natureza nesse sentido. A ideia da compensação cosmológica e metafísica, assim como do ciclo, encontra-se já no primeiro fragmento de Anaximandro (DK 12 B1), que por sua vez parece dialogar profundamente com a cosmologia órfica. A compensação é sugerida pela expressão διδόναι γὰρ αὐτὰ δίκην καὶ τίσιν ἀλλήλοις τῆς ἀδικίας (pagam umas às outras castigo e expiação pela injustiça delas) e pelo próprio ritmo circular do fragmento, com a repetição de duas estrofes que iniciam cada uma com κατὰ (conforme, segundo).

11. Robin (1962), Hackforth (1955, p. 62) e Casertano (2915, p. 304) preferem retirar o ponto de interrogação ao final da sentença. Que o ciclo das reencarnações das almas seja

infinito, e, portanto, não possa cessar de existir em algum momento, não é, todavia, demostrado, como de fato uma objeção do próprio Cebes evidenciará mais para a frente no diálogo (86e).

12. Endimião, nas mais diversas versões do mito, acaba sempre por dormir eternamente (Loriaux, 1969, p. 129). É significativo notar que a mais antiga história sobre Endimião, relatada por Hesíodo, conta que este teria recebido do avô Zeus a capacidade de morrer sempre que quisesse (Jackson, 2006). O "sono de Endimião" é uma expressão proverbial usada para indicar o "sono sem sonhos", que, para Anaxágoras (citado a seguir), é uma das maneiras pelas quais uma pessoa pode aprender a morrer (DK59, A34). Sobre isso, ver Casertano (2015, p. 305). Loriaux (1969, p. 129) compreende οὐδαμοῦ ἂν φαίνοιτο como uma expressão típica das competições esportivas, com o sentido de "estar fora do páreo".

13. Trata-se do primeiro fragmento de Anaxágoras, provavelmente o *incipit* de seu tratado (ver DK 59 B1), que Platão adota aqui como uma espécie de adágio proverbial. É a primeira vez que Anaxágoras é citado no diálogo. Ele terá uma importância especial na seção autobiográfica de Sócrates.

14. Após as palavras finais do argumento, que constituem quase um resumo de suas conclusões, alguns manuscritos inserem uma expressão, cuja tradução seria "e isso é melhor para as almas boas e pior para as más".

ANAMNESE
[pp. 107-15]

1. Esse tipo de afirmação é muito frequente no diálogo e parece apontar para uma sorte de procedimento filosófico e retórico que procura manter sempre tanto as premissas quanto as conclusões envolvidas em um manto hipotético, que precisa a todo momento de novas demonstrações e de um esforço contínuo de persuasão.

2. O termo ἀνάμνησις (reminiscência) representa um dos

conceitos centrais da epistemologia, da ética e da metafísica platônicas. Não é de se supor que o Sócrates histórico tivesse insistido com seus ouvintes nessa teoria ao longo da vida. Provavelmente se trata de um recurso retórico de Platão, quase um hipertexto com a função de recordar que Sócrates já teria tratado do tema da reminiscência em outros diálogos platônicos (ver *Men.* 81b; *Phaedr.* 249b; *Phil.* 34a, entre outros). De acordo com a recente sugestão de Ebrey (2023, p. 104), pela qual traduzir ἀνάμνησις como "reminiscência" levaria à perda do sentido mais próprio do termo como resultado de um processo, opto por traduzi-la com o infinitivo do verbo relembrar.

3. Símias está aqui evidentemente brincando de esquecer a reminiscência, inclusive jogando com o léxico de ἀνάμνησις (reminiscência) e do verbo μιμνήσκω (lembrar), que compartilham o radical μνή, de memória.

4. Traduzo κάλλιστος (belíssimo) por "fantástico", por considerar que o leque de sentidos de καλός, do qual o termo é superlativo, é bastante mais amplo do que aquele da maioria das línguas contemporâneas.

5. A insistência na necessidade de um diálogo ("as pessoas são perguntadas, quando bem perguntadas") é uma marca essencial dessa teoria em Platão, que, diferentemente de Descartes, parece não ser um inatista perfeito. Platão descreve aqui uma condição social e linguística pela qual, e apenas pela qual, o conhecimento pode ser recuperado na memória: o diálogo. Longe do "penso logo existo" de Descartes, Platão provavelmente diria "alguém me perguntou se eu já pensei sobre o fato que existo, e me dei conta que existo". As outras pessoas são necessárias para a memória e o conhecimento, portanto. Dessa forma, Platão evita elegantemente a falácia do intelectualismo e, nesse sentido, supera Descartes.

6. Traduzo ἐπιστήμη por "conhecimento" e ὀρθὸς λόγος por "raciocínio correto", dois termos importantes para toda a epistemologia platônica e que demostram a centralidade da teoria da reminiscência para Platão. Essa centralidade está relacionada à insistência de Platão em todo o corpus, em polêmica com a sofística, em que é necessária e possível a

construção de um saber que coloque nossos conhecimentos em uma rede lógica que permita dar sentido ao nosso mundo (Casertano, 2015, p. 491).

7. Essa menção às διαγράμματα (figuras geométricas) constitui um hiperlink ainda mais explícito do que os anteriores para as célebres páginas do *Mênon* (82b) em que um escravo, ignorante de geometria, é conduzido por Sócrates a "recordar" um complexo teorema geométrico. No homônimo diálogo, o grande sofista Mênon levanta o paradoxo do conhecimento: saber é impossível, pois como você procurará algo se não sabe o que está procurando? E como você pode reconhecê-lo quando e se o encontrar? A resposta de Sócrates para este argumento erístico (ἐριστικὸν λόγον), como é chamado, é exatamente a teoria da reminiscência.

8. A sequência de dois aoristos, ἔγνωσάν (reconhecem) e ἔλαβον (retêm), dos verbos γιγνώσκω e λαμβάνω, denota aqui a intenção de Platão de fundar sua teoria sobre a experiência. Não por acaso, Loriaux (1969, p. 136) chama esse tipo de aoristo de *empirique*.

9. O verbo aqui é ἐλλείπω (faltar algo) e marca a passagem central da argumentação que diz respeito à percepção de uma falta. Quando a reminiscência acontece a partir de coisas semelhantes, diferentemente daquela que é desencadeada por coisas dessemelhantes, a dessemelhança evidente nestas últimas abre espaço para a percepção de uma falta, de uma diversidade entre coisas à primeira vista semelhantes. Abre-se aqui uma porta para o caminho ontológico que Platão, a partir daqui, quer empreender.

10. Com a expressão αὐτὸ τὸ ἴσον (igual em si), que resolve a percepção da falta anteriormente indicada, avança-se no caminho em direção à teoria das ideias. O debate sobre se a expressão αὐτὸ τὸ (em si mesmo) implicaria já a ideia transcendente está ainda bastante vivo entre os comentadores.

11. A escolha de Platão pela percepção da igualdade, entre todos os exemplos possíveis, da mesma forma como na referência às figuras geométricas anterior, parece apontar para o fato de Platão considerar a reminiscência como um

exercício ao alcance de qualquer um, e não somente dos filósofos. Simples conceitos geométricos são os exemplos perfeitos para isso, tanto no *Fédon* como no *Mênon* (Sedley, 2007, p. 60).

12. O que Sócrates quer dizer exatamente com a afirmação de que "a partir" das coisas iguais pensamos o igual? A partícula utilizada é ἐξ (de novo utiliza uma variação da mesma partícula, ἐκ, logo a seguir, em 74c). Seria possível imaginar um simples processo de indução, que permita a qualquer um passar dos sensíveis para as ideias? Ou se deve pensar em uma função instrumental dos sensíveis, pela qual a reflexão a partir deles implica o processo de inseri-los em uma rede de conhecimento em que a falta que eles revelam (a todos?) com relação às ideias coloca em movimento a teoria das ideias? Eu penderia mais para a segunda possibilidade, como é provavelmente claro pelo restante dos comentários feitos até aqui.

13. O uso do plural αὐτὰ τὰ ἴσα (iguais em si) levantou um intenso debate entre os comentadores: por que Platão adotaria aqui o plural para se referir à ideia do igual? O problema é obviamente que não caberia pensar, na estrutura da metafísica platônica standard, a possibilidade de haver duas ideias de igual. A correspondência entre αὐτὰ τὰ ἴσα e o ἰσότης a seguir parece não deixar dúvidas sobre o fato que Platão aqui esteja se referindo às ideias. As soluções propostas são inúmeras; para uma resenha das sutilezas do intenso debate, remeto a Dixsaut (1991, p. 346), Sedley (2007, p. 82) e Casertano (2015, p. 312).

14. A reminiscência pode efetivamente acontecer tanto a partir de coisas semelhantes como dessemelhantes. Mas o que aqui é evidenciado por Sócrates é algo mais preciso e essencial à compreensão da teoria: a ação de lembrar não é necessária para que o processo de reminiscência comece, basta que a visão de algo nos faça pensar em uma outra coisa. Trata-se, portanto, de estabelecer a condição inicial para que a reminiscência, aquela do pensamento silogístico ou associativo, aconteça.

15. É retomado aqui com o verbo ἐνδέω (faltar) — ainda que distinto do verbo ἐλλείπω utilizado acima em 74a — o

conceito da falta. A falta de início indicada como simples operação do pensamento (ver nota 10 desta seção) assume nesse momento conotações francamente ontológicas, pois se trata da compreensão da distância entre as coisas iguais e o igual em si. Aqui o caminho em direção às ideias parece completo, assim como o desenho da metafísica platônica. Este se baseia com frequência na descrição de um mundo em que as coisas sensíveis, particulares, adquirem suas propriedades por uma semelhança (o léxico platônico é sabidamente impreciso, por mobilizar também conceitos como comunhão, entre outros) com as ideias universais. Semelhança, todavia, como é claro na passagem em questão, sempre imperfeita e instável. As coisas sensíveis querem imitar os paradigmas, mas inevitavelmente falham, resultando assim numa imitação defeituosa (Sedley, 2006).

16. O verbo ὀρέγω (desejar, tender para) sublinha com extraordinária ênfase uma característica surpreendente da metafísica platônica: o desejo das coisas iguais serem como o igual em si. O mesmo léxico do desejo estava presente logo antes, em 74d, com o verbo βούλομαι (querer). Trata-se de muito mais do que *dead metaphors*, como quer Rowe (1993, p. 172). A metáfora do desejo pela ideia está, ao contrário ao que Sedley (2006) afirma, em linha com um dos polos conceituais centrais de toda a obra platônica, o erótico: o *eros* como intermediário entre mundos distantes, com seriam aqui as coisas e as ideias.

17. Com esta expressão πρὶν γενέσθαι (antes de nascer) Sócrates apresenta finalmente o motivo e a razão fundamental da introdução da teoria da reminiscência: trata-se de demonstrar, por meio dela, a imortalidade da alma. Pensar a reminiscência no *Fédon* como algo separado dessa intenção costuma levar alguns comentadores para longe do texto. Aqui, nem sequer a teoria das ideias tem um papel central: "*The real reason why Plato introduces the doctrine of recollection in the Phaedo is not to lay out the path by which philosophers can regain full knowledge of the Ideas, but to demonstrate the necessarily metaphysical nature of the soul*" (Trabattoni, 2023, p. 50).

18. Colocar o rótulo "o que é" (τὸ αὐτὸ ὃ ἔστι) nas realidades é

o que faz a metafísica. Platão utiliza essa mesma expressão em outros lugares do corpus: no *Político* (258c) e no *Filebo* (26d). A expressão indica mais uma vez a relação profunda entre a operação metafísica e a linguagem em Platão.

19. Emprestei a solução para a tradução de καὶ ἐν ταῖς ἐρωτήσεσιν ἐρωτῶντες καὶ ἐν ταῖς ἀποκρίσεσιν ἀποκρινόμενοι (quando perguntamos perguntas e quando respondemos respostas) de Casertano (2015, p. 103), que conseguiu manter em sua beleza o ritmo e a assonância do original grego. A expressão deixa muito clara a dependência da metafísica platônica ("colocar o rótulo o que é") do exercício da dialética.

20. A aquisição do conhecimento requer "toda vez" o esquecimento e um processo de rememoração do que foi esquecido. Essa é a condição humana do conhecer. Dixsaut (1991, p. 348) discute em detalhes os vários possíveis sentidos desse esquecimento, também à luz da teoria do conhecimento do *Teeteto*, concluindo tratar-se aqui da perda de um saber previamente adquirido e não de uma recordação.

21. É possível que o ser humano em sua dimensão corpórea possa relembrar as ideias em si, isto é, em sua integridade? A esse respeito indico a leitura da Introdução e das notas 28, de "Anamnese", 11, de "O argumento da afinidade", e 42, de "Método", para uma discussão que permita alcançar a resposta que considero a mais adequada a esta que é certamente uma questão central para o pensamento platônico.

22. Traduzo com a expressão "propriamente nosso" o adjetivo οἰκεῖος ligado aqui a ἐπιστήμη (conhecimento), por indicar a ideia de algo que é familiar no sentido de nos pertencer quase que naturalmente.

23. Sócrates chega por fim a uma espécie de resumo de todo o argumento e a uma chave central para a compreensão da filosofia platônica: o ser humano consegue conhecer, mas não possui o conhecimento de maneira estável e definitiva. Em sua condição mortal, o ser humano continuamente esquece e volta a se lembrar, em uma dinâmica que, se não o faz sábio (como seriam as divindades), o torna ao menos filósofo.

24. A opção que Sócrates parece dar a Símias é, na verdade, falsa, pois o inatismo perfeito (primeira opção) é efetivamente descartado em todo o argumento.
25. A expressão composta por δίδωμι + λόγον (dar conta, dar razão), que é repetida duas vezes em 76b, é a definição fundamental do trabalho da filosofia dialética ao longo de todo o corpus platônico (ver *R.* 531e e 534b; *Prot.* 336c; *Theat* 202c, 175c, 183d; *Soph.* 230a; *Phd* 78c, 95d; *Charm* 165b; *Symp.* 202a, *Pol.* 286a).
26. Sobre a tradução e o sentido do substantivo do verbo ser (οὐσία), ver a nota 16 da seção "A defesa de Sócrates ou a vida filosófica".
27. Parece-me inegável que Sócrates considera aqui haver sim conseguido demonstrar a existência das ideias em conjunção com aquela da preexistência da alma (senão da imortalidade propriamente, como veremos a seguir nas "Objeções"), as duas teorias que Cornford (1941, p. xxvii) considerava os *twin pillars* da filosofia platônica. O fato é que a necessidade de demonstrar a imortalidade da alma obriga Sócrates a lançar mão de uma teoria pela qual o acesso da alma às ideias precisa ter de fato acontecido em um momento anterior à encarnação. Isso porque de outra forma o argumento da reminiscência não faria sentido. Com isso, não apenas as duas teorias (das ideias e da reminiscência) são codependentes, como Sócrates parece querer apresentar uma estrutura ontológica de amplo fôlego, que — nas palavras dele — estaria demostrada. Outro problema é aquele de verificar em que medida Platão estaria comprometido com o caráter definitivo dessa demonstração, pois há evidentes sinais, como se viu antes ao falar de "modéstia epistêmica" e de "epistemologia da dúvida", tanto no *Fédon* como para além dele, da provisoriedade desse desenho metafísico e de suas demonstrações.
28. Trata-se do argumento cíclico (ou dos contrários, 69e-72d) que imediatamente antecede o argumento atual. Note-se que essa demonstração final do argumento, que se baseia na ciclicidade da vida e da morte expressa no argumento anterior, apesar da intenção declarada de Sócrates, não constitui de fato a última palavra sobre o assunto.

A dúvida de Cebes (a outra metade do argumento) será retomada mais à frente, com um procedimento demonstrativo diferente do anunciado aqui.

O ARGUMENTO DA AFINIDADE [pp. 117-26]

1. Justifiquei a tradução de τὰ μορμολύκεια por "cuca", em lugar de "bicho-papão" (Azevedo, 2000, p. 59), tanto do ponto de vista historiográfico como comparativo em "O medo de μορμολύκεια (Pl. Phd 77e): estudos para uma tradução brasileira do vocábulo grego" (Guimarães da Costa & Cornelli, 2024b). Trata-se de uma tentativa de trazer a tradução para um imaginário de referência brasileiro e contemporâneo. A Mormô ou Mormólice (Μορμολύκη) é originalmente personagem do folclore e do imaginário gregos. Este escólio resume bem o medo que a figura da Mormô devia despertar nas crianças gregas: "a expressão 'As coisas que, quando as crianças as ouvem, as atingem de medo' fala de Mormô e Lâmia [...]. Mormô foi uma (mulher) coríntia que, depois de devorar seus filhos uma noite, voou deliberadamente. Então, quando as mulheres querem assustar seus filhos, elas invocam Mormô. Teócrito diz: 'Mormô morde'. Resultou disso *mormolúkeia* como terror" (*Aristidis Panathênaïkos* 102, 1-3, 8-13). Ver também Patera (2005).
2. O verbo ἐπαείδω, em seus sentidos de acompanhar cantando, curar, acalmar, é empregado por Sócrates com a intenção de acalmar seus discípulos por meio da persuasão de que a alma é imortal e a morte não deve ser temida. A mesma imagem do encantamento recorre frequentemente no corpus platônico. No início do *Carmides*, Sócrates estabelece a mesma relação entre o encantamento da alma pelos belos discursos e a imortalidade (*Carm.* 156d).
3. O verbo ἐξεπᾴδω é atestado somente duas vezes na literatura grega antiga: aqui e em Sófocles (*oc* 1195, ἐξεπᾴδεσθαι φύσιν). Ainda que de difícil tradução, o sentido do verbo é claro, pois se refere à ação de fazer

sair de alguma situação por meio de encantamento. Neste caso específico, o encantamento proporciona a saída do medo da morte.

4. O termo aqui é βάρβαρος, literalmente aquele que não fala grego. Na resposta de Sócrates fica claro que o trabalho do filósofo encantador não apenas não está reservado a ele mesmo, como a nenhuma cultura específica, tampouco à grega. A busca por "homens bons", capazes de encantar o medo da vida humana, não encontra nenhuma barreira cultural ou étnica.

5. Com esta pergunta programática, Sócrates inaugura o novo argumento, o assim chamado argumento da afinidade, da alma com as ideias.

6. Dixsaut (1991, p. 351) vê com razão que a decomposição não implicaria necessariamente a volta para os mesmos elementos que constituem o composto inicial. A observação é essencial para compreender o final deste argumento (sobretudo 83d-e), segundo o qual a alma que estiver muito colada ao corpo durante a vida não conseguirá se libertar dele com facilidade.

7. Ver 75d e nota 21 da seção "Anamnese". Note-se que o objeto do perguntar e do responder, isto é, da dialética, é aqui identificado com a essência, portanto com as ideias. Ou, para ser mais preciso, com a existência delas, que requer dos filósofos dialéticos um exercício teórico suplementar, que consiste fundamentalmente em pensá-las como realidades separadas do sensível.

8. O advérbio ὡσαύτως, que indica o estar na mesma condição, é um dos termos centrais usados por Platão para diferenciar as ideias de outras realidades.

9. A homonímia entre as ideias e as coisas sensíveis que participam delas é uma tese repetida por Platão em diversos lugares, inclusive mais adiante no diálogo (102b e 103b). Constitui uma das passagens teóricas mais difíceis da obra platônica, como demostra a discussão a respeito disso no *Parmênides*, por exemplo. O trabalho de Casertano (1996) permanece insuperado sobre este tema.

10. Aqui está sublinhada a diferença radical entre as coisas sensíveis e as coisas em si. As sensíveis (ver nota 8 des-

ta seção) jamais são κατὰ ταὐτὰ (na mesma condição, idênticas), nem "em relação às outras" coisas (um cavalo é diferente de outro cavalo), nem "em si mesmas" (um cavalo quando jovem muda ao envelhecer).

11. A relação entre os termos διάνοια (pensamento) e λογισμός (cálculo, raciocínio) indica que a apreensão (o verbo é ἐπιλαμβάνω) das ideias não é o resultado de uma intuição imediata (noética, por exemplo), como se quer em muitas leituras da teoria das ideias platônicas. O que o ser humano tem à sua disposição para conhecer as ideias é o pensamento, que se organiza pelo λογός, ou seja, por argumentos discursivos.

12. A aparente redundância (ver 79a: "pois essas coisas são invisíveis e não são visíveis") e a insistência de Sócrates em confirmar que *o que não é visível* seja efetivamente *invisível* revela um propósito argumentativo e retórico importante: não se trata de fazer o interlocutor simplesmente reconhecer que há coisas que não podem ser vistas (οὐχ ὁρατά), mas de levá-lo a imaginar a existência do invisível (ἀϊδής), a "enxergar" as ideias. Mas nada mais do que isso; da alma não se diz que seja invisível, e sim que "se assemelha mais do que o corpo ao invisível".

13. Em 65b.

14. A descrição plástica da alma que, como bêbada (ὥσπερ μεθύουσα), é arrastada e vaga pela realidade sensível em estado confusional parece revelar algo mais preciso do que a simples descrição de uma alma presa ao corpo (ver a introdução). Se em 66a5 o vocabulário da confusão, do estorvo (ταράττεται) aponta para o obstáculo que os sentidos representam para a alma encarnada em sua busca pela verdade (Rowe, 1996, p. 186), aqui é a alma que *quer* usar o corpo para estudar a realidade. Esse processo de *somatização* da alma (Cornelli, 2016) acaba por colocar em xeque uma leitura standard do dualismo psicofísico (Fierro, 2013).

15. A introdução do conceito de parentesco (συγγένεια) traz uma relação entre a alma e as ideias pouco clara (Casertano, 2015, p. 326). Com razão Dixsaut (1991, p. 353) anota que o conceito permite que Platão pense uma mo-

dalidade de relação que é de proximidade, e não de identidade nem de semelhança, mas ao mesmo tempo também é de diferença.

16. A expressão ἡ φύσις προστάττει (a natureza prescreve), como notou bem Gallop (1975), revela aqui uma concepção normativa da natureza. Mas o mesmo autor reconhece uma possível contradição nesse ponto: se a semelhança ao que é divino concede à alma o comando sobre o corpo, quando é o corpo a emprisionar a alma (66b-d, 83c-e), isso significaria que o corpo seria mais divino do que a alma?

17. Nota-se que há, no texto, um movimento progressivo de separação do corpo e de aproximação da alma com o divino e imortal.

18. Trata-se aqui de um *thread* de todo o argumento, com o propósito de resumir todas as definições da alma em contraposição com o corpo. No esquema, as mais relevantes são a segunda, a quinta e a sexta, portanto: mortal/imortal, dissolúvel/indissolúvel e que sempre/nunca permanece na mesma condição. As restantes estão de alguma forma incluídas nessas três (Rowe, 1993, p. 187).

19. Como entender o advérbio "quase" (ἐγγύς) referido ao fato de a alma ser indissolúvel? Provavelmente no sentido em que se falava na nota 12 desta seção: a alma não é nem invisível nem indissolúvel, como são as ideias, pois participa necessariamente de uma comunhão com o corpo. Daí que *parece* tal, mas não o é por completo.

20. A imagem de Hades como deus bom e sábio voltará em 80d5-7, sublinhando mais uma vez a tranquilidade de Sócrates diante da morte. A página do *Crátilo* (403-4), frequentemente citada em contraposição à derivação etimológica de Ἅιδης de ἀϊδής (Hades de invisível), aqui retomada por Sócrates, é também um interessante paralelo para essa imagem do deus bom, que é temido sem razão pelos seres humanos. Hades, mais do que apenas ao invisível, é aproximado etimologicamente também ao saber (εἰδέναι), algo muito bom. Seu radical tem o sentido contrário de invisível, por ser ligado ao "ver".

21. Retorna aqui (ver 67e) a célebre expressão μελέτη θανάτου (exercício para a morte), que resume bem a in-

tenção central do esforço de persuasão de Sócrates para demonstrar que o filósofo não teme a morte, ao contrário, está se preparando desde sempre para ela.

22. Mais difícil do que aqui é o destino das almas dos filósofos no *Fedro* (249a): lá as almas dos filósofos precisam reencarnar e viver filosoficamente por 3 mil anos antes de, retomadas por fim as suas asas, voar junto aos deuses. A diferença na narrativa mítica obedece à ênfase diversa que Platão dá a eles nos dois diálogos e revela, mais uma vez, a liberdade com a qual ele traspõe para seus diálogos tradições míticas e religiosas (ver Casertano, 2015, p. 328).

23. O verbo σύνειμι (estar, ficar com) tem uma forte conotação sexual (Rowe, 1993, p. 193).

24. Traduzo o verbo διαλαμβάνω por "engalfinhar", realçando uma imagem de luta esportiva (agarrar pela cintura), pois Platão claramente está descrevendo uma cena de conflito, de alguma forma violento, entre o corpo (que segura) e a alma (que é agarrada).

25. Por trás do termo σύμφυτον (crescer junto), esconde-se uma ideia fascinante para o dualismo corpo-alma: a de um corpo que cresce com a alma, uma relação distante do acidental e ontologicamente muito forte (Cornelli, 2016). A mesma metáfora botânica da alma que cresce como se tivesse sido semeada no corpo voltará em 83e. O léxico da somatização da alma, como a chamei, para nos limitarmos exclusivamente a estas páginas do argumento da afinidade, inclui termos como κοινωνέω (80e4), σύνειμι (81b3 e 81c5), ὁμιλία (81c5), assim como o adjetivo σωματοειδής (81b6 e 81c4) e a συγγένεια (79d3) que, como se viu, dá tradicionalmente o nome ao argumento como um todo.

26. São os diferentes degraus de contaminação a explicar as diversas desgraças às quais certas almas são submetidas após a morte de seus corpos. Aqui Sócrates chega a falar de almas condenadas a continuar vagando entre este mundo e o mundo dos mortos (o portal é tradicionalmente o cemitério) até nova reencarnação.

27. A ἐπιθυμία (o desejo) da alma pelo corpo aponta novamente para a necessidade de uma redução significativa do

pretenso dualismo psicofísico em Platão. Como na teoria da alma de *República* (439c), aqui também a alma parece cindida, em conflito consigo mesma, tomada pela ἐπιθυμία do corpo.

28. A reencarnação de seres humanos em animais é parte do arcabouço mítico-filosófico grego ao qual Platão faz referência em seus diálogos, normalmente com uma especial preocupação ética. A tradição dessa reencarnação interespécies é com frequência referida à tradição pitagórica, mas sempre reelaborada de maneira sugestiva por Platão. Exemplos brilhantes dessa transposição são o mito de Er ao final da *República* (*R.* 618a) e o *Fedro* (248c).

29. Platão costuma garantir alguma felicidade (ainda que imperfeita) para aqueles que não tiveram condições de viver filosoficamente, como parece ser o caso (ver também 114b e *Fedro* 256b). A questão é muito debatida e central para a compreensão da ética e a política platônicas.

30. A mesma imagem é retomada no *Timeu* (88c 3-4). É evidente que não é possível inferir de Platão, nem sequer de um diálogo como o *Fédon* — como fez parte da tradição do platonismo, sobretudo a de matriz cristã —, uma negação total do corpo. Mesmo nesta passagem há simplesmente uma crítica ao desequilíbrio daqueles que vivem apenas para a modelagem de seus corpos, sem que cuidem da própria alma (Casertano, 2015, p. 331).

31. Aqui Platão usa o termo εἱργμός (prisão, cela), que não carrega nenhuma ambiguidade com relação à violência do aprisionamento. Todavia, a modulação da imagem é quiçá até maior do que aquela da φρουρά (guarita): aqui a prisão é construída pelo desejo, e a alma é cúmplice do próprio aprisionamento.

32. Até a filosofia é colocada aqui em cena como uma de personagem da narrativa, com a função de persuadir a alma "presa ao corpo". A ação dramática, por assim dizer, da filosofia é extraordinariamente delicada: ela a encoraja, tenta desamarrar suas correntes, a convida gentilmente a "se reencontrar, a não acreditar a não ser em si mesma". A filosofia como personagem assemelha-se muito àquela de uma terapeuta ou de uma velha amiga da alma.

33. A expressão (νοήσῃ αὐτὴ καθ' αὑτὴν αὐτὸ καθ' αὑτὸ τῶν ὄντων) aqui é sintética e tem gerado traduções bastante distantes do original, que todavia me parece suficientemente claro, ainda mais no contexto do argumento: a alma, livre enfim, pode pensar as ideias da maneira e somente da maneira como elas podem ser pensadas, isto é, em um plano inteligível e, portanto, separado do corpo. Descartes deve ter lido essa passagem com especial atenção.
34. Retorna aqui a imagem tendencialmente contraditória de "ver o invisível". A nota 12 desta seção trata do assunto.
35. A resposta é evidentemente a ἀμαθία (ignorância), já mencionada em 82e.
36. Ver nota 25 desta seção.
37. A referência é obviamente à Penélope da *Odisseia* (XIX, 149-150; XXIV, 128-140), que de dia tecia a tela e de noite a desfazia. A imagem sugere um trabalho improdutivo, ainda que no caso de Penélope o desfazer da tela significasse mais um "ganhar tempo" do que propriamente uma "perda de tempo", como parece estar mais implicado aqui. Há uma disputa na edição crítica desta linha, para a qual remetemos a Loriaux (1969, p. 186). Sigo aqui a *lectio* de Strachan (1995, p. 133).
38. A morte da alma deve ser entendida como o fim da união dela com o corpo.

OBJEÇÕES
[pp. 127-37]

1. O silêncio após a longa conversa (vários argumentos e defesas de Sócrates) é uma marca narrativa central para o diálogo. Não acaso o termo σιγή (silêncio) abre esta nova seção dedicada às objeções dos discípulos. O silêncio de Sócrates é tão filosófico quanto seus discursos.
2. O termo σμῑκρός (em voz baixa) pode também significar "em poucas palavras", como quer Hackforth (1995, p. 94), que traduz por "*having a few words*". A maioria dos tradutores opta, porém, pelo baixo tom da voz (Dorter, 2011, p. 98).

3. O termo ἀντιλαβή, que traduzi por "fio solto", é literalmente a alça de uma mala ou o puxador de uma gaveta. A imagem é difícil de reproduzir, mas a ideia é que o argumento deixa um puxador para que possa ser aberto, daí a tradução para "flanco aberto" ou para "fio solto". A declaração de Sócrates que se segue ao seu silêncio é uma manifestação de antidogmatismo e revela um bom grau de ceticismo, no sentido quase literal do termo, por desenhar uma atitude de desconfiança com relação às verdades alcançadas e a seus fios sempre soltos, quando submetidos a novo e constante exame.
4. O verbo συμπαραλαμβάνω (chamar para ajudar, incluir como assistente) é mais uma indicação da atitude filosófica de Sócrates, que, em lugar de mestre de sabedoria, se oferece como companheiro de viagem, colega de pesquisa, com uma humildade paradigmática que inspira o ensino da filosofia desde os tempos da Academia de Platão (Cornelli, 2018).
5. A expressão ἐγέλασέν ἠρέμα (sorriu levemente) é a mesma que foi referida a Cebes em 62a. É a primeira vez que Sócrates sorri no diálogo. O fará por mais duas vezes (86d5 e 115c5).
6. Sócrates se refere aqui ao mito de Filomena, Procne e Tereu (Apollod. 3,14.8 e Paus. 1.5.4). Ao final de uma sucessão hedionda de malfeitos de Tereu, que incluem estupro e mutilações, e à vingança e fuga das irmãs Filomena e Procne, para evitar que fossem alcançadas pela ira de Tereu, os deuses teriam transformado os três em aves: Procne em rouxinol, Filomena em andorinha e Tereu em poupa. O canto dos três é proverbialmente um canto de profunda dor pelo terrível destino que lhes coube. Sobre o mito e sua fortuna, ver Delattre (2015).
7. Sócrates, em um movimento típico de sua exegese dos mitos, subverte a crença comum sobre o que faz os cisnes cantarem antes da morte para que ela possa se encaixar em sua argumentação geral de que a morte seja de fato algo positivo (Ebrey, 2023, p. 186).
8. O diálogo todo é "habitado pela presença de Apolo" (Dixsaut, 1991, p. 315). No *Crátilo* Sócrates enumera

os muitos atributos de Apolo utilizando quatro possíveis derivações etimológicas do nome do deus: medicina, divinação, tiro ao arco e musas. Quase todas elas estão de alguma forma presentes no *Fédon*.

9. Sócrates se apresenta aqui como adivinho, alguém que prevê o futuro. Na corda bamba entre uma radical reinterpretação da religião tradicional grega e uma tradicional confissão de fé apolínea, Sócrates mais uma vez se aproxima de um personagem tradicional, o adivinho, para ao mesmo tempo subvertê-lo e subsumi-lo em sua definição da prática da filosofia. Neste caso, é fácil compreender que a previsão do futuro do filósofo adivinho é que a alma é imortal e Sócrates, portanto, não irá morrer.

10. Ver 58b.

11. Trata-se provavelmente de uma das páginas mais importantes de toda a obra platônica, por sua aspiração programática. Aprender de outros ou descobrir sozinho são as duas alternativas de conhecimento mais comuns em Platão. Ver a seguir 99d, quando Sócrates anuncia a "segunda navegação" por não conseguir nem aprender nem descobrir sozinho um discurso sobre as causas que o deixasse satisfeito.

12. A jangada é evidentemente uma embarcação menos segura e sólida. A imagem é bem costurada por Platão no interior do diálogo. Dorter (2011, p. 99) encontra na imagem ecos tanto no navio de Teseu no início do diálogo como da segunda navegação, que será evocada a seguir por Sócrates. Caserta (2015) considera que, com toda probabilidade, Símias esteja se referindo aqui à célebre jangada em que Odisseu deixa a ilha de Calipso (Hom. *Od.* v, 233-60). A analogia implicaria que, na ausência de revelação divina, o filósofo precisaria de uma μήτις (astúcia) como aquela de Odisseu para construir seu próprio lógos. Levar a metáfora às suas consequências últimas, portanto — afirma Caserta (2015, p. 98) —, significaria que o lógos será ao mesmo tempo instável, por ser construído com os limitados meios à disposição, e estável, por ser construído com elementos os mais diferentes, exatamente como a jangada de Odisseu. Na introdução também trato do assunto.

13. Em aberta polêmica com o argumento apresentado imediatamente antes por Sócrates, o da afinidade, Símias recupera aqui o termo συγγενής (congênere) para indicar o contrário de antes: se Sócrates o empregou para se referir à afinidade ou ao parentesco entre a alma e o invisível, agora Símias indica o contrário (Trabattoni, 2011, p. 131).

14. O plural ὑπολαμβάνομεν (consideramos) pode se referir tanto aos dois interlocutores, Símias e Cebes, como ao grupo filosófico ao qual estão vinculados, isto é, ao pitagorismo. O amplo debate sobre esse plural diz respeito a um problema historiográfico central: uma teoria da alma como harmonia, isto é, fundamentalmente materialista, poderia ser pitagórica? E como essa teoria poderia ser combinada com aquela da transmigração da alma? Ver a introdução para uma discussão desse ponto.

15. A ideia da mistura na justa proporção para o funcionamento do corpo (como aqui da alma) é um tema recorrente na filosofia e na medicina antigas: exemplo disso em Platão é o discurso do médico Erixímaco no *Banquete* (188a), que define a saúde do corpo como mistura e harmonia de quente, frio, seco e úmido. Essa mesma ideia se torna também a solução da pretensa contradição sugerida na nota anterior, que, como se verá, parece, ao contrário, fazer todo sentido no contexto pré-socrático e pitagórico em especial. De fato, Aristóteles lembra que "o que dizem os pitagóricos parece seguir o mesmo raciocínio [dos atomistas], pois alguns deles declaram que a alma são as poeiras no ar; outros, por sua vez, que ela é o que faz com que se movam" (*De an.* 404a16). O âmbito semântico da alma pitagórica mais antiga seria, portanto, aquele do movimento dos seres animados; e com uma conotação marcadamente materialista: a alma seria um amontoado de elementos minúsculos (ξύσματα, poeiras), sempre em movimento, localizados no coração.

16. A concepção de uma alma como "uma mistura dos elementos presentes no corpo" sugeriu a Young (2013) a possibilidade de traduzir não por *attunement* (acordo harmônico), e sim por *structure*, pois este termo faria mais justiça a algo que é um objeto composto: "*a harmonia*

can be a composite of the parts out of which the body is composed. In other words, a harmonia can be a structure understood as a material object" (Young, 2013, p. 481).

17. Considerando que Símias está aqui objetando ao argumento apresentado por Sócrates em favor da imortalidade da alma, esta afirmação pode surpreender.
18. O verbo προσᾴδω, que traduzi por "não desafinar", significa literalmente cantar harmonicamente. O léxico é aqui musical e mantém viva a metáfora do acordo musical logo antes.
19. O acréscimo a seguir da expressão ἀπιστίαν παρέχει, que poderia ser traduzida por "trazendo descrença", ainda presente em Burnet (1911), é provavelmente uma glosa posterior. Strachan (1995, p. 137) a retira de sua edição.
20. Isto é, σωματοειδής (corpórea), como repetido diversas vezes até aqui.
21. A posição de Cebes, como bem nota Rowe (1993, p. 207), é mais próxima àquela de Sócrates do que àquela de Símias, pois aceita o argumento de que a alma tenha uma existência separada do corpo, como demostra a concordância dele com o argumento da reminiscência.
22. A mesma necessidade de imagens para a demonstração argumentativa é repetida a seguir (99e, 100a). O Sócrates platônico é certamente um grande criador de imagens: pensemos, por exemplo, nas quatro imagens que tecem o diálogo da *República*, ainda que essa sua prática não seja sempre reconhecida entre os interlocutores. É o caso da surpresa de Adimanto diante do anúncio de Sócrates de que apenas uma imagem poderia resolver o problema: "mas você normalmente não fala por imagens", protesta Adimanto (*R*. 487e). E mesmo assim, Sócrates apresenta a seguir as quatro imagens acima mencionadas (Cornelli, 2002).
23. O discurso de Cebes tem efetivamente uma estrutura difícil e um arrazoado um tanto truncado (Rowe, 1993, p. 207).
24. O argumento de Cebes (e sua imagem) é até aqui bastante claro e não precisaria ainda da teoria da metempsicose, que irá aparecer adiante para corroborar o argumento (Trabattoni, 2011, p. 139). Até aqui, Cebes afirma ape-

nas que, assim como um tecelão, ainda que mais longevo do que uma de suas roupas, pode morrer antes da última roupa que vestiu, analogamente a alma poderia também morrer antes do último corpo que ela tivesse "vestido".

25. A alma é aqui pela primeira vez definida não só como ἀθάνατος (imortal), mas ao mesmo tempo como ἀνώλεθρος (indestrutível). Nota-se a mudança elegantemente implícita na fala de Cebes, de uma concepção da alma como vida e enquanto vida imortal (lembremos das poeiras dos atomistas e de Filolau) para uma concepção da alma individual como indestrutível e, portanto, imortal enquanto individual, já não mais como matéria cósmica. Mais uma vez, Platão coloca uma passagem teórica central na boca de um interlocutor de Sócrates.

26. Traduzo o advérbio νῦν (agora) por "no momento em que estiver acontecendo", pois a separação da alma do corpo não está acontecendo no momento em que Cebes está falando.

27. Equécrates interrompe aqui pela primeira vez a narração de Fédon. O diálogo, de maneira inédita entre os diálogos platônicos, permite que a moldura narrativa, isto é, o diálogo entre Equécrates e Fédon, irrompa por três vezes na narrativa (aqui, em 102a e em 118a). Essas intervenções são consideradas "corais" por Raphael (1960, p. 82) e Rowe (1993, p. 1), pois nessa moldura externa Fédon e Equécrates comentam e reagem aos eventos que ocorrem no diálogo narrado e principal, desempenhando analogamente a função dramática do coro em uma peça trágica (Ebrey, 2023, p. 45). É Platão como autor de um drama filosófico que se revela aqui em sua fineza literária, em busca de nos envolver na trama enquanto espectadores-leitores do diálogo. Não acaso, o que mais emerge desse intermezzo coral é a emotividade das palavras das duas personagens da moldura: a tristeza e a sensação labiríntica de Equécrates, que já não sabe mais em que acreditar; e a admiração e o afeto de Fédon por Sócrates em sua atitude de escuta e benevolência.

28. Traduzo assim εἰς ἀπιστίαν καταπέπτωκεν (literalmente "caiu para a descrença") na tentativa de manter o movi-

mento do "cair" do argumento e da dúvida que resta nos discípulos.

29. Traduzo aqui o verbo συμπιέζω (literalmente apertar, pressionar) por "fazer cafuné" por entender que "pressão indistinta nos cabelos" — como é o caso de muitos tradutores (Trabattoni, 2011 e Sedley & Long, 2011, por exemplo) — não representa o gesto amoroso e íntimo que Platão quer aqui descrever.

30. Encerra-se aqui o breve intermezzo; segue a narração de Fédon.

31. Heródoto (1.82) narra uma promessa feita pelos argivos, que costumavam usar os cabelos compridos: ao perderem dos espartanos a cidade de Thyrea, eles teriam prometido cortar seus cabelos e não os deixar crescer até que a cidade fosse recuperada. Segundo Casertano (2015, p. 340), a partir desse momento os espartanos começaram a usar os cabelos compridos. Esse penteado ficou na moda dos jovens atenienses filoespartanos, como é o caso provavelmente de parte dos discípulos de Sócrates.

32. A expressão "contra dois nem sequer Héracles pôde" é possivelmente proverbial (Casertano, 2019, p. 48). Deve se referir à lenda de Héracles, que, para vencer a Hidra, pede ajuda ao seu companheiro e sobrinho Iolau para que o ajude a cauterizar as cabeças do ser monstruoso (*Euthyd* 297c). Naquela página do *Eutidemo*, Sócrates é novamente comparado a Héracles, mas os monstros (a Hidra e o Caranguejo) que ele combate representam os sofistas, não os argumentos de seus amigos e discípulos. A comparação de Sócrates com Héracles no *Fédon* é especialmente significativa, não apenas por aproximar mais uma vez Sócrates da figura de um herói, Teseu (58a), mas também porque desta vez se trata de um herói que é célebre por ter superado a morte e se tornado imortal (Ebrey, 2023, p. 36). Sobre Sócrates como herói, ver também a introdução.

33. O termo μισόλογος (alguém que odeia os discursos) é um dos muitos termos criados por Platão. O termo é oposto a φιλόλογος (amante dos discursos) no *Laques* (187c). Já Dalfen (1994) e, mais recentemente, Ebrey (2023, p. 185) consideram a preocupação de Sócrates em evitar a mi-

sologia o fio condutor de todo o diálogo. Para uma discussão analítica sobre o sentido da misologia em Platão, ver Woolf (2008). Sócrates quer evitar a qualquer custo que se abra espaço na alma de seus interlocutores para a convicção de que não haja nada de são nos discursos.

34. Não é por acaso que Sócrates introduz o tema da misologia imediatamente após a intervenção de Equécrates e o sentimento de descrença que ela expressa: o alerta é dirigido tanto aos discípulos presentes na prisão como aos espectadores-leitores.

35. A misantropia é obviamente uma doença política, por ser o oposto da confiança recíproca necessária para a comunidade política. E deriva de um profundo desconhecimento da natureza dos seres humanos.

36. Traduzo aqui τέχνη por "capacidade". A falha que gera a misantropia é de natureza técnica: é falta das "capacidades" necessárias para viver, para utilizar o célebre léxico ético de Nussbaum (2011), que fala de "capabilities".

37. A falha da misantropia é ao mesmo tempo antropológica e ética: o misantropo não é capaz de compreender o μεταξὺ, o que está no meio (um conceito central para a filosofia platônica), ele não vê que a maioria das pessoas não é nem boa nem má, mas algo *no meio* do caminho.

38. Os λόγοι ἀντιλογικόι (discursos antilógicos), citados também a seguir em 101e, são os discursos de sofistas como Protágoras, que teria escrito uma obra intitulada *Antilogias* ou *Discursos erísticos*, na qual defendia que para qualquer discurso há sempre dois argumentos opostos e contrários.

39. É aos discursos sofísticos, ou duplos, que Sócrates está se referindo.

40. O Euripo é o braço de mar que separa a ilha de Eubeia da Grécia continental: as correntezas mudavam de direção várias vezes ao dia, de maneira a tornar a expressão proverbial. Impossível não pensar em uma referência implícita ao rio de Heráclito (DK 22 A6, e também *Crat.* 402a), em que tudo flui e nada permanece, vista a direta dependência dos discursos sofísticos da epistemologia heraclítica.

41. Uma análise psicológica bastante refinada e elegante, esta de Sócrates. Por querer pôr fim à dor — o verbo

ἀλγέω indica um sofrimento físico, algo muito concreto, portanto — da incerteza dos discursos, que parecem ora verdadeiros, ora falsos, o misólogo acaba por culpá-los de sua miséria, em lugar de culpar sua falta de *techné*, de capacidade em saber separar os discursos verdadeiros dos falsos. Se houver efetivamente um discurso verdadeiro e um conhecimento estável da realidade — o condicional é a chave de toda essa discussão, como vimos, e não deve nos surpreender —, então o misólogo teria perdido a possibilidade de ao menos tentar alcançá-la.

42. O léxico da doença está presente na expressão οὐδενὸς οὐδὲν ὑγιὲς, "não há nada de são" (nas coisas e nos discursos). Sócrates implora a seus interlocutores que não abram espaço em suas almas para a convicção de que não há nada de são nos discursos. Ao contrário, devem pensar que ainda não estamos em condição de saúde suficiente e que precisamos ser corajosos e desejosos de ser sãos. Os termos ὑγιὲς, ὑγιῶς e ὑγιῶς aparecem repetidos três vezes em duas linhas.

43. Traduzo por "aquele que quer somente vencer a discussão" a expressão grega φιλόνικος (amante da vitória), aqui com um evidente sentido negativo. Ver nota 34 da seção "A defesa de Sócrates ou a vida filosófica" sobre o uso recorrente do prefixo φιλός- no diálogo.

44. Traduzo o adjetivo πλεονεκτικός (literalmente ganancioso, ambicioso) por "alguém que quer sempre levar vantagem". O termo pertence ao léxico da πλεονεξία, um termo quase técnico para a Atenas do século V AEC e que indica a imoderada busca por poder e dinheiro, símbolos do imperialismo ateniense: "antropologias da *pleonexía* significa, em termos muito esquemáticos, uma concepção da natureza originária, profunda e imutável do ser humano enquanto dominada pelo desejo de opressão recíproca, pelo impulso ilimitado de 'ter mais', em termos de poder, glória, riqueza, e portanto de 'senhorio', no lugar de uma partilha equilibrada e equânime destes bens" (Vegetti, 2003a, p. 10). A referência de Sócrates a si mesmo como πλεονεκτικός é obviamente irônica. Pelo avesso, Sócrates sugere aqui a inegável dimensão política de seu discurso sobre a misologia, a filosofia e sua própria morte.

45. καλῶς δὴ ἔχει τὸ πεισθῆναι (é belo acreditar) expressa perfeitamente o tom, tanto das respostas de Sócrates às objeções, como de toda a sua tentativa, ao longo do diálogo, de convencer os discípulos da imortalidade da alma. O que Sócrates afirma não é uma certeza, mas a esperança de que os argumentos, sendo verdadeiros, funcionem, sejam belamente organizados e persuasivos e que as pessoas passem a acreditar neles. Ver a nota 63 do Prólogo sobre a modéstia epistêmica e a epistemologia da dúvida de Sócrates. O verbo λογίζομαι (calculo), novamente, significa mais um cálculo de probabilidades do que uma certeza inabalável.

46. Alguns manuscritos trazem διάνοια (inteligência, pensamento) em lugar de ἄνοια (falta de inteligência, tolice), como mostra Strachan (1995, p. 143). Rowe (1993) aponta com razão que, com essa troca, a leitura da passagem seria "*less colourfull*" (Rowe, 1993, p. 216): em lugar da tolice de acreditar não haver nada após a morte, com διάνοια o que desapareceria seria o pensamento dessas coisas. É verdade que o texto é pouco seguro (Dixsaut, 1991, p. 262), mas creio que essa questão faz pouca diferença para o sentido geral do discurso de Sócrates.

47. Dixsaut (1991, p. 362) refere essa imagem a um provérbio que pode derivar de um verso do poeta cômico Eupolis (*fr.* 94 Kock). O alerta de Sócrates com relação à capacidade persuasiva dele e de seu entusiasmo retórico não pode passar inobservado no contexto dessa discussão do risco da misologia e da mais ampla crítica à sofística. A imagem da abelha que ao deixar o ferrão morre pode remeter à mesma sorte, iminente, de Sócrates.

RESPOSTA ÀS OBJEÇÕES
[pp. 139-46]

1. Ver 72e.

2. Começa aqui a primeira resposta de Sócrates à objeção de Símias. O argumento parte da premissa da teoria da reminiscência, com a qual Símias logo mais irá se decla-

rar de acordo. Essa teoria é incompatível com a da alma como harmonia, de maneira que a resposta de Sócrates é bastante simples e tendencialmente ad hominem, como notou primeiro Gallop (1975, p. 156).

3. A expressão εἰς ἀνθρώπου εἶδός τε καὶ σῶμα (em uma forma ou corpo humano) é com toda probabilidade uma hendíade (Dixsaut, 1992, p. 486) e como tal foi traduzida.

4. Isto é, como a tese da reminiscência (o discurso anterior) pode funcionar com a tese da alma como harmonia? O léxico se mantém em âmbito musical.

5. Com a expressão δι' ὑποθέσεως (em uma hipótese), Sócrates prenuncia o método das hipóteses que irá desenvolver a partir de 99d (ver Casertano, 2015, p. 343). Contudo a referência aqui é claramente à hipótese da existência de realidades imutáveis e em si mesmas, já apresentada antes, (74a, 76d, 92d). Ver Dixsaut (1991, p. 362).

6. Símias abandona muito rapidamente a teoria da alma como harmonia quando Sócrates o coloca na situação de ter de escolher entre a reminiscência e esta teoria (Bonelli, 2015, p. 78). Como observa Ebrey (2023, p. 200), o abandono tão rápido da teoria repercute os alertas dramáticos de Sócrates sobre os riscos da misologia. Com isso, é possível também explicar o fato de Sócrates, não contente com a rápida concordância de Símias, decidir continuar procurando argumentos contra a teoria, ainda que não sejam mais necessários.

7. Inicia aqui uma das sessões mais difíceis de todo o diálogo. A divisão dos outros dois argumentos apresentados por Sócrates em resposta às objeções de Símias é claramente marcada pela expressão τί δέ, que aparece três vezes (92e4, 93a11, 94b4) e desenha sua estrutura, emprestando aos argumentos "uma ordem inusual" (Ebrey, 2023, p. 201), representada por uma estrutura quiásmica (Burnet, 1911; Hicken, 1954, p. 17; Gallop, 1975, p. 158; Dorter, 1982, p. 99; Ebert, 2004, p. 313). A divisão é a seguinte: primeiro argumento (93a-94b), segundo argumento (94b-95a) e conclusão do primeiro argumento (94b-95a). Do ponto de vista retórico a estrutura em quiasmo (A-B-A) possui evidentemente a função de amarrar os argumentos um ao

outro para dar mais força a eles; mas, mesmo do ponto de vista da lógica argumentativa, diversos autores notaram que as premissas do primeiro argumento podem também servir para o segundo, tornando assim a estrutura em quiasmo útil e elegantemente clara (Gallop, 1975, p. 158; Trabattoni, 1988, p. 60; Rowe, 1993, p. 220; Casertano, 1996, pp. 413-6).

8. Sigo aqui a maioria dos tradutores antigos e modernos, mas não Trabattoni (1988, p. 65), que prefere dar um sentido forte de "ser por natureza, ser naturalmente". Evito dar ao termo ἁρμονία (harmonia) um sentido essencialista, até porque a expressão ἑκάστη ἁρμονία (cada harmonia) parece sugerir que Sócrates esteja aqui se referindo à multiplicidade das harmonias sensíveis (De Pace, 2003, p. 78), e não a uma pretensa harmonia em si mesma. Essa diferença é essencial à leitura que proponho das passagens a seguir. Ver também a nota 10 desta seção.

9. A expressão εἴπερ ἐνδέχεται τοῦτο γίγνεσθαι (sempre que isso possa acontecer), construída com εἴπερ + indicativo, aponta que o que é afirmado antes precisa ser ainda confirmado, com a consequência de deixar a questão em aberto (Bluck, 1955, p. 100). Ver no mesmo *Fédon* também 71c, 71e 94a. Ficino já traduzia *si modo id admittit* sublinhando o sentido suspensivo do εἴπερ (Brémond, 1932, p. 65).

10. Reforçando a dificuldade dessas páginas, a crítica textual apresenta mais um problema. A afirmação de que uma harmonia não é mais ou menos harmonia do que outra pareceu a muitos ser uma patente contradição daquilo que se afirmou logo antes com relação às possíveis gradações nas harmonias das coisas sensíveis (93b). Esse aparente conflito fez autores como Hackforth (1955, p. 115) e Dorter (1982, p. 103) retirarem o termo ἁρμονίας da passagem — dessa forma o sujeito da frase seria ψυχὴν e ἁρμονίαν, o predicado, significando que "*uma* alma não seria mais harmonia do que outra alma" (De Pace, 2003, p. 82). A expunção de ἁρμονίας não é, todavia, atestada em nenhum manuscrito e, além disso, criaria, de toda forma, insuperáveis problemas sintáticos, para os quais remeto à discussão de Loriaux (1969, p. 61).

11. O leitor de Platão está acostumado ao vocabulário da participação (μέθεξις) com um sentido preciso, referido à relação entre as coisas sensíveis e as ideias. Não é o caso dessa passagem, em que o sentido é ainda técnico, de "fazer parte de", como bem notou Dixsaut (1991, p. 363).
12. A tradução dessa linha segue a proposta de Dixsaut (1991, p. 267), que me parece resolver com elegância uma sintaxe altamente elíptica introduzindo o referente do "mais", isto é, aquele de uma outra alma.
13. O argumento formalmente pode ser considerado concluído nessa sugestão pela qual não pode haver gradações morais em uma alma-harmonia. Todavia, Sócrates — provavelmente com intenções retóricas destinadas a garantir a persuasão do interlocutor — procura chegar a uma conclusão *per absurdum*: se a alma fosse harmonia, seria assim necessário que todas as almas fossem boas. Do ponto de vista lógico, na verdade, o acréscimo mais atrapalha do que ajuda o argumento, pois, se a alma não possui gradações morais, não poderia nem sequer ser boa (Trabattoni, 2023, p. 120).
14. Esse segundo τί δέ (mas então?) sublinha o final do segundo argumento e introduz, na estrutura em quiasmo acima mencionada, a conclusão do primeiro argumento (94b-95a).
15. Platão utiliza na *República* (439) esse mesmo exemplo, mas no contexto de uma alma cindida em três partes: não é mais a alma que puxa o corpo para longe de suas necessidades, mas é a parte racional dela que se opõe aos movimentos da parte irracional e apetitiva. A congruência entre as duas visões da alma em Platão, aquela do *Fédon* e aquela da *República*, é objeto de um amplo debate, ao qual se fazem alguns acenos na introdução.
16. Hom. *Od.* xx, 17-8. Trad. de Christian Werner (2014).
17. Traduzo ὦ ἄριστε por "excelentíssimo" seguindo o estudo dos vocativos platônicos e a sugestão de Macedo (2010).
18. Termina aqui a resposta à objeção de Símias. A seguir, Sócrates resumirá brevemente a objeção de Cebes. Ele se refere aqui jocosamente aos tebanos Símias e Cebes co-

mo respectivamente à deusa Harmonia e ao rei Cadmo, mítico rei de Tebas que teria se casado com ela.

19. O advérbio Ὁμηρικῶς (à maneira de Homero) introduz a expressão ἐγγὺς ἰόντες, que traduzi por "chegar junto", pois se refere a uma ação ao mesmo tempo agressiva e cooperativa típica do guerreiro homérico em ação bélica (*Il.* 4, 496: 6, 143; 22, 92). Rowe (1993, p. 228) quis enxergar na expressão a forma final de um hexâmetro homérico, ainda que seja citada livremente por Platão, sem fazer referência literal a Homero (Casertano, 2015, p. 347).

20. Ver 88b.

21. O *conhecer* (ᾔδει) da alma antes de sua entrada no corpo deve ser referido com toda probabilidade à teoria da reminiscência, enquanto o *fazer* (ἔπραττεν) dela com o ciclo de vida-morte-vida (Rowe, 1993, p. 228).

MÉTODO
[pp. 147-55]

1. Com a introdução do tema do estudo da περὶ γενέσεως καὶ φθορᾶς τὴν αἰτίαν (da causa da geração e da corrupção) iniciam-se algumas das páginas mais filosoficamente significativas de todo o diálogo. Mais uma pausa silenciosa de Sócrates vem sublinhar uma quebra do tecido narrativo e argumentativo, como a permitir algum fôlego para um discurso que se preanuncia complexo e difícil, exatamente por ampliar o escopo do argumento da imortalidade da alma para uma discussão metafísica desenvolvida em torno do conceito de causa de tudo o que é (ou cessa de ser), isto é, da investigação "sobre a natureza", como será definida a seguir. Apesar desse salto metafísico, é o caso de não esquecer que mesmo essa discussão tem ainda e sempre o objetivo imediato de constituir uma peça argumentativa em favor da imortalidade da alma, não devendo, portanto, ser lido com um minitratado de física (Trabattoni, 2011, lxi).

2. Inicia-se aqui a sessão conhecida como "autobiografia de Sócrates", provavelmente entre as páginas mais discutidas e comentadas de toda a obra platônica, por constituir uma

das primeiras discussões de epistemologia das ciências naturais, ao mesmo tempo que introduz duas questões centrais para a filosofia platônica: o método das hipóteses e a teoria das ideias. Desde Ross (1951, p. 56) e Ebert (2004, p. 349), a crítica suspeitou que, mais do que da biografia de Sócrates, se trataria mais precisamente de uma autobiografia intelectual do próprio Platão. A questão parece irresolvível e creio que seja importante notar que não só Sócrates costuma fazer acenos autobiográficos ao longo da obra platônica (*Apologia*, *Banquete* e *República*, entre outros), como boa parte dos diálogos platônicos é composta por cenas de uma biografia socrática. Será provavelmente mais frutífero, portanto, tentar compreender o motivo da introdução por Sócrates, nesse momento central do diálogo, do registro literário e teorético da autobiografia, que lhe permite mudar do argumento para a narração das πάθη (que traduzi por "experiências", mas que pode também ter o sentido de experiência negativa, de sofrimento; obviamente, do substantivo πάθος). A partir de Gower (2008), a autobiografia de Sócrates começou a ser estudada com atenção como "filosoficamente relevante" (Gower, 2008, p. 329) e já não mais, como no passado recente, como algo que se limitasse a despertar uma qualquer curiosidade histórica.

3. A escolha terminológica de Platão é aqui muito significativa, pois a expressão περὶ φύσεως ἱστορία (investigação sobre a natureza) remete para a filosofia assim chamada pré-socrática: περὶ φύσεως (sobre a natureza) é o título comumente dado aos "livros" dos primeiros pensadores gregos, enquanto ἱστορία é o termo que Heráclito (DK 22 B129) utiliza para se referir à extraordinária erudição (πολυμαθίη) de Pitágoras, que levou a investigação (ἱστορία) mais longe que qualquer outro ser humano. Com Heródoto, todavia, o termo ἱστορία acaba por deliminar a disciplina da história no sentido moderno.

4. Sigo, na tradução deste ἔστι (é), uma opção minoritária entre os tradutores (Centrone, 2000, p. 115; Sedley & Long, 2011, p. 90; Casertano, 2015, p. 185), que optam por "é" em lugar de "existe", isto é, por um sentido co-

pulativo em lugar de existencial do verbo ser (Centrone, 2000, p. 219).

5. A expressão ἄνω κάτω ἄνω κάτω μετέβαλλον (para cima e para baixo) indica uma contínua mudança de opinião. Platão empresta, com toda probabilidade, essa expressão de Heráclito (o caminho para cima e para baixo — ἄνω κάτω — é um e o mesmo, DK 22 B60) e Sócrates havia se referido à mesma expressão antes nas páginas sobre a misologia, com relação às águas do Euripo ("não há nada de são e estável nas coisas e nos discursos, mas todas as coisas que existem viram continuamente para cima e para baixo — ἄνω κάτω —, como no Euripo" — 90c). A mesma expressão é associada por Platão à instabilidade da realidade (e do conhecimento humano sobre ela) em outros diálogos, entre eles *Crátilo* (386d), *Parmênides* (129c) e *Filebo* (43a). A preciosa informação autobiográfica que Sócrates está nos dando aqui é que ele próprio se encontrava, em certo momento de seu percurso intelectual, nessa mesma instabilidade (Ebrey, 2023, p. 217).

6. Em forma de perguntas, são elencadas a seguir algumas das mais relevantes doutrinas pré-socráticas. No caso da putrefação, a referência pode ser a Arquelau, possível discípulo de Anaxágoras e mestre do próprio Sócrates (DK 60 A4, DL 2.16), segundo o qual ao aquecer-se a parte baixa da Terra, em que o frio e o quente estão misturados, se geraria da lama uma espécie de leite que constitui o nutrimento dos primeiros seres vivos. Um processo que pode ser inferido como uma forma de putrefação.

7. A referência aqui é a Empédocles (DK 31 B105), segundo o qual é no sangue que circula pelo coração que se dá o pensamento. O ar faz pensar evidentemente em Anaxímenes (DK 13 B2), segundo o qual o ar é princípio de vida, alma e pensamento, ainda que com toda probabilidade essa doutrina deva ser atribuída mais acuradamente ao seu discípulo Diógenes de Apolônia (DL 9,57).

8. Devo a bela solução para a tradução da expressão τὰ περὶ τὸν οὐρανόν τε καὶ τὴν γῆν πάθη (os fenômenos celestes e terrestres) a Casertano (2015, p. 185).

9. O termo grego é ἀφυής e significa literalmente "não na-

turalmente apto". Há um jogo de palavras implícito ao relacionar a não "naturalidade" de Sócrates com a investigação sobre a natureza.

10. Sócrates antecipa aqui o efeito que será descrito a seguir em 99e.

11. Trata-se provavelmente de uma referência implícita ao fragmento 10 de Anaxágoras (DK 59 B10). Este será explicitamente citado e discutido em 97b, entre os filósofos assim chamados de "físicos".

12. Um cúbito é uma unidade de medida que corresponde a aproximadamente 44 centímetros. Surpreendentemente, Vlastos (1969) considera as questões apresentadas em 96d como "*symptomatic of some kind of muddle in Plato's thinking*" (Vlastos, 1969, p. 310) e algo que evidentemente surpreenderia o leitor moderno, que não poderia encontrar nenhum sentido nesse tipo de *meta-puzzles* e se perguntaria por qual razão essas questões deixavam Platão perplexo (cf. Vlastos, 1969, p. 311). Todavia, *pace* Vlastos, também Cebes, imediatamente a seguir, parece perplexo. Sinal de que Platão devia estar bem consciente do que estava fazendo.

13. Fui convencido pelos argumentos mais recentes de Menn (2010) que a conjectura de Wyttenbach (aqui entre <>) deva ser mantida. Ela é encontrada em uma passagem de Plotino e mantida tanto por Burnet (1911) como por Strachan (1995, p. 153). São contrários à manutenção Hackforth (1955), Gallop (1975) e Sedley & Long (2011).

14. A perplexidade de Sócrates é de matriz eleática, no sentido de que a causa da passagem da unidade para a multiplicidade não está na física: o dois não existe antes da aproximação mecânica de dois "uns" e nesta aproximação não há a explicação do surgimento de algo novo como o "dois".

15. A difusão da obra escrita de Anaxágoras é testemunhada pelo próprio Platão na *Apologia* (26d): Sócrates afirma que qualquer um podia comprá-la por uma dracma. Que se tratasse de um único livro, e não de muitos, está convencido Schofield (1980, p. 29). A leitura pública dos textos é também amplamente testemunhada em Platão (se pense no prólogo do *Teeteto*, por exemplo) e sinal de uma cultura

que está ainda no limiar entre a escrita e a oralidade (Havelock, 1981, p. 3; Reynolds & Wilson, 1991, p. 1; Trabattoni, 2005, p. 11).

16. Alguns fragmentos e testemunhos que chegaram até nós de Anaxágoras parecem confirmar a centralidade do νοῦς (intelecto) em seu pensamento. Ver DK 59 B11-4. Não por acaso, a tradição antiga apelidou Anaxágoras de Νοῦς (Intelecto). Ainda que o apelido possa ser entendido como uma zombaria, é certamente um sinal da relevância do termo para Anaxágoras (Curd, 2008, p. 193). Platão demostra uma relação bastante ambígua com Anaxágoras: de um lado, procura distanciá-lo de Sócrates (tanto aqui como na *Apologia*), provavelmente por conta da necessidade de afastar Sócrates de uma figura também considerada ímpia e como tal condenada por Atenas; por outro lado, o desenvolvimento nas próximas páginas do vocabulário da participação (Furley, 1976), da presença das ideias em nós (Ebrey, 2023, p. 221) e a cosmologia do mito final (Sedley, 1989, p. 374) parecem de fato depender profundamente de Anaxágoras. A mesma ideia da completa solidão do νοῦς do fragmento 11 de Anaxágoras, que é dito "sozinho consigo mesmo" (μόνος αὐτὸς ἐπ› ἑωυτοῦ, DK 59 B11), ecoa evidentemente a descrição paralela das ideias em Platão. É significativo que não apenas Platão mas também Xenofonte pareçam se incumbir da tarefa de defender Sócrates da impressão de que teria sido um sósia e seguidor de Anaxágoras (Moore, 2006).

17. Com a introdução do tema da causa final, que será desenvolvida nas páginas a seguir, Sócrates marca uma clara distinção entre as causas materiais dos outros pré-socráticos, antes citadas, e o νοῦς (intelecto) de Anaxágoras: a crítica de Sócrates a Anaxágoras será exatamente aquela de ter desperdiçado, por assim dizer, algo precioso como o νοῦς por não o ter elevado a causa final.

18. Sócrates introduz no meio da discussão metafísica e epistemológica sobre a causa final um vocabulário (τὸ ἄριστον, τὸ βέλτιστον, τὸ χεῖρον: o melhor, o ótimo, o pior) que pertence às preocupações éticas que jamais abandonam Platão (Casertano, 2015, p. 351; Ebrey, 2023, p. 218).

19. O jogo de correspondência terminológica entre o νοῦς de Sócrates ("o meu próprio intelecto") e o νοῦς (intelecto) como causa de tudo em Anaxágoras não passa despercebido.
20. Loriaux (1969, p. 80) anota que a discussão sobre se a Terra era plana ou esférica era bastante intensa no tempo de Sócrates, ainda que provavelmente já nem tanto na época em que Platão escreve, isto é, na primeira metade do século IV AEC. Para uma discussão sobre o tema, ver Cuprie (2021). Tradicionalmente se atribui a Anaximandro a teoria de uma Terra esférica (DK 12 A10), enquanto Aristóteles informa que Anaxímenes, Anaxágoras e Demócrito eram partidários do terraplanismo (*De Cael.* 2. 294b). Diógenes Laércio recorda que Parmênides teria sido o primeiro a afirmar que a Terra é redonda (DL 9.21).
21. Que a Terra esteja no centro do mundo teriam afirmado Empédocles (DK 31 A67) e Anaxágoras (DK 59 A88).
22. Ver nota adiante.
23. Como bem viu Burger (1984), Sócrates aqui parece implicitamente — ao sublinhar o entusiasmo juvenil com o qual havia posto todas as esperanças na causa final — "*silently points to the danger of such satisfaction*" (Burger, 1984, p. 141). Pois possuir definitivamente o conhecimento pararia a investigação. Assim, o fracasso da teleologia é paradoxalmente condição sine qua non para que a filosofia seja possível (e necessária). Se as causas físicas trazem o perigo da autocontradição, a causa teleológica ou final está exposta à inevitável decepção que resulta da confiança em algo impossível de alcançar (Burger, 1984, p. 144). O risco aqui, em ambos os casos, é aquele de cair na misologia. A vacina para isso será a proposta, avançada nas páginas a seguir, do método das hipóteses (Ebrey, 2023, p. 227).
24. Diferentemente de 97d, em que Sócrates se refere ao próprio intelecto, o jogo de palavras aqui é bastante evidente e irônico: o νοῦς (intelecto) se refere ao intelecto que Anaxágoras teria posto como causa de todas as realidades, sim... mas também à própria capacidade de raciocínio de Anaxágoras, que parece não funcionar adequadamente. Uma crítica parecida encontra-se em Aristóteles (*Met.* 985a18).

25. Ver a proposta de Críton no diálogo homônimo (44e). Com toda probabilidade uma fuga de Sócrates era esperada e seria favorecida em segredo pelo próprio governo ateniense, que devia preferi-lo exilado a mártir.
26. Invocação muito preferida por Sócrates, ainda que não exclusiva, pois é atestada pelo menos mais uma vez em Aristófanes (Ar. *v.* 83). É bastante comum na invocação de um deus a substituição de seu nome por aquele de um animal, como forma de respeito para com a divindade (Murphy, 2016). Para uma lista completa dessas invocações de Sócrates, ver Patzer (2003, p. 94).
27. Em Megara e Tebas, ambas na Beócia, Sócrates poderia contar com amigos e discípulos fiéis, que certamente o acolheriam fugitivo: em Tebas os próprios Símias e Cebes, por exemplo; em Megara, possivelmente Euclides.
28. Ver no *Críton* (50a) a discussão de Sócrates sobre a necessidade de obedecer às leis em qualquer situação, em especial quando essas lhe são desfavoráveis.
29. Sócrates distingue aqui entre causas reais e condições sine qua non de algo. Estas últimas são também causas, mas em sentido auxiliar: no *Timeu* (46d) e nas *Leis* (x 897a) são de fato chamadas συναιτίαι ou συμμεταίτιος, concausas (Dixsaut, 1991, p. 370). Contudo, as únicas causas verdadeiras seriam mesmo as causas finais, e isso traz consigo o problema de qual estatuto se deva atribuir às ideias. Concordo com Yonezava (1991) quando afirma que as ideias não podem ser causas finais, somente indiretas, paradigmáticas, isto é, sem função eficiente ou final.
30. Como se viu na nota 7 desta seção, as duas teorias são atribuídas por Aristóteles respectivamente a Empédocles (*De Cael.* 294a24-6; 295a14-36; 300b2-8) e a Anaxímenes, Anaxágoras e Demócrito (*De Cael.* 294b13-23). A bem ver, a teoria da centralidade da Terra no cosmo é bastante comum no mundo antigo, com provável única exceção dos pitagóricos, que a imaginavam orbitando em volta de um fogo central (*Filolau* DK 44 A16; Kingsley, 1995, p. 172; Huffman, 2007 e 2013). É significativa a menção um tanto desdenhosa a esses importantes pensadores da cosmologia pré-socrática como ὁ μέν τις… ὁ δὲ

(um... outro...), que parece querer reduzi-los a simples figurantes (Rowe 1993, p. 238).

31. Atlas é o célebre titã que sustenta o mundo em seus ombros. Aqui se trata de uma metáfora para a causa final, que é o que é realmente bom; portanto, não faz muito sentido ver na menção aos que "acreditam que um dia poderão encontrar algum Atlas mais forte e mais imortal do que esse" uma implícita afirmação religiosa de Sócrates, arquitetada por Platão como mais uma defesa contra as recorrentes acusações de impiedade, como quer Ebrey (2023, p. 226).

32. O adjetivo substantivado τό δέον, que traduzi por "o que mantém junto", indica o que é imperioso, oportuno e assume depois um sentido quase técnico no vocabulário da justa medida platônica (*Pol.* 284e).

33. Sedley (1989) comenta essa afirmação de Sócrates da seguinte maneira: "*with these words Socrates concludes the first and most celebrated manifesto of teleology*" (Sedley, 1989, p. 359). Um manifesto, como vimos nas notas anteriores, que é ao mesmo tempo o reconhecimento da impossibilidade da teleologia e da necessidade de um novo método, o das hipóteses. Impossibilidade esta, todavia, que será parcialmente superada no *Timeu*: é significativo que nesse diálogo tardio Sócrates seja feito discípulo de Timeu para que possa apreender exatamente essa visão teleológica da realidade.

34. A expressão δεύτερος πλοῦς (segunda navegação), com toda probabilidade já proverbial nos dias de Platão, ecoa a imagem da jangada (85d), arriscar-se a velejar pela vida por falta de uma embarcação mais sólida. Como Martinelli Tempesta (2003) demostrou muito bem, o sentido da expressão é realmente o de *second best*, ou plano B. Se o vento não estiver favorável, é preferível empreender a segunda navegação, aquela por remos.

35. A mesma imagem aparece nas *Leis* (898d). Essa é uma das metáforas do conhecimento de maior impacto para toda a história da filosofia ocidental. É importante notar que o sujeito da cegueira é a alma e, portanto, o sentido da imagem nesse contexto é bastante claro e remete dire-

tamente a 79c: aqui a alma, quando utiliza os sentidos do corpo para investigar, acaba confusa, intoxicada por estar presa a realidades sensíveis.

36. Azevedo (2000 *ad loc.*), na esteira inaugurada por Robin (1926), traduz a expressão εἰς τοὺς λόγους καταφυγόντα por "refugiar-me do lado das ideias". Escolhi traduzir λόγοι por "discursos". Nessa divergência da tradução de Azevedo (2000) habita provavelmente uma das questões centrais para a interpretação de todo o diálogo, se não da obra filosófica platônica como um todo. As traduções oferecidas pelos comentadores são as mais diversas e dependem fundamentalmente do sentido que se dá à segunda navegação e ao método das hipóteses ou mesmo das ideias (Dixsaut, 1991, p. 374), pois o resultado dessa visão foi já descrito acima como uma cegueira da alma. Por esse motivo, refugiar-se nos discursos deve significar o seu contrário, isto é, não olhar diretamente, mas sim de forma mediada, seja por imagens refletidas (como a imagem da visão do eclipse em 99e), seja sobretudo por hipóteses, isto é, confiando no discurso que a cada momento parecer o mais verdadeiro e a partir dele construir uma rede hipotética e cada vez mais próxima da verdade. A tradução de λόγοι por "ideias" acabaria fazendo perder o sentido precário e laborioso dessa segunda navegação e do método das hipóteses, significando um salto imediato para a apreensão das ideias que o texto platônico não parece querer permitir, apesar da vontade expressa de tantos leitores hipermetafísicos de Platão (Reale, 1997, p. 137).

37. A tradução de ἔργον por "experiência real" é inspirada ao mesmo tempo pela tradução de Robin (1926), *expérience effective*, e Dixsaut (1991), *expériences directes*, além da tradução de Martinelli-Tempesta (2011) por *realtà*. O sentido de ἔργον deve ser encontrado aqui em relação a εἰκός (imagem), indicando a contraposição tradicional entre investigar imagens e investigar fatos (como traduzem Sedley & Long, 2011, *facts*). Sócrates afirma escolher examinar imagens por meio dos discursos, invertendo assim a costumeira prioridade da experiência sobre a imagem e o discurso. Faz isso para evitar que a alma fique cega.

No entanto, as próprias experiências reais não passam de imagens. Provavelmente é esse o sentido dessa difícil passagem.

38. Sócrates descreve aqui a metodologia a ser adotada para quem deseja empreender a segunda navegação. Trata-se do assim chamado método das hipóteses.

39. Isto é, às ideias. O alcance dessa repetição pode ser estendido a toda vida de Sócrates, ao corpus platônico como um todo ou somente ao diálogo *Fédon*, pois Sócrates havia de fato já mencionado as ideias em 65d.

40. Essa última afirmação de Sócrates coloca em relação direta pela primeira vez, e de maneira indubitavelmente explícita, a hipótese da existência das ideias com a demonstração da imortalidade da alma. Essa conexão constitui a estrutura teorética central de todo o diálogo.

41. Com o verbo μετέχω (participar), Sócrates esboça uma primeira tentativa de descrever a relação de *participação* entre as ideias e as coisas, enquanto logo a seguir (100d) irá falar de *presença* e de *comunhão*. Não há dúvida de que essa é uma questão central no pensamento platônico. Contudo, não parece ter sido desenvolvida em uma teoria coerente ao longo de toda a obra platônica (Hyland, 1995, p. 172), ao ponto de Aristóteles poder considerar as ideias simplesmente como "metáforas poéticas" (*Met.* I 9 991a 20-1). A ausência de uma discussão sistemática das ideias é algo essencial ao projeto dialético da filosofia platônica, que vê nessa sistematicidade um perigo a ser evitado a todo custo (Gonzales, 2003).

42. A expressão ἁπλῶς καὶ ἀτέχνως καὶ ἴσως εὐήθως (de modo simplório, improvisado e até ingênuo), junto com o negativo do verbo διϊσχυρίζομαι (poder afirmar com confiança), revelam inequivocadamente a atitude de Sócrates de "modéstia epistêmica" e de "epistemologia da dúvida" já discutidas na nota 63 do prólogo e aqui, no âmago teórico de sua metafísica. As ideias são apresentadas como solução, mas sem qualquer ufanismo ou grande entusiasmo, e até mesmo sem grande confiança ("não posso de fato afirmar isso com absoluta confiança", 100d) em sua capacidade técnica (ἀτέχνως). Ecoa aqui a própria

imagem da segunda navegação, por remos e sem vento, portanto jamais a primeira opção de um navegador (ver nota 35 desta seção).

43. Burnet (1911), ainda que pondo uma *crux* — um sinal de edição crítica que indica que o termo ou a passagem estão gravemente corrompidos no manuscrito ou nos manuscritos originais, tornando impossível uma leitura segura —, segue a lição da maioria dos manuscritos: †προσγενομένη (tratar-se, ser). Rowe (1993, p. 243) acompanha a conjectura de Ueberweg, que prefere προσγινομένου (entrar em relação). Enquanto Strachan (1995, p. 158) acolhe a conjectura de Wyttenbach: προσαγορευομένη ("ou como se deva chamar"), que corresponde aqui também à minha tradução e que está em melhor sintonia, a meu ver, com o tom epistemológico da dúvida dessa passagem.

44. Se havia restado qualquer dúvida sobre a intenção de Platão de construir uma teoria sistemática das ideias, esta página deveria desencorajar qualquer comentador (*pace* Vlastos 1991, p. 66) a procurá-la na obra de Platão como um todo ou, pelo menos, neste diálogo. À metáfora da μέθεξις (participação) acima mencionada, Sócrates acrescenta mais duas metáforas centrais para descrever a relação entre as ideias e as coisas: παρουσία (presença) e κοινωνία (comunhão). Falamos antes da imprecisão, de alguma maneira desejada, dessas imagens, que procuram somente evocar algo que parece impossível compreender.

45. O termo usado por participação aqui é μετάσχεσις em lugar do usual μέθεξις, sinal inequívoco de um vocabulário pouco consolidado e técnico para a metafísica platônica, que é efetivamente ainda ἀτέχνως, como confessa o próprio Sócrates em 100d.

46. Sócrates resolve nessa passagem, agora baseando-se na hipótese da existência das ideias, os problemas levantados acima nas páginas 96c-97b: a questão de como algo que já não estava nas coisas aparece quando elas são aproximadas, adicionadas etc.

47. O verbo συμφωνεῖν (estarem de acordo) remete ao léxico musical. O sentido teórico deste acordo, todavia, não é perfeitamente claro e diversos comentadores têm levanta-

do, mais uma vez, significativos problemas interpretativos. Gallop (1975, p. 189) já apontava para o fato de que logicamente não é possível imaginar que as consequências que derivem de uma mesma hipótese possam não estar de acordo uma com a outra. E remete a uma discussão anterior, de Robinson (1953, p. 131), a esse respeito. Se, portanto, συμφωνεῖν for compreendido em sentido estritamente lógico, o procedimento indicado faria realmente pouco sentido. Mais uma vez aqui será o caso de entender o vocabulário utilizado de maneira mais "dialética-persuasiva", como sugere Trabattoni (2011, p. 203), e compreender esse "acordo", não como consequência lógica, mas como articulação de todas as variáveis possíveis a partir de uma hipótese. Para uma leitura menos lógica e mais dialética-persuasiva de toda a obra platônica, ver em especial Gonzalez (1998) e Rowe (2007).

48. Traduzi o advérbio ἄνωθεν, junto com o artigo genitivo plural, por "entre as mais universais": ἄνωθεν significa literalmente "acima, em alto" (Centrone, 2000, p. 129).

49. Ver 90c e nota 38 da seção "Objeções". A menção ao fato de os antilógicos misturarem tudo é provavelmente uma referência ao adágio "todas as coisas juntas" citado em 72c e referido a Anaxágoras.

O ARGUMENTO FINAL
[pp. 157-66]

1. É a segunda vez que Equécrates interrompe a narrativa de Fédon. Sobre a função coral dessas interrupções, ver nota 27 da seção "Objeções". Neste caso específico, a interrupção funciona, de um lado, como tomada de fôlego após o longo e difícil discurso de Sócrates sobre o método, antes do argumento final da imortalidade da alma; por outro lado, como uma pausa que venha a dar uma ênfase especial à *homologia* conquistada por Sócrates sobre a existência das ideias, resumida imediatamente a seguir.

2. A ideia de que as coisas recebem o nome das ideias das quais participam é comum em Platão, sempre atento às

relações entre linguagem, metafísica e realidade. Ver nota 9 da seção "O argumento da afinidade".

3. O pressuposto da existência das ideias, com o qual Símias e Cebes já concordaram diversas vezes até aqui (65d, 74a-b, 76d-77a, 92d-e), faz Sócrates concluir que se uma coisa (Símias neste caso) participa de uma ideia (a grandeza), essa mesma ideia existe *nele* ou, como dirá imediatamente a seguir, essa coisa *tem* a ideia em si. O problema que se apresenta é que, à diferença de uma ideia, uma coisa admite o seu contrário. Assim, Símias participa de (ou *nele* se encontra) também uma ideia contrária à da grandeza, ou seja, a da pequenez.

4. Com um vocabulário ainda não técnico, como aquele que Aristóteles virá a desenvolver posteriormente, a contraposição entre εφυκέναι (é por natureza) e τυγχάνει ἔχων (literalmente "acontece de ter", enfatizando o caráter contingente da propriedade) expressa a distinção entre um predicado essencial e um predicado acidental.

5. Com esses exemplos, Sócrates quer deixar claro aos interlocutores que é possível que grandeza e pequenez coabitem uma coisa ou um sujeito, sempre que compreendidas como qualidades ou acidentes (ver nota acima), e não como ideias em si.

6. As opções para a tradução do advérbio συγγραφικῶς (como se escreve um contrato) diferem bastante entre os tradutores. Há quem prefira "escrever como em um livro", por exemplo, ou "escrever em prosa", em contraposição com um argumento falado. Sobre uma discussão das diversas possibilidades, ver Loriaux (1969, p. 112). O sentido geral da expressão, parece-me, todavia, bastante claro: indica um estilo de argumentação, como o que Sócrates acaba de desenvolver, cuja precisão excessiva recorda mais um texto escrito e formal do que um discurso falado.

7. A expressão τὸ ἐν ἡμῖν μέγεθος (a grandeza em nós) tem gerado muito debate: como deve se entender que uma ideia, como esta da grandeza, possa estar *dentro* das coisas sensíveis? Platão não parece querer sistematizar e definir com precisão a relação entre ideias e sensíveis. Neste pormenor, um par de importantes artigos de O'Brien (1967

e 1968) discute dois mal-entendidos que complicaram a interpretação dessa passagem. O primeiro é entender "a grandeza em nós" como uma ideia imanente, e não mais simplesmente como uma particularização da ideia. Com isso se conclui que no "mundo de Platão" deve haver três níveis: ideia transcendente, ideia imanente e particularização da ideia (O'Brien, 1967, p. 201).

8. A passagem é bastante intricada em seu ritmo e sua forma, mas a intenção não é discutir exaustivamente a diferença entre predicados essenciais e predicados acidentais, e sim afirmar que a incompatibilidade dos contrários não vale apenas para ideias contrárias, mas também para as coisas sensíveis, como é Símias. Isso só é possível se a incompatibilidade se refere aos atributos essenciais, e não às coisas: pois a "coisa Símias" pode ser grande e pequena, isto é, pode conter em si contrários, mas a grandeza que é nele não pode ser pequena. Tudo isso quer preparar o que se dirá no argumento final com relação à alma: ainda que seja uma coisa, e não uma ideia, a alma é incompatível com a morte (Trabattoni, 2011, p. 211).

9. Sugestiva e bem argumentada, a proposta de Rashed (2006) de considerar que esse anônimo interlocutor possa ser Antístenes, o cínico discípulo fiel de Sócrates (Xen. *Mem.* 3.11.17), que antes fora discípulo de Górgias. Antístenes foi um duro opositor de Platão, contra o qual teria escrito o livro *Sáton*, que continha críticas duras e sarcásticas às ideias inteligíveis platônicas. Talvez por esse motivo a resposta de Sócrates a seguir seja bastante desdenhosa: "você não está compreendendo" exatamente a hipótese das ideias, ficando restrito ao mundo sensível, no qual o filósofo cínico devia conscientemente preferir permanecer.

10. Ver 70d-e, 72a-c, 77c.

11. É aqui que Sócrates colhe o que plantou na argumentação desenvolvida em 103a (ver nota 8 desta seção): algumas coisas (como a neve e o fogo) jamais admitirão ter em si ideias que lhe sejam absolutamente contrárias (como o frio ou o quente). Da mesma forma, como afirmará a seguir, a alma não pode admitir a morte. É óbvio, as coisas determi-

nadas, não sendo em si mesmas ideias, possuirão as formas destas somente "enquanto existirem", e não para sempre. Foi notado que tal distinção poderia até dificultar a prova da imortalidade da alma, uma vez que a alma, não sendo ideia, só não morrerá enquanto existir, portanto não realmente para sempre (Heitsch, 2001). Isso, no entanto, não é algo que tenha preocupado Sócrates, ao que parece.

12. Daqui para a frente Sócrates irá utilizar o léxico da ideia (usando termos como ἰδέα ou εἶδος) para precisar terminologicamente a predicação essencial. Não faço distinção na tradução (e, mais em geral, na compreensão da filosofia de Platão) entre esses termos, diferentemente de certa tradição anglo-saxã (Bluck, 1955, p. 17; Hackforth, 1955, p. 150).

13. Strachan (1995, p. 165), que acolhe a conjectura de Stallbaum (ver também Bluck, 1955), sugere colocar αὖ τῷ em lugar do αὑτῷ (Burnet, 1911). A sugestão tem a vantagem de não retirar nenhuma letra e simplesmente dividir a palavra e sua acentuação.

14. Platão usa indiferentemente os termos τρία (três) e τριάς (tríada) nessas páginas. Não me parece de fato possível entender (ao contrário de O'Brien, 1967, p. 216) que no primeiro caso esteja se referindo ao três como número e, no segundo, à ideia do três. O vocabulário incerto revela a dificuldade de Platão de lidar com os nomes das coisas e das ideias: nesse caso, se as coisas recebem o nome das ideias das quais participam (102b), é evidente que o três é chamado dessa forma por participar da ideia do *três*. No entanto, como número participa também daquela do *ímpar* e daquela de *número* (Casertano, 1995, p. 378).

15. Qual é o sentido deste "carregar o contrário"? Sedley (2018, p. 212) reconhece essa "invenção" socrática dos "*essential bearers*" como o centro do argumento final. Ebrey (2023), que os chama "*bringers*", pensa neles como a "uma terceira classe de coisas, além das ideias em si e das ideias imanentes" (Ebrey, 2023, p. 260). Contudo, a proposta dessa invenção de uma terceira categoria de ser, para além das coisas e das ideias, parece-me pouco sustentável, especialmente porque a seguir Sócrates afirma, de maneira inequívoca, que "as coisas ocupadas pela ideia

do três" (104d), isto é, os "carregadores", são as próprias ideias. Prefiro, portanto, seguir aqui a argumentação de Trabattoni (2011, p. 283): para explicar que certas coisas são inseparáveis de seus atributos, Platão se vale de dois procedimentos complementares, um passivo e outro ativo. No passivo, a ideia comunica um atributo à coisa, que resta passiva. Assim, a ideia do calor, possuindo o fogo, transfere para ele sua atribuição essencial de ser quente. No caso ativo, ao contrário, o fogo é visto "carregando consigo" o calor para todo lugar, graças à participação (passiva) dele na ideia de calor.

16. Isto é, o par.
17. Isto é, a metade.
18. Mais uma vez um adjetivo negativo, ἀμαθῆ (ingênua), qualifica a hipótese das ideias, recordando aqui a expressão ἁπλῶς καὶ ἀτέχνως καὶ ἴσως εὐήθως de 100d (ver nota 43 da seção "Método"). O que não parece tão claro, todavia, como bem observa Casertano (2015, p. 232), é o outro adjetivo utilizado imediatamente depois, κομψός (refinado), para indicar a superioridade desta nova resposta: em que sentido responder "fogo" seria mais refinado do que responder "calor"? De toda forma deve-se admitir que a estratégia de Sócrates é clara. À pergunta "qual é a coisa que surgindo no corpo o faz vivente?", ele quer responder da maneira mais refinada: "a alma", em lugar da ingênua: "a vida". É impossível, portanto, concordar com os comentadores que viram nessa causa mais refinada um retorno de Sócrates à investigação sobre a natureza (Bostock, 1986, p. 156). Sócrates está aqui lentamente estabelecendo as premissas para a demonstração final da imortalidade da alma.
19. Ver 100d.
20. Rowe (1993, p. 260) sugere que o οὐκοῦν (portanto) deva ter sentido inferencial.
21. Se a morte é o contrário da vida, e existe uma ideia de vida, existirá também uma ideia de morte (Dixsaut, 1991, p. 397). Não há qualquer dúvida, portanto, que exista uma ideia da morte. Nenhum escândalo nisso, obviamente, porque — à diferença de Aristóteles — Platão admite

em diversas ocasiões a existência de ideias de coisas negativas (Nails, 2013).

22. Isto é, em 105c-d. O que se considera já suficientemente demostrado até esse momento é que existe um plano das ideias e um plano das coisas que admitem essas ideias. A alma não é uma ideia, mas admite sempre a ideia de vida e jamais o seu contrário, isto é, a ideia de morte.

23. Traduzo aqui μουσικός por "culto" por me parecer funcionar melhor com seu oposto, ἄμουσος, que traduzi por "inculto", e com o paralelo que Sócrates quer fazer logo a seguir com mortal/imortal. Mas também traduzi μουσική por "arte" em 60e.

24. Que a alma é imortal teria sido suficientemente demostrado, mas ainda resta demostrar que a alma seja indestrutível, como a objeção de Cebes (88b) requeria, para que a superação do medo da morte fosse de fato completa.

25. O coração da demonstração da imortalidade da alma está nessas poucas linhas. Pakaluk (2010) as chama de "*the ultimate final argument*". A observação pela qual, caso Sócrates não tenha conseguido demostrar isso, seria preciso um outro argumento marca exatamente o momento definitivo, final, do argumento. O problema é que essa última passagem não é de fato demostrada, pois não há nada no argumento que "prove" a relação necessária entre a imortalidade e a indestrutibilidade. O argumento depende da necessidade de demostrar que a alma não pode ser destruída, com uma equivalência entre imortal e indestrutível aqui "mais linguística do que lógica" (Casertano, 2015, p. 430). Keyt (1963) considera a demonstração falaciosa, mas se veja a resposta de Kanayama (2000, p. 81). A fragilidade dessa equivalência foi notada já na Antiguidade por Estratão de Lámpsaco, filósofo peripatético do século III AEC, que em seu comentário ao *Fédon* anotava o seguinte: "não é precipitado supor que, se a alma não morre e, nesse sentido, é imortal, ela também é indestrutível? Nesse sentido da palavra, uma pedra também é imortal, mas isso não significa que ela também seja indestrutível" (Westerink, 1977, I, § 438.1-3). Para o comentário de Estratão ao *Fédon*, ver Casertano (2015, p. 381) e Baltussen (2015).

26. Uma solução instigante para resolver o problema da aparente tautologia da parte final do argumento foi há pouco proposta por Sedley (2018), segundo o qual a intenção de Sócrates não é tanto demonstrar que a alma, além de imortal, é indestrutível, pois isso está como que implicado necessariamente, como fica claro nas próprias palavras de Cebes, que afirma a equivalência entre imortal e indestrutível (106d). O propósito dele seria outro: "é chegar à conclusão essencial de que a alma, quando a morte se aproxima, precisa se 'retrair', isto é, sair do corpo e ir ao Hades" (Sedley, 2018, p. 217). Assim, como a ideia de grandeza "foge e cede o lugar toda vez que o pequeno, que é o seu contrário, se aproxima, ou morre logo que esse chegue" (102d), da mesma forma a alma, que não pode suportar a morte nela, precisa ou morrer (mas isso é impossível) ou se retirar. E essa retirada é exatamente a ida para o Hades que conclui o argumento.
27. Cebes, "a pessoa mais obstinada quando se trata de duvidar de argumentos" (77a), parece não ter mais dúvida. Agora é Símias a demostrar aqui uma postura um tanto cética (ou realista?) com relação à capacidade humana de compreender esses assuntos. Postura que é coerente ao longo de todo o diálogo (ver 85c), ainda que não lhe impeça de reconhecer, aqui e em outros momentos, a força dos argumentos de Sócrates. Este, de sua parte, irá concordar com a necessidade dessa contínua desconfiança para que a investigação continue. O longo mito que irá contar a seguir quer, de alguma forma, compensar essa falta estrutural do conhecimento humano (Morgan, 2000, p. 197).
28. Com toda probabilidade Sócrates intende aqui as hipóteses que dizem respeito à existência das ideias. A expressão τάς γε ὑποθέσεις τὰς πρώτας (as hipóteses primeiras) confundiu alguns comentadores que, como Dorter (2001), pensaram que Sócrates poderia estar se referindo especificamente à ideia do bom.
29. Como se pode imaginar, a observação de Sócrates, que conclui o argumento final e daria um fim para a investigação, desencadeou um debate sobre a possibilidade ou

não de o ser humano adquirir uma verdade definitiva *nesta* vida. Não há dúvida de que, para Platão, o conhecimento das ideias seja impossível nesta vida (ver nota 37 da seção "Método"). Portanto, Sócrates só pode se referir aqui a algo mais simples, ao fim de um discurso/argumento como este, isto é, a um acordo satisfatório, mas jamais definitivo.

O MITO FINAL
[pp. 167-76]

1. O ambiente mistérico do mito é imediatamente inaugurado pela expressão ἐν ᾧ καλοῦμεν τὸ ζῆν (pela duração do que chamamos de vida), que ecoa um verso de Eurípides, já citado no *Górgias* (493a): "Quem sabe se viver é morrer e morrer é estar vivo?", que por sua vez se refere a um fragmento órfico (*of* 430, ver Bernabé, 2011, pp. 115-43; 2013, p. 116, e sobretudo 2016a, p. 63). O sentido da expressão é claro: esta que chamamos vida não é a vida verdadeira, pois somente após a separação do corpo a alma imortal poderá viver uma vida plena. O mito final é preparado por diversas intervenções ao longo do diálogo que contribuem para desenhar um clima comum às religiões mistéricas e a preparar o desfecho do diálogo.
2. A expressão "se a morte fosse..." é uma oração condicional irreal e indica ser absolutamente impossível pensar que a morte seja uma separação de tudo (*pace* Pender, 2012, p. 205 e Morgan, 2000, p. 199). Diante dela, o νῦν (agora) indica um retorno ao discurso da realidade (Rowe, 1993, p. 266). A discussão, portanto, é levada mais uma vez para o âmbito moral, visto que a morte não exime a pessoa de suas responsabilidades. É nesse ponto que o mito se inicia e se faz de alguma forma necessário para descrever o destino moral da alma no além-túmulo.
3. Com os dois λέγεται (se diz), repetidos em 110b e 113b, inicia-se a narração do mito. Chama atenção a falta de autoria do mito, uma estratégia pouco comum na obra platônica: outros mitos escatológicos são atribuídos por exemplo a Er (em *República*) ou a Thot (no *Fedro*). O

motivo dessa ausência foi atribuído ao desejo de Platão de apresentar esses mitos sobre a imortalidade da alma e a geografia do além-túmulo como amplamente compartilhados pela cultura de seu tempo. O problema dessa interpretação é que simplesmente não o eram (Bernabé, 2016a, p. 63). Platão recolhe ao longo do mito diversas tradições mistéricas, de maneira especial de âmbito órfico (Bernabé, 2013), as reorganiza, reinventa e transpõe, para usar a célebre terminologia de Diés (1913): o resultado é algo de fato original, ainda que apresentado como tradicional. Santamaria (2016) nota, com razão, que, à diferença de outras menções ao Hades, neste mito não apenas não há autores, como não é citada também nenhuma divindade: "*no doubt to bestow a scientific veneer to the passage*" (Santamaria, 2016, p. 46).

4. Opto pela tradução de δαίμων por "demônio", como faz Nunes (1980), enquanto Azevedo (2000) traduz por "gênio". O motivo é que será preciso distingui-los dos deuses como tais, pois o termo indica um tipo especial de divindade que se encontra de certa maneira mais próxima do ser humano, quase como uma divindade menor, pessoal ou intermediária. No mito, os demônios atuam como guias da alma através do Hades. Sócrates falará novamente de demônios como guias em 108c e 113d. Diversas tradições testemunham um uso semelhante do termo. É o caso do célebre fragmento de Heráclito (DK 22 B119), segundo o qual "o caráter de um ser humano é o seu demônio" (ἦθος ἀνθρώπωι δαίμων) e de um fragmento de Menandro (50 K.-A.), que de novo menciona que um demônio acompanha cada ser humano desde o momento de seu nascimento. A ideia de demônios-guias não está presente nas tradições órficas das quais Platão parece trazer boa parte do material para este mito. Mas aparece no *Papiro Derveni*, um antigo comentário anônimo sobre versos atribuídos a Orfeu, que revela conhecer alguns dos filósofos pré-socráticos e que contém também a interpretação de um ritual órfico (Piano, 2016a, p. 6; 2016b, p. 131).

5. Um juízo final sem juízes é o que este mito do *Fédon* parece sugerir, segundo Bernabé (2013, p. 130). Ainda que

Platão tenha sido o responsável por inventar as figuras de juízes infernais em outros diálogos, como é o caso dos mitos escatológicos do *Górgias* e da *República* (Bernabé, 2017), aqui no *Fédon* Platão "despersonaliza o processo, referindo-se a um julgamento, sem mencionar os juízes, e afirma que as almas vão para onde foram designadas, sem especificar quem faz essa designação, além de referências abstratas a 'restrição' e 'destino'" (Bernabé, 2013, p. 130). De alguma forma, o julgamento não precisa de juízes porque há como que uma "comunidade de almas" que vigia as chegadas e partidas e que remete idealmente à figura social da comunidade dos iniciados nos mistérios. Ver também a esse respeito a introdução.

6. Segundo *República* (615a) e *Fedro* (249a), o tempo entre a morte e a reencarnação corresponde a mil anos.
7. Trata-se de uma tragédia perdida de Ésquilo (*fr.* 239 Radt).
8. Sócrates revela uma atenção quase etnográfica às práticas religiosas de seu tempo, aqui especificamente em busca do mapa de uma geografia do além-túmulo. O interesse de Sócrates pelas práticas religiosas de seu tempo é bem explícito ao longo de todo o corpus. Se pense, por exemplo, no motivo inicial da própria *República*, em que Sócrates diz querer descer ao Pireu para ver o novo festival das Bendídias.
9. Ver 68b-c e 81b-c.
10. Como no *Górgias* (493a), o mito sobre a geografia do além-túmulo é ouvido de alguém. No diálogo de "um homem de refinada inteligência", novamente não há qualquer maior informação sobre o narrador do mito. Kingsley (1995) apresenta a hipótese, coerente com sua tese de que toda a geografia do mito teria sido inspirada pela Sicília, de que essa pessoa deva ser um pitagórico siciliano: "*Plato was substantially indebted to Pythagorean oral tradition*" (Kingsley, 1995, p. 111). Ainda que a intuição de Kingsley pareça de fato interessante e possa ser compartilhada em linhas gerais, creio que seja mais seguro acolher o sentido da estratégia retórica do silêncio sobre a autoria do mito (ver nota 3 desta seção), que mais uma vez Platão quis adotar.

11. A passagem da escatologia (o lugar que a alma habita) para a geografia (os muitos lugares maravilhosos da Terra) é abrupta, a ponto de fazer facilmente esquecer que aqui Sócrates está aproximando dois lugares e duas "disciplinas" realmente distintas. Assimilando dessa forma o além-túmulo com a geografia "científica" terrestre, a Terra e a alma podem ser vistas como análogas e, portanto, estudadas da mesma maneira e por um único discurso (Gee, 2020, p. 244). A continuidade entre este e aquele mundo, então, assume aqui conotações que, mais do que apenas geográficas, podemos considerar epistemológicas e metafísicas.
12. A expressão ἡ Γλαύκου τέχνη (a competência, ou arte, de Glauco) é muito provavelmente já proverbial no tempo de Platão. Difícil identificar, todavia, a qual Glauco o provérbio esteja se referindo, pois a tradição recorda diversas pessoas homônimas, especializadas em diferentes técnicas, todas de alta competência e precisão (Clay, 1985). No mesmo sentido, sobre a tradução de τέχνη por capacidade, ver nota 36 da seção "Objeções".
13. Essa profissão de modéstia epistêmica de Sócrates com relação ao mito "geográfico" que irá contar é com certeza uma alusão à fragilidade humana de que Símias fala ao término do argumento final. Nota-se uma clara distinção de tom com relação à narração do destino imortal da alma logo acima, sobre o qual Sócrates não parece ter as mesmas dúvidas. Aqui ele se distancia também da segurança sobre esses assuntos cosmológicos frequentemente proclamada pelos poetas antigos, como é o caso de Homero e Píndaro: "*his philosophical Muses give him no guarantee of accuracy*", comenta a esse respeito Morgan (2000, p. 198).
14. Trata-se de toda a terra conhecida, entre o mar Negro e o atual estreito de Gibraltar (as assim chamadas colunas de Hércules). O Fásis é um rio da Cólquida, hoje conhecido como Rioni, e que corre na Geórgia ocidental. É uma geografia totalmente mediterrânea, portanto, como se verá pela imagem a seguir.
15. Dixsaut (1991, p. 345) vê aqui uma referência à imagem da caverna da *República* (514a). Trabattoni (2011, p. 241)

chega a considerar o mito do Fédon como uma "tradução geográfica" do mito da caverna.

16. Mais do que geográfica ou cosmológica, a preocupação de Sócrates é epistemológica: nossa condição atual (de almas encarnadas) impede que possamos conhecer como as coisas são. Isso é possível apenas para quem possa "criar asas e voar", obviamente uma imagem da vida da alma desencarnada (*Phdr.* 246c e Sedley, 1989, p. 375). Mas também ética, porque posterior à tomada de consciência de uma perspectiva sobre o mundo profundamente enganada.

17. O prazer estético na apreciação do mito, com suas imagens e seus ritmos quase oníricos (Casertano, 2015, p. 391), é marcado pelo advérbio ἡδέως (com prazer) e pelo adjetivo καλόν (belo) na expressão μῦθον λέγειν καλόν (é belo contar mitos). O prazer de contar e ouvir mitos é claramente parte das estratégias narrativa e persuasiva de Sócrates ao longo de toda a obra platônica (Brisson, 1994, p. 104).

18. Não surpreende aqui que a imagem do dodecaedro seja vista como a mais próxima da esfera (*Tim.* 55c). De acordo com o paradigma artificial de Platão, a Terra é pensada, como no *Timeu*, como resultado de um processo artesanal de fabricação, que revela as "costuras" dos doze pedaços de couro.

19. A insistência de Sócrates na policromia da verdadeira Terra, essa contínua repetição sobre a quantidade e a qualidade das cores, não é nova: Platão a empresta de Empédocles e de sua analogia do pintor-criador que mistura os quatro elementos como se fossem pigmentos (DK 31 B27). Em Platão, a imagem que ecoa é aquela do mundo multicolorido criado pelo deus do *Timeu* (40a) e as cores igualmente diversas e brilhantes, como as de um arco-íris, do fuso da Necessidade em *República* (616b). Ao que parece, há muita cor nos mitos cosmológicos em Platão. Gee (2020, p. 262) sugere que as cores funcionam muito bem para que Platão possa endereçar, mais uma vez, sua preocupação epistemológica: as cores em sua absoluta pureza podem existir somente fora desta terra, que é imperfeita, uma "amostra" (110b) da realidade verdadeira. E que como tal deve ser vista.

20. Provavelmente uma alusão às Ilhas dos Bem-Aventurados, já citadas por Platão no mito escatológico do *Górgias* (523a, 524a e 526c).
21. Casertano (2015, p. 391) nota, com razão, que os seres humanos que vivem na verdadeira Terra não são, todavia, imortais. A esse respeito se vejam também as observações de Edmonds (2004, p. 217).
22. Trabattoni (2011, p. 245) relaciona essa possibilidade de ver os astros com a metáfora do eclipse antes mencionada (99d).
23. A Terra é descrita com uma analogia anatômica: o termo κοῖλος (cavidade) "*appartient aussi au vocabulaire anatomique, et désigne alors les cavités du corps*" (Pradeau 1996, p. 83). A Terra em que vivemos é, assim, o nosso corpo, o que vai ao encontro de toda a argumentação do diálogo, pela qual este corpo (assim como a vida na Terra) é uma prisão da qual precisamos nos libertar.
24. Prefiro esta tradução de κρατήρ (vaso para misturar o vinho) do que a tradução mais comum por vaso simples ou bacia. A imagem sugere a mistura de líquidos, e o κρατήρ é uma bacia utilizada para misturar água ao vinho (Bailly, 1935 [2000]). Ainda que não seja evidente o motivo de Platão escolher a imagem de um vaso para misturar vinho, esta especificidade não pode ser escondida pela tradução.
25. Ver nota 5 da seção "Método".
26. Hom. *Il.* VIII, 14. Trad. de Frederico Lourenço (2013).
27. A imagem da respiração da Terra remete mais uma vez à imagem da respiração dos seres viventes em Empédocles (*fr.* 100) e confirma a analogia entre o corpo humano e a Terra. Ver nota 23 desta seção e Edmonds (2004, p. 211).
28. Sigo mais uma vez a edição de Strachan (1995, p. 177), junto com a maioria dos manuscritos, e prefiro traduzir ὡδοποιέται (traçam caminhos) no indicativo em lugar do perfeito, como faz Burnet (1911).
29. O movimento dos rios do Tártaro, ainda que mítico, segue, por um lado, a cosmologia de uma Terra redonda (com um movimento circular, portanto), por outro lado, o próprio princípio da gravidade (com um movimento vertical), pela qual o alto e o baixo são evidentemente relativos a cada

um dos hemisférios (Pradeau, 1996, p. 94). Este é o motivo pelo qual as águas não podem passar do centro da Terra: o caminho após o centro seria um caminho de subida. Aristóteles considerará, todavia, esse sistema hidraulicamente impossível (Ar. *Meteor.* 356a12–33): a "*failed geography lesson*" (Annas, 1982, p. 120). Sobre a ideia de que de Platão seja mais favorável a uma representação esférica da Terra, ver Morrison (1959).

30. Homero oferece uma descrição pormenorizada desses quatro rios pela voz de Circe no momento em que instrui Odisseu sobre o caminho a ser seguido para encontrar Tirésias no Hades: "Mas após atravessar o Oceano com a nau/ onde há pequena praia e os bosques de Perséfone/ choupos altos e salgueiros que perdem a fruta/ a nau lá mesmo atraca no Oceano fundo-redemunho/ e tu próprio vai à casa bolorenta de Hades/ Lá no Aquerôn desembocam Piriflégueton e Cóquito, que é uma queda de água do Stíx/ uma rocha e a confluência de dois rios ressoantes" (*Od.* x 508. Trad. de Christian Werner, 2014). Platão utiliza a mesma descrição de Homero, mas arranja seus fluxos de maneira a se constituírem em um perfeito equilíbrio hidráulico de forças opostas (Edmonds, 2004, p. 211).

31. Ver 81e-82b.

32. O termo κύανος, que traduzi por "ciano", indica mais precisamente um esmalte de cor azul-escura, utilizado sobretudo para colorir metais (Bailly, 1935 [2020]).

33. Trata-se do célebre rio ínfero, cujo nome significa literalmente "estremecimento" e sobre o qual os deuses homéricos costumam fazer seus juramentos.

34. O termo κωκυτός significa literalmente "lamento". Homero (*Od.* x, 514) considera o Cócito como um braço do Estige.

35. A imagem das almas que não viveram nem de maneira santa nem de maneira má, mas que viveram medianamente e acabaram indo para o Aqueronte, ecoa o mesmo conceito expresso por Sócrates ao se referir ao erro de expectativa de qualidade moral dos outros, que leva as pessoas à misologia: "poucas são realmente boas ou más, enquanto muitíssimas aquelas que estão no meio do caminho" (90a).

36. Surpreende a ideia de que algumas almas não voltem mais para o ciclo das encarnações, aqui por terem sido enormemente culpadas, mas logo a seguir pelo motivo contrário, isto é, por terem sido santas. É verdade que um mito não deve ser analisado em detalhes como se fosse um tratado, como sugere Sócrates ao final dele (114d). Todavia, a possibilidade de uma interrupção da metempsicose parece contradizer pelo menos dois dos argumentos do diálogo: o cíclico e o da anamnese. Essa ideia, ainda que pouco coerente com aquela das contínuas reencarnações (Edmonds, 2004, p. 218), funciona como um reforço ético externo à lógica delas: um esforço excelente (ou um fracasso definitivo) na condução da vida pode levar a um prêmio ou castigo também excepcional e definitivo.
37. É bastante provável que a riqueza de detalhes na descrição dessas punições seja um indício de que Platão esteja aqui recuperando alguma fonte mítica mais antiga, ainda que perdida (Edmonds, 2004, p. 213). Kingsley (1995, p. 192) está convencido de que se trata de uma fonte pitagórica.
38. Em conformidade com o sistema hidráulico apresentado, Platão substitui os fortes ventos do Tártaro de Hesíodo pelas águas revoltas (Hes. *Theog.* 739-42). A imagem das águas que fluem sem parar ecoa as diversas imagens presentes no diálogo do fluxo que representa a realidade sensível, em contraposição com a inteligível. Isso aparece de maneira especial nestas palavras de Sócrates em 90c: "todas as coisas que existem viram continuamente para cima e para abaixo, como no Euripo, e jamais estão paradas em nenhum lugar". Aqui a punição das almas é serem continuamente arrastadas para cima e para baixo por esses rios. Elas participam do movimento da Terra, portanto, mais uma vez indicando a profunda analogia entre o destino humano e o do cosmo que Platão vem desenhando no mito. Assim a continuidade geográfica, ética, epistemológica e ontológica entre este mundo e o mundo do além é marcada de maneira inequívoca, da mesma forma que o destino das almas nesta vida e na outra é intrinsecamente interdependente.

39. Ainda que apareça aqui uma única vez a figura do δικαστής (juiz), seu papel é reduzido àquele de um garantidor de um sistema de justiça que está baseado nas pessoas que foram prejudicadas pelas injustiças: pois são estas últimas a determinar se a pena foi ou não cumprida o suficiente (ver nota 5 desta seção). Esta comunidade de almas que determina a punição e seu cumprimento pareceu inicialmente a Rowe (2007) "um dos aspectos mais estranhos do mito", quando, na verdade, espelha de imediato o exercício da justiça democrática por júri popular, como é o caso do que condenou Sócrates na Atenas do século V AEC. (Rowe, 2007, p. 103).

40. Apesar de Annas (1982) considerar o mito final do *Fédon* "*a confused and confusing myth, and its message is blurred*" (Annas, 1982, p. 125), é ao contrário possível encontrar nele uma estrutura coerente e relativamente bem desenhada. Não se trata de confusão, mas de uma precisa estratégia retórica e literária: ao longo do mito, Sócrates retoma em diversos momentos os mesmos temas e as mesmas imagens, repetidas como uma melodia em uma sinfonia (a imagem me foi sugerida por Bernabé em uma recente conversa). No interior desse mito, há uma organização tipológica das almas no Hades a partir do destino que lhe coube. De início, as almas são divididas em duas tipologias: as que viveram "bela e santamente, e aquelas que não" (113d). Mas com o desenvolvimento mais detalhado da cosmologia do Hades, os destinos das almas se desdobram e se definem melhor em quatro tipologias distintas: a) aquelas que viveram entre a virtude e o vício; b) as incuráveis; c) as curáveis; d) aquelas que viveram uma vida especialmente santa e que, por este motivo, habitam a verdadeira Terra. No interior destas últimas, como era de se esperar, Sócrates faz uma distinção ulterior, concedendo para os filósofos uma vida eterna ainda melhor: sem corpo e com mais belas moradias (ver a introdução).

41. Para o conceito de esperança, ver as notas 63 do prólogo e 45 da seção "Objeções".

42. "Demorar-se no mito", como faz Sócrates, é parte da pragmática desse tipo de discurso, que requer um olhar lento e

panorâmico, diferente daquele do argumento, imediato e preciso (ver nota 17 desta seção). Sobre a função do mito em Platão se escreveu uma quantidade imensa de páginas ao longo da história mais recente da filosofia antiga (ver nota 43 do prólogo). Nessa página, a função do mito é conectada com dois conceitos mais específicos: o do encantamento e o do risco. Com relação ao último, parece-me evidente que a insistência ao longo do diálogo sobre o risco de acreditar na imortalidade da alma (64a, 90e, 91a, 107c) está diretamente relacionada à consciência de Platão do perigo ínsito na operação de apoiar um argumento filosófico sobre práticas rituais e, de maneira especial, sobre aquela que Bernabé (2016b) chama de "decodificação" de textos mítico-religiosos. Pois o procedimento alegórico permite pouco controle sobre o resultado. Um risco calculado, obviamente. Vejam-se também a esse respeito as observações de Morgan (2000, p. 200).

43. A expressão τὰς (ἡδονὰς) περὶ τὸ μανθάνειν (os prazeres da aprendizagem) acaba por dar um fechamento a uma discussão sobre os prazeres que acompanha todo o diálogo a partir de 59a. Com essa referência ao prazer da vida filosófica, Platão parece apontar para a possibilidade de uma vida moral nesta Terra que possa ser de alguma forma prazerosa, ainda que sempre evitando os prazeres corporais.

44. A frase ὡς πορευσόμενος ὅταν ἡ εἱμαρμένη καλῇ (como alguém que estará pronto a ir uma vez que o destino chame) foi retirada por alguns editores, que a consideram uma antecipação irônica do que virá a seguir ("o destino me chama agora"). Contudo, Strachan (1995, p. 181) a mantém, por ser bem atestada nos manuscritos (e também Loriaux, 1969, p. 157).

A MORTE DE SÓCRATES
[pp. 177-81]

1. O cuidado de si é algo a que Sócrates dedica programaticamente grande atenção ao longo de todos os diálogos (*Apologia* 29d-30b). O que o faria feliz, mesmo no momento

final da vida, é que seus amigos e discípulos aprendam o cuidado de si, que fundamentalmente significa cuidar da alma, e não dos corpos e das riquezas.

2. É o terceiro e último sorriso de Sócrates antes de morrer. Platão evidencia aqui a calma desse sorriso (ἡσυχῇ), em uma cena em que a preocupação e a angústia de Críton e dos outros contrasta com a serenidade e a leveza de Sócrates.

3. A mesma construção ἄλλως λέγω, que traduzi com "falo com segundas intenções", é encontrada no *Críton* (46d) em referência aos discursos sobre a necessidade de obedecer à lei. Após a condenação de Sócrates à morte, esses discursos iriam parecer "feitos com segundas intenções" no caso em que Sócrates seguisse o conselho de Críton e fugisse da prisão.

4. Surpreendentemente não há menção no homônimo diálogo de uma garantia de Críton aos juízes de que Sócrates não fugiria da prisão (*Cri.* 46b e seguintes).

5. O léxico das garantias e do ficar e não ficar (o verbo é παραμένω) remete, segundo Kamen (2013), ao vocabulário da libertação dos escravos: "Como um verdadeiro homem liberto, Sócrates busca garantir que, após a morte de seu mestre (isto é, de seu corpo), ele será incondicionalmente livre, e sua alma não estará sujeita a *paramonê*" (Kamen, 2013, p. 93).

6. A preocupação de Críton, criticada aqui por Sócrates, não é, a bem da verdade, apenas higiênica. A falta de um enterro adequado, acompanhado de rituais corretos, poderia impedir que a alma, depois da morte, fosse para o Hades (Edmonds, 2004, p. 175).

7. Sobre o papel das αἱ οἰκεῖαι γυναῖκες (as mulheres da casa) no diálogo e, sobretudo, no funeral, ver nota 31 do prólogo. Xantipa, a esposa de Sócrates, aqui não é mais nomeada, como foi em 60a, mas se deve supor que ela esteja presente junto com as outras mulheres da casa (Guimarães da Costa, Pio & Cornelli, 2024).

8. Tanto essa expulsão das mulheres no final do dia, como aquela que teve lugar no começo do dia (60a), são justificadas com a necessidade de evitar os gritos do luto

(ἀνηυφήμησέ) que as mulheres costumavam performar nos ritos funerários. Mas a página a seguir (117d), ao mesmo tempo que nos confia a razão do afastamento de Xantipa e das mulheres da casa, desafia também uma interpretação simplória do papel de gênero da esposa lamuriosa. Os companheiros de Sócrates irão se comportar da mesma maneira que Xantipa, vão chorar e gritar. Com o agravante de que eles, à diferença da esposa de Sócrates, agem assim mesmo após terem ouvido de Sócrates todos os argumentos, ao longo de todo o diálogo. Argumentos que deveriam tê-los convencido a não lamentar a morte dele. Xantipa, que não ouvira os argumentos sobre a imortalidade da alma, seria logicamente menos reprovável por chorar e lamentar a morte de Sócrates.

9. Com uma imagem de rara simplicidade, Platão faz coincidir as diversas temporalidades do texto: o final do dia, o final do diálogo, o final da vida de Sócrates.

10. Ver nota 15 do prólogo.

11. Traduzo ῥᾴδιος por "melhor maneira", mas o adjetivo significa mais precisamente "fácil". Platão aqui parece fazer uma delicada alusão àquilo que Sócrates repete ao longo do diálogo, isto é, que o filósofo precisa "estar pronto para morrer facilmente" (81a, τεθνάναι μελετῶσα ῥᾳδίως), pois essa é a melhor maneira de enfrentar a morte.

12. Rowe (1993, p. 293) reconhece na expressão ἀλλ' ἄγε δή πειθώμεθα αὐτῷ (mas força, vamos seguir suas palavras) uma reminiscência homérica, pois até o ritmo é o mesmo de um hexâmetro. A tragicidade do momento certamente inspira Platão na busca por referências em Homero, que considera como um dos poetas trágicos (*R.* 595b).

13. Gill (1973) nota com razão que a descrição que Platão faz dos efeitos da cicuta no corpo de Sócrates se limita a alguma sensação de peso nas pernas e, como se verá a seguir, de frio subindo pelo corpo. Tanto a literatura antiga como aquela atual conhecem sintomas bem mais violentos, entre eles: sufocamento, vômito, olhos revirados, náusea, dificuldade de fala. A edição platônica dos efeitos do veneno sobre o corpo de Sócrates não deve surpreender, todavia, considerando tanto a necessidade de

uma representação da morte do filósofo dramaticamente coerente com a tranquilidade de sua alma, por assim dizer, como também o desejo de sublinhar mais uma vez o absoluto controle deste sobre seu corpo, que resulta em uma reação bastante diminuída aos efeitos do veneno. Ver também nota 2 do prólogo.

14. O sentido da expressão ταυρηδὸν ὑποβλέψας (com olhar de touro) foi amplamente discutido pela crítica (para um relato cuidadoso do debate, ver Guimarães da Costa, 2023, p. 32). Não pode significar um olhar de medo de Sócrates em seus últimos instantes, como sugere Burger (1984, p. 213), pois isso seria contrário a toda a ambientação da cena e à atitude geral de Sócrates diante da morte. Concordo com Futter (2014a e 2014b) que por trás dessa representação taurina de Sócrates se esconde uma referência, sutilmente inserida ao final do diálogo, ao mito de Teseu e do Minotauro. Sócrates assume assim o lugar de vítima sacrificial, de *pharmakos*, enquanto touro, e de herói enquanto novo Teseu. Por um lado, Sócrates se sacrifica como o Minotauro, e por outro, ao matar o Minotauro como fez Teseu, ele vence a morte.

15. Ao querer oferecer parte da taça em sacrifício aos deuses, Sócrates reafirma ao mesmo tempo não a considerar um veneno, e sim um fármaco, que o curará finalmente desta vida. Pois não poderia oferecer algo que não fosse bom aos deuses. Não sendo possível a libação, a substitui por uma oração.

16. Como em 115d, aqui traduzo por um comportamento errado o verbo πλημμελέω, que significa literalmente "destoar, tocar uma nota errada". As metáforas musicais, como se viu, são muito frequentes ao longo de todo o diálogo. A referência musical pode estar relacionada à εὐφημία (ver nota a seguir).

17. A εὐφημία (uso de palavras de bom auspício) é aqui o oposto dos gritos desesperados de Xantipa (60a) e dos discípulos, em especial os de Apolodoro. O termo deve ser compreendido no contexto ritual religioso e também musical. Pode significar tanto palavras de bom auspício quanto a consequência da ausência — que devia ser comum — do

seu contrário, e, portanto, um silêncio religioso. Creio que não seja o caso de escolher de fato entre as duas traduções.

18. Não deve surpreender a diferente reação de Sócrates ao choro do enviado dos Onze, que é elogiado, e àquele de seus amigos e discípulos, que são ao contrário repreendidos (Ebrey, 2023, p. 301). Como no caso de Xantipa, estes últimos, após ouvir os argumentos e os mitos, deveriam ter compreendido que não é o caso de lamentar a morte de Sócrates. Isso não seria possível esperar do enviado dos Onze.

19. O sentido dessas últimas palavras de Sócrates é amplamente debatido pela crítica. Guimarães da Costa (2023) faz um relato exaustivo do debate em curso. Peterson (2003) enumera 21 leituras diferentes das últimas palavras de Sócrates, enquanto Most (1993) classifica as diversas interpretações em dois grandes campos: alegórico e pessoal. Mas se veja a crítica de Crooks (1998) a essa classificação e à classificação em quatro grupos de McPherran (2003). Entre todas as leituras possíveis para as últimas palavras de Sócrates, a mais simples e que mais me convence é a que propõe que constituam uma referência carinhosa à doença de Platão, referida anteriormente em 59b: Sócrates teria adivinhado que Platão seria curado e por isso pede a oferenda de um galo ao deus da cura, Asclépio. A primeira pessoa do plural ("devemos um galo") parece sugerir que a filosofia se torna agora um dever coletivo, a ser empreendido por todos os presentes à morte de Sócrates, então e mesmo agora, por quem leu o diálogo (ver Bieda, 2022).

Bibliografia

ALLEN, James. "Greek Philosophy and Signs". In: ANNUS, Amar (Org.). *Divination and Interpretation of Signs in the Ancient World*. Chicago: University of Chicago, 2010, pp. 29-42.

ANNAS, Julia. "Plato's Myths of Judgement". *Phronesis*, v. 27, n. 2, pp. 119-43, 1982.

APOLLONI, Davi. "Plato's Affinity Argument for the Immortality of the Soul". *Journal of the History of Philosophy*, v. 34, n. 1, pp. 5-32, 1996.

ARAÚJO, Carolina. "Plato's *Phaedo* on rational suicide". In: CORNELLI, Gabriele; ROBINSON, Thomas M.; BRAVO, Francisco (Orgs.). *Plato's* Phaedo*: Selected Papers from the Eleventh Symposium Platonicum*. Sankt Augustin: Academia, 2018, pp. 154-8.

ARAÚJO JÚNIOR, Anastácio Borges de. "Uma insólita mistura de prazer e dor". *Archai*, n. 17, pp. 45-55, 2016.

ARNOTT, W. Geoffrey Arnott. *Menander*. Massachusetts: Harvard University Press/W. Heinemann, 1979.

AUSTIN, Emily. "Piety and Annihilation in Plato's *Phaedo*". *Apeiron*, v. 4, n. 52, pp. 339-58, 2019.

AZEVEDO, Maria Teresa Schiappa de. *Platão. Helenismo e Diferença. Raízes Culturais e Análise dos Diálogos*. São Paulo: Annablume, 2012. (Coleção Archai).

BAGNO, Marcos. *Gramática pedagógica do português brasileiro*. São Paulo: Parábola, 2012.

BAILLY, Anatole; EGGER, Émile; SÉCHAN, Louis; CHANTRAINE, Pierre. *Dictionnaire grec-français*. Paris: Hachette, 1984.

______; GRÉCO, Gérard; CHARBONNET, André; DE WILDE,

Mark; MARÉCHAL, Bernard. *Dictionnaire grec-français*. 4 ed., 2020.

BALLA, Chloe. "Sailing Away from Antilogic: Plato's *Phaedo* 90b-101e". *Ancient Philosophy*, v. 41, n. 2, pp. 355-67, 2021.

BALTUSSEN, Han. "Strato of Lampsacus as a Reader of Plato's *Phaedo*: His Critique of the Soul's Immortality". In: DELCOMMINETTE, Sylvain; d'HOINE, Pieter; GAVRAY, Marc-Antoine (Orgs.). *Ancient Readings of Plato's* Phaedo. Boston/Leiden: Brill, 2015, pp. 37-62.

BENJAMIN, Walter. *A tarefa do tradutor. Quatro traduções para o português*. Belo Horizonte: UFMG, 2008.

BENOIT, Hector. *A Odisseia de Platão: As aventuras e desventuras da dialética*. São Paulo: Annablume, 2017.

BENSON, Hugh H. *Clitophon's Challenge: Dialectic in Plato's "Meno", "Phaedo", and "Republic"*. Oxford/Nova York: Oxford University Press, 2015.

BERNABÉ, Alberto. *Orphicorum et Orphicis similium testimonia et fragmenta* (*Bibliotheca Scriptorum Graecorum Et Romanorum Teubneriana*). Berlim: De Gruyter, 2005.

______. *Poetarum epicorum Graecorum: testimonia et fragmenta*. 2 v., parte I. Leipzig: Teubner, 2007.

______. "Plato's Transposition of Orphic Netherworld Imagery". In: ADLURI, Vishwa (Org.). *Philosophy and Salvation in Greek Religion*. Berlim/Boston: De Gruyter, 2013, pp. 117-49.

______. "*Fedón*, 69c: ¿por qué los βάκχοι son los verdaderos filósofos?". *Archai*, n. 16, pp. 117-45, 2016 (a).

______. "Transfer of Afterlife Knowledge in Pythagorean Eschatology". In: RENGER, Almut-Barbara; STAVRU, Alessandro (Orgs.). *Pythagorean Knowledge from the Ancient to the Modern World: Askesis, Religion, Science*. Wiesbaden: Harrassowitz, 2016 (b), pp. 17-30.

______. "Jueces Infernales, de Homero a Platón". *Anais de Filosofia Clássica*, v. 11, n. 22, pp. 60-79, 2017.

______. "Describir el Más Allá. Consideraciones sobre el mito del *Fedón*". In: CORNELLI, Gabriele; ROBINSON, Thomas M.; BRAVO, Francisco (Orgs.). *Plato's* Phaedo. *Selected Papers from the Eleventh Symposium Platonicum*. Baden-Baden: Academia, 2018.

BETEGH, Gábor. "Tale, Theology, and Teleology in the *Phaedo*". In: PARTENIE, Catalin (Org.). *Plato's Myths*. Cambridge: Cambridge University Press, 2009, pp. 77-100.

______. "Plato on Illness in the *Phaedo*, the *Republic*, and the *Timaeus*". In: JORGENSEN, Chad; KARFÍK, Filip; ŠPINKA, Štěpán (Orgs.). *Plato's Timaeus*. Boston/Leiden: Brill, 2020, pp. 228-58.

______. "Plato on Philosophy and the Mysteries". In: EBREY, David; KRAUT, Richard (Orgs.). *The Cambridge Companion to Plato*. Cambridge: Cambridge University Press, 2022.

BIEDA, Esteban. "Le debemos un gallo a Asclepio. El canto político del cisne socrático". *Daimon: Revista Internacional de Filosofía*, n. 80, pp. 125-38, 2020.

BLÖSSNER, Norbet. "Sokrates und sein Glück, oder: Weshalb hat Platon den,*Phaidon*' geschrieben?". In: HAVLÍČEK, Aleš; KARFÍK, Filip (Orgs.). *Plato's Phaedo*. Praga: Oikoymenh, 2001, pp. 96-139.

BLUCK, R. S. *Plato. Plato's* Phaedo. Londres: Routledge, 1955.

BONAZZI, Mauro. *Platone:* Menone. Turim: Einaudi, 2012.

______; TRABATTONI, Franco. *Platone e la tradizione platonica: studi di filosofia antica*. Milão: Cisalpino, 2003.

BONELLI, Maddalena. *Platone. Leggere il* Fedone *di Platone*. Roma: Carocci, 2015.

BORGES, Anderson de Paula. *Platão*. Fédon. Petrópolis: Vozes, 2022.

BOSSI, Beatriz. "Which is the Right Exchange to Attain Virtue? (*Phaedo*, 69a5-c2)". In: HAVLÍČEK, Aleš; KARFÍK, Filip (Orgs.). *Plato's Phaedo*. Praga: Oikoymenh, 2001, pp. 193--207.

______. *Saber gozar. Estudios sobre el placer en Platón*. Madri: Trotta, 2008.

BOSTOCK, David. *Plato's* Phaedo. Nova York: Clarendon/ Oxford University Press, 1986.

BOWDEN, Hugh. *Mystery Cults of the Ancient World*. Princeton: Princeton University Press, 2010.

BOYS-STONES, George. "Phaedo of Elis and Plato on the Soul". *Phronesis*, v. 49, n. 1, pp. 1-23, 2004.

BRANDÃO, Renato Matoso. "On The Translation and Meaning

of *Phaedo* 74b7-9". In: CORNELLI, Gabriele; ROBINSON, Thomas M.; BRAVO, Francisco (Orgs.). *Plato's* Phaedo. *Selected Papers from the Eleventh Symposium Platonicum*. Sankt Augustin: Academia, 2018.

BRÉMOND, André. "Un Argument de Socrate contre la thèse de l'âme-harmonie. Discussions d'un texte du *Phédon* 93b". *Archives de Philosophie*, n. 9, pp. 63-74, 1932.

BRISSON, Luc. *Platon, les Mots et les mythes: Comment et pourquoi Platon nomma les mythes*. Paris: La Découverte, 1994.

_____. *Plato the Myth Maker*. Chicago: University of Chicago Press, 1999.

BROADIE, Sarah. "Soul and Body in Plato and Descartes". *Proceedings of the Aristotelian Society*, v. 101, pp. 295-308, 2001.

BROWN, Lesley. *Connaissance et réminiscence dans le* Ménon. *Revue Philosophique de la France et de l'Étranger*, t. 181, n. 4, "Platon", pp. 603-19, 1991.

BURGER, Ronna. *The Phaedo: a Platonic Labyrinth*. Indianapolis: St. Augustine's, 1984.

BURKERT, Walter. *Ancient Mystery Cults*. Massachusetts/Londres: Harvard University Press, 1987.

_____. *Religião grega na época clássica e arcaica*. Lisboa: Fundação Calouste Gulbenkian, 1993.

BURNET, John (Org.). *Plato*. *Plato's* Phaedo. Oxford: Clarendon, 1911.

CALDAS AULETE, Francisco Júlio de. *Dicionário contemporâneo da língua portuguesa*. Rio de Janeiro: Delta, 1958.

CARONE, Gabriela Roxana. "Mind and Body in Late Plato". *Archiv für Geschichte der Philosophie*, v. 3, n. 87, pp. 227--69, 2005.

CASERTA, Cristiana. "Socrate e il mare. Il modello odissiaco nel Fedone". *Nova Tellus*, v. 32, n. 2, pp. 75-113, 2015.

CASERTANO, Giovanni. *Il nome della cosa*. Nápoles: Loffredo, 1996.

_____. *Platone*. Fedone, *o dell'anima. Dramma etico in tre atti*. Nápoles: Loffredo, 2015.

_____. "A reminiscência no Fédon". *Archai*, n. 18, pp. 17-73, 2016.

CASERTANO, Giovanni. *I proverbi di Platone*. Nápoles: Loffredo, 2019.

CASSIN, Barbara. *Parménide. Sur la nature ou sur l'étant: La langue de l'être?* Paris: Seuil, 1998.

CENTRONE, Bruno. *Platone*. Fedone. Trad. e notas de Manara Valgimigli. Introdução e notas de Bruno Centrone. Roma/ Bari: Laterza, 2000.

CHEN, L. C. H. "Acquiring knowledge of Ideas in the *Phaedo*". *Reinisches Museum für Philologie*, n. 133, pp. 52-70, 1990.

______. *Acquiring Knowledge of the Ideas: A Study of Plato's Methods in the Phaedo, the Symposium, and the Central Books of the Republic*. Stuttgart: Franz Steiner, 1992.

CHOMSKY, Noam. "Recent Contributions to the Theory of Innate Ideas: Summary of Oral Presentation". *Synthese*, v. 17, n. 1, pp. 2-11, 1967.

______. *Knowledge of Language: Its Nature, Origin, and Use*. Viena: Praeger, 1986.

CILIONE, Marco. *Pythagorica medica. Scienza e sapienza nella tradizione preippocratica*. Roma: L'Erma de Bretschneider, 2022.

CLARK, Pamela. (1952). "A Cock to Asclepius". *The Classical Review* 2, p. 146.

CLARKE, Desmond M. *Descartes. Meditations and Other Metaphysical Writings*. Londres: Penguin Classics, 1998.

CLAY, Diskin. "The Art of Glaukos (Plato *Phaedo* 108d4-9)". *American Journal of Philology*, v. 106, n. 2, pp. 230-6, 1985.

CLAYTON, Edwars. "The Death of Socrates and the Life of Aesop". *Ancient Philosophy*, v. 28, n. 2, pp. 311-28, 2008.

COMPTON, Todd. "The Trial of the Satirist: Poetic Vitae (Aesop, Archilochus, Homer) as Background for Plato's *Apology*". *The American Journal of Philology*, v. 111, n. 3, pp. 330-47, 1990.

CORNELLI, Gabriele. "Quem sabe se viver é morrer e morrer é estar vivo? O lógos pitagórico do tempo da alma em *Górgias* e *Mênon*". *Ideias*, v. 11, n. 2, pp. 83-100, 2005.

______. "Calcular a saúde: a saúde como equilíbrio de forças na tradição pitagórica". In: PEIXOTO, M. C. D. (Org.). *A saúde dos antigos. Reflexões gregas e romanas*. São Paulo: Loyola, 2009.

CORNELLI, Gabriele. "Platão aprendiz do teatro: a construção dramática da filosofia política de Platão". *Revista VIS*, v. 9, pp. 69-80, 2010.

______. *O pitagorismo como categoria historiográfica*. Coimbra: Imprensa da Universidade de Coimbra, 2011.

______. "A alma-camaleão e sua plasticidade: dualismos platônicos no *Fédon*". *Archai*, v. 16, pp. 203-22, 2016.

______. "Academia". In: CORNELLI, G.; LOPES, R. (Orgs.). *Coimbra Companions: Platão*. Coimbra/São Paulo: Imprensa da Universidade de Coimbra/Paulus, 2018 (a), pp. 33-56.

______. "Metafísica e geometria da amizade na tradição pitagórica: tudo em comum entre os amigos". Anais do VI Simpósio Internacional de Estudos Antigos do Grupo de Filosofia Antiga da UFMG: philia/amicitia na Antiguidade. Belo Horizonte: Fafich/UFMG, 2018 (b), pp. 1-14. Disponível em: <https://www.even3.com.br/anais/vi_siea_philia/128210-metafisica-e-geometria-da-amizade-na--tradicao-pitagorica--tudo-em-comum-entre-os-amigos/>. Acesso em: 27 fev. 2025.

______. "Plato Sailing against the Current: The Image of the Ship in the *Republic*". In: WILLIAMS, Hamish; CLARE, Ross (Orgs.). *The Ancient Sea: The Utopian and Catastrophic in Classical Narratives and their Reception*. Liverpool: Liverpool University Press, 2022, pp. 63-80.

CORNFORD, Francis M. *The Republic of Plato*. Oxford: Clarendon Press, 1941.

CROOKS, James. "Socrates' Last Words: Another Look at an Ancient Riddle". *The Classical Quarterly*, v. 1, n. 48, pp. 117-25, 1998.

DALFEN, J. "Philologia und Vertrauen (über Platons eigenartigen Dialog *Phaidon*". *Grazer Beiträge*, n. 20, pp. 35-57, 1994.

DE PACE, Anna. (2003). "La confutazione socratica della dottrina dell'anima-armonia: (*Fedone*, 91c6-95a3)". In: BONAZZI, M.; TRABATTONI, Franco (Orgs.). *Platone e la tradizione platonica: Studi di filosofia antica*. Milão: Cisalpino, pp. 69-88.

DE PAOLI, Beatriz. *A adivinhação na Tragédia de Ésquilo*. São Paulo: FFLCH-USP, 2015. Tese (Doutorado em Letras Clássicas).

DE PAOLI, Beatriz. "Um sonho homérico no *Críton* de Platão". *Anais de Filosofia Clássica*, v. 11, n. 21, pp. 16-28, 2017.

DELATTRE, Charles. "Marques et Signes dans le mythe de Philomèle". *Gaia: revue interdisciplinaire sur la Grèce Archaïque*, n. 18, pp. 471-88, 2015.

DERRIDA, Jacques. *De l'hospitalité*. Paris: Calmann-Lévy, 1997.

______. "What is a 'relevant' translation?". *Critical Inquiry*, n. 27, pp. 174-200, 2001.

DIÈS, Auguste. *Autour de Platon: Essais de critique et d'histoire*. Paris: Les Belles Lettres, 1972.

DILMAN, İlham. *Philosophy and the Philosophic Life: a Study in Plato's Phaedo*. Nova York: St. Martin's, 1992.

DIXSAUT, Monique. *Le Naturel Philosophe: essai sur les dialogues de Platon*. Paris: Les Belles Lettres, 1985.

______. Platon. *Phédon*. Paris: Flammarion, 1991.

______. "'Ousia', 'eidos' et 'idea' dans le *Phédon*". *Revue Philosophique de La France et de l'Étranger*, t. 181, n. 4, pp. 479-500, 1992.

DORTER, Kenneth. "Plato's Image of Immortality". *The Philosophical Quarterly*, v. 26, n. 105, pp. 295-304, out. 1976.

______. *Plato's* Phaedo*: An Interpretation*. Toronto: University of Toronto Press, 1982.

______. "'Deathless Is Indestructible, If not We Need Another Argument': An Implicit Argument in the *Phaedo*". In: HAVLÍČEK, Aleš; KARFÍK, Filip (Orgs.). *Plato's Phaedo*. Praga: Oikoymenh, 2001, pp. 406-23.

______. "The Objections of Simmias and Cebes (84c-89c)". In: MÜLLER, Jörn (Org.). *Platon: Phaidon*. Berlim: Akademie, 2011, pp. 97-110.

DUARTE, Adriane da Silva. "Esopo. Um mestre dos saberes populares". In: REDE, Marcelo (Org.). *Vidas antigas. Ensaios biográficos da Antiguidade*. São Paulo: Intermeios, 2019, pp. 51-66.

______. "Entre o cômico e o filosófico: vida de Esopo". *A Palo Seco: Escritos de Filosofia e Literatura*, v. 1, n. 5, pp. 23-31, 2013.

______; MALTA, André. *Esopo. Fábulas seguidas do* Romance de Esopo. São Paulo: Ed. 34, 2017.

DUÉ, Cassey; LUPACK, Susan; LAMBERTON, Robert. "Homeric Body and Mind". In: PACHE, Corinne Ondine (Org.). *The*

Cambridge Guide to Homer. Cambridge: Cambridge University Press, 2020, pp. 142-4.

DUFF, R. A. "Socratic Suicide?". *Proceedings of the Aristotelian Society*, Oxford, v. 83, n. 1, pp. 35-47, 1983.

EBERT, Theodor. *Sokrates als Pythagoreer und die Anamnesis in Platons Phaidon*. Stuttgart: Steiner, 1994.

______. "Why Is Evenus Called a Philosopher at *Phaedo* 61c?". *The Classical Quarterly*, v. 2, n. 51, pp. 423-34, 2001.

______. *Platon.* Phaidon. *Übersetzung und Kommentar*. Göttingen: Vandenhoeck und Ruprecht, 2004.

______. *Platon:* Menon, *Übersetzung und Kommentar*. Berlim: de Gruyter, 2018.

EBREY, David. *Plato's Phaedo. Forms, Death, and the Philosophical Life*. Cambridge: Cambridge University Press, 2023.

EDMONDS III, Radcliffe G. *Myths of the Underworld Journey: Plato, Aristophanes, and the "Orphic" Gold Tablets*. Cambridge: Cambridge University Press, 2004.

ELTON, M. "The Role of the Affinity Argument in the *Phaedo*". *Phronesis*, v. 3, n. 42, pp. 313-6, 1997.

EPICARMO. "Poetae Comici Graeci (PCG)". In: KASSEL, Rudolf; AUSTIN, Colin (Orgs.). *I: Comoedia Dorica, Mimi, Phlyaces. Gnomon*. Berlim: de Gruyter, 2004, pp. 193-8.

EWEGEN, Shane Montgomery. "We the Bird-Catchers: Receiving the Truth in the *Phaedo* and the *Apology*". In: BELL, Jeremy; NAAS, Michael (Orgs.). *Plato's Animals: Gadflies, Horses, Swans, and Other Philosophical Beasts*. Indiana: Indiana University Press Office of Scholarly Publishing, 2015, pp. 79-95.

FANON, Frantz. *Pele negra, máscaras brancas*. São Paulo: Ubu, 2020.

FERRARI, Franco. *La via dell'immortalità. Percorsi platonici*. Turim: Rosenberg & Sellier, 2019.

______. "Evento o condizione? Anamnesis e innatismo a partire dal *Menone*". *Rivista di Storia Della Filosofia*, n. 1, pp. 1-24, 2020.

______. *Introdução a Platão*. São Paulo: Paulus, 2020. (Coleção Cátedra).

FERWERDA, Rein. "The Meaning of the Word ΣΩΜΑ in Plato's *Cratylus* 400c". *Hermes*, v. 113, n. 3, pp. 266-79, 1985.

FIERRO, Maria Aangelica. "Alma encarnada-cuerpoamante en

el *Fedón* de Platón". In: GORBET, Laura Benítez; ZARAGOZA, Alejandra Velázquez (Orgs.). *Tras las huellas de Platón y el platonismo en la filosofía moderna*. Cidade do México: Torres Asociados, 2013, pp. 7-42.

FINE, Gail. *On Ideas: Aristotle's Criticism of Plato's Theory of Forms*. Nova York: Oxford University Press, 1993.

FOUCAULT, Michel. *O corpo utópico, as heterotopias*. São Paulo: N-1, 2013.

______. "Entrevista com André Berten". *Revista de Estudos Universitário de Sorocaba*, v. 1, n. 36, pp. 225-35, 2020.

FRADE, Gustavo. "Adivinhação e profecia na Grécia Antiga". *Phaos*, v. 18, n. 2, pp. 1-16, 2018.

FREDE, Dorothea. "The Final Proof of the Immortality of the Soul in Plato's 'Phaedo' 102a-107a". *Phronesis*, v. 23, n. 1, pp. 27-41, 1978.

FREDE, Michael. "The Original Notion of Cause". In: SCHOFIELD, Michael; BURNYEAT, Myles; BARNES, Jonathan (Orgs.). *Doubt and Dogmatism: Studies in Hellenistic Epistemology*. Oxford: Oxford University Press, 1980, pp. 217-49.

FURLEY, David J. "Anaxagoras in Response to Parmenides". *Canadian Journal of Philosophy*, v. 6, vol. suplementar 2, pp. 61-85, 1976.

FUTTER, Dylan. "The Myth of Theseus in Plato's *Phaedo*". *Akroterion*, v. 59, pp. 89-103, 2014 (a).

______. "Socrates' Bull Sacrifice (*Phd.* 117b5)". *Acta Classica*, v. 57, pp. 233-40, 2014 (b).

GALLOP, David. *Plato*. Phaedo. Oxford: Oxford University Press, 2009.

GEE, Emma. *Mapping the Afterlife. From Homer to Dante*. Oxford: Oxford University Press, 2020, p. 257.

GILL, C. "The Death of Socrates". *The Classical Quarterly*, v. 3, n. 23, pp. 25-8, 1973.

GOFF, Barbara. *Citizen Bacchae: Women's Ritual Practice in Ancient Greece*. Berkeley, CA/Londres: University of California Press, 2004.

GONZALEZ, Francisco J. (Org.). *The Third Way: New Directions in Platonic Studies*. Rowman & Littlefield, 1995.

______. *Dialectic and Dialogue: Plato's Practice of Philosophical Inquiry*. Illinois: Northwestern University Press, 1998.

GONZALEZ, Francisco J. "Perché non esiste una 'teoria platonica delle idee'". In: BONAZZI, Mauro; TRABATTONI, Franco (Orgs.). *Platone e la tradizione platonica. Studi di filosofia antica*. Milão: Cisalpino, pp. 31-67.

______. "How is the Truth of Beings in the Soul? Interpreting Anamnesis in Plato". *Elenchos*, v. 28, n. 2, pp. 275-302, 2007.

______. "Why the Minotaur is Misology". In: CORNELLI, Gabriele; ROBINSON, T. M.; BRAVO, F. (Orgs.). *Plato's Phaedo. Selected papers from the Eleventh Symposium Platonicum*. Sankt Augustin: Academia, 2018, pp. 90-5.

GOWER, O. S. L. "Why is There an Autobiography in the *Phaedo*?". *Ancient Philosophy*, n. 28, pp. 329-46, 2008.

GRECO, Anna. "Plato's Cyclical Argument for the Immortality of the Soul". *Archiv für Geschichte der Philosophie*, v. 3, n. 78, pp. 225-52, 1996.

GUIMARÃES DA COSTA, Leonardo. *A fábula de Sócrates: um estudo das últimas palavras de Sócrates no* Fédon *de Platão*. Brasília: ICH, 2023. Dissertação (Mestrado em Metafísica).

______; CORNELLI, Gabriele. "O medo da morte e a misologia no *Fédon* de Platão". *HYPNOS*, v. 52, pp. 119-39, 2024 (a).

______; CORNELLI, Gabriele. "O medo de μορμολύκεια (Pl. Phd 77e): estudos para uma tradução brasileira do vocábulo grego". *O eixo e a roda*, 2024 (b). No prelo (2025).

GUIMARÃES, Leonardo; PIO, Fernanda; CORNELLI, Gabriele. "'Of Course, You Know Her!' (Pl. Phd. 60a). Xanthippe's Presence by Socrates Deathbed", 2024. Disponível em: <https://doi.org/10.1590/SciELOPreprints.8904>. Acesso em: 28 fev. 2025.

GUTHRIE, William K. C. *A history of Greek Philosophy, v. 1: the Earlier Presocratics and the Pythagoreans*. Oxford: Oxford University Press, 1962.

______. *A History of Greek Philosophy, v. 4: Plato, The Man and His Dialogues: Earlier Period*. Cambridge: Cambridge University Press, 1975.

HACKFORTH, Reginald. Plato. *Plato's Phaedo*. Cambridge: Cambridge University Press, 1972.

HALL, E. (2002). "When is a Myth not a Myth?". In: HARRISON, Thomas (Org.). *Greeks and Barbarians*. Edimburgo: Edinburgh University Press, 2002, pp. 133-52.

HARRY, Chelsea C.; HABASH, Justin (Orgs.). *Brill's Companion to the Reception of Presocratic Natural Philosophy in Later Classical Thought*. Boston/Leiden: Brill, 2020.

HAVELOCK, Eric Alfred. *The Literate Revolution in Greece and its Cultural Consequences*. Princeton: Princeton University Press, 1982.

HEITSCH, Ernest. "Was Autor und Dialogpersonen des *Phaidon* von ihren Argumenten halten". In: HAVLÍČEK, Aleš; KARFÍK, Filip (Orgs.). *Plato's Phaedo*. Praga: Oikoymenh, 2001, pp. 78-95.

HENRI JOLY. *Le Renversement platonicien: logos, episteme, polis*. Paris: J. Vrin, 1974.

HICKEN, W. F. "*Phaedo* 93a 11-94 b3". *The Classical Quarterly*, v. 1-2, n. 4, pp. 16-22, 1954.

HISCOCK, Matthew. "The Frame of the *Phaedo*". *Greek, Roman and Byzantine Studies*, n. 59, pp. 86-108, 2019.

HOMERO. *Ilíada*. Trad. de Frederico Lourenço. São Paulo: Penguin-Companhia das Letras, 2013.

______. *Odisseia*. Trad. de Christian Werner. São Paulo: Cosac Naify, 2014.

HOUAISS, Antônio. *O português no Brasil*. Rio de Janeiro: Unibrade, 1985.

HUFFMAN, Carl A. *Philolaus. Philolaus of Croton: Pythagorean and Presocratic*. Cambridge: Cambridge University Press, 1993.

______. "Philolaus and the Central Fire". In: STERN-GILLET, Suzanne; CORRIGAN, Kevin (Orgs.). *Reading Ancient Texts. Volume I: Presocratics and Plato*. Leiden: BRILL, 2007, pp. 57-94.

______. "Plato and the Pythagoreans". In: CORNELLI, Gabriele; MCKIRAHAN, Richard; MACRIS, Constantinos (Orgs.). *On Pythagoreanism*. Berlim: de Gruyter, 2013, pp. 237-70.

HYLAND, Drew A. *Finitude and Transcendence in the Platonic Dialogues*. Nova York: State University of New York Press, 1995.

IRWIN, Terence H. *Resenha de* SCHOFIELD, Malcolm; BURNYEAT, Myles; BARNES, Jonathan (Orgs.). "Doubt and Dogmatism: Studies in Hellenistic Epistemology". *Nous*, v. 17, n. 1, pp. 126-34, 1983.

JACKSON, Steven. "Apollonius of Rhodes: ENDYMION". *Quaderni Urbinati di Cultura Classical*, v. 83, n. 2, pp. 11-21, 2006.

JOWETT, Benjamin. *The Dialogues of Plato*. Trad., intro. e notas de JOWETT, Benjamin. 5 vol., 4 ed. Oxford: Oxford University Press, 1953.

KAMEN, Deborah. "The Manumission of Socrates: A Rereading of Plato's Phaedo". *Classical Antiquity*, v. 32, n. 1, pp. 78--100, 2013.

KANAYAMA, Yahei. "The Methodology of the Second Voyage and the Proof of the Soul's Indestructibility in Plato's *Phaedo*". *Oxford Studies in Ancient Philosophy*, n. 18, pp. 41--100, 2000.

KEYT, D. "The Fallacies in '*Phaedo*' 102a-107b". *Phronesis*, v. 8, n. 2, pp. 167-72, 1963.

KINGSLEY, Peter. *Ancient Philosophy, Mystery and Magic: Empedocles and Pythagorean Tradition*. Oxford: Clarendon, 1996.

KONSTAN, David. "Xenophon and the Limits of Knowledge". In: The Ancient Greeks and Their Knowledge Conference, Cidade do México, 2-5 out. 2022.

KURKE, Leslie. "Aesop and the Contestation of Delphic Authority". In: ______; DOUGHERY, Carol (Eds.). *The Cultures Within Ancient Greek Culture*. Cambridge: Cambridge University Press, 2003, pp. 77-100.

______. "Plato, Aesop, and the Beginnings of Mimetic Prose". *Representations*, v. 94, pp. 6-52, 2006.

______. *Aesopic Conversations: Popular Tradition, Cultural Dialogue, and the Invention of Greek Prose*. Princeton/Oxford: Princeton University Press, 2011.

LEDBETTER, Grace M. "Reasons and Causes in Plato: The Distinction Between αἴτιον and αἰτία". *Ancient Philosophy*, v. 19, pp. 255-65, 1999.

LEE, Henry Desmond Pritchard. *Aristotle: Meteorologica*. Loeb Classical Library, n. 397, Cambridge/Londres: Harvard University Press/W. Heinemann, 1987.

LONG, Alex. *Death and Immortality in Ancient Philosophy*. Cambridge: Cambridge University Press, 2019.

LOPES, Rodolfo. "Ordenação dos diálogos". In: CORNELLI,

Gabriele; ______. (Orgs.). *Coimbra Companions: Platão*. Coimbra/São Paulo: Imprensa da Universidade de Coimbra/Paulus, 2018, pp. 79-102.

LORAUX, Nicole. "Donc Socrate est immortel". *Le Temps de la Réflexion*, n. 3, pp. 19-46, 1982.

______. *The Experiences of Tiresias: The Feminine and the Greek Man*. Nova Jersey: Princeton University Press, 1995.

______. *Le* Phédon *de Platon*. v. I, II. Namur: Presses Universitaires de Namur, 1975.

LYONS, John. *Introduction to Theoretical Linguistics*. Cambridge: Cambridge University Press, 1968.

MACEDO, J. M. "Vocativos e contexto discursivo na *República* de Platão". *PhaoS*, v. 10, pp. 59-83, 2010.

MALTA, André. *Platão. Quatro diálogos: Alcibíades Segundo, Taeges, Dois homens apaixonados, Clitofonte*. São Paulo: Ed. 34, 2022.

MARTINELLI TEMPESTA, Stefano. "Sul significato di δεύτερος πλοῦς nel *Fedone* di Platone". In: BONAZZI, Mauro; TRABATTONI, Franco (Orgs.). *Platone e la tradizione platonica: Studi di filosofia antica*. Milão: Cisalpino, 2003, pp. 89-125.

MBEMBE, Achille. *Crítica da razão negra*. São Paulo: N-1, 2021.

MCPHERRAN, Mark. "Socrates, Crito, and their Debt to Asclepius". *Ancient Philosophy*, v. 23, n. 1, pp. 71-92, 2003.

MENN, Stephen. "On Socrates' First Objections to the Physicists (*Phaedo* 95e8-97b7)". *Oxford Studies in Ancient Philosophy*, n. 38, pp. 37-68, 2010.

MESQUITA, António Pedro. "A natureza da ideia platônica: a propósito de duas passagens-chave: *Fédon* 83b, *Parmênides* 141e 142a". *Philosophica*, n. 10, pp. 45-76, 1997.

MILES, Murray. "Plato on Suicide (*Phaedo* 60C-63C)". *Phoenix*, v. 55, n. 3/4, pp. 244-58, 2001.

MILIONE, Vitor de Simoni. "O passo 62b do *Fédon*: a proibição do suicídio e o enigma da *phrourá*". *Archai*, n. 28, 2020.

MOORE, Christopher. "Anaxagoras, Socrates, and the History of 'Philosophy'". *CHS Research Bulletin*, v. 4, n. 2, 2016. Disponível em: <https://research-bulletin.chs.harvard.edu/2016/11/01/history-of-philosophy/>. Acesso em: 2 fev. 2025.

MORGAN, Kathryn A. *Myth and Philosophy from the Presocratics to Plato*. Cambridge: Cambridge University Press, 2000.

______. "The Voice of Authority: Divination and Plato's *Phaedo*". *The Classical Quarterly*, v. 1, n. 60, pp. 63-81, 2010.

MORRISON, John Sinclair. "The Shape of the Earth in Plato's *Phaedo*". *Phronesis*, v. 4, n. 2, pp. 101-19, 1959.

MOST, Glenn W. "A Cock for Asclepius". *The Classical Quarterly*, v. 43, n. 1, pp. 96-111, 1993.

______. *Hesiod: Theogony, Works and Days, Testimonia*. Loeb Classical Library, n. 57, Cambridge: Harvard University Press, 2007.

MURPHY, David J. "By the Goose, By the Ram: Socrates Other Unusual Oaths". *Studi Classici e Orientali*, n. 62, pp. 15--51, 2016.

NAILS, Debra. *The People of Plato: A Prosopography of Plato and Other Socratics*. Indianapolis: Hackett Pub, 2002.

______. "Two Dogmas of Platonism". *Proceedings of the Boston Area Colloquium in Ancient Philosophy*, n. 28, pp. 77--101, 110-2, 2012.

NATORP, Paul. *Plato's Theory of Ideas: An Introduction to Idealism*. Sankt Augustin: Academia, 2004.

NIGHTINGALE, Andrea. "Towards an Ecological Eschatology: Plato and Bakhtin on Other Worlds and Times". In: BRACHT BRANHAM, Robert (Org.). *Bakhtin and the Classics*. Evanston: Northwestern University Press, 2002, pp. 221-49.

NORLIN, George. *Isocrates*. Loeb Classical Library, v. II. Londres: Harvard University Press, 1929.

NUNES, Carlos Alberto. *Platão. Diálogos. Vols. III-IV*. Protágoras, Górgias, o Banquete, Fedão. Belém: UFPA, 1980.

NUSSBAUM, Martha. *Creating Capabilities: The Human Development Approach*. Harvard: Harvard University Press, 2011.

O'BRIEN, Denis. "The Last Argument of Plato's *Phaedo* I". *The Classical Quarterly*, v. 17, n. 2, pp. 198-231, 1967.

______. "The Last Argument of Plato's *Phaedo* II". *The Classical Quarterly*, v. 18, n. 1, pp. 95-106, 1968.

OSBORNE, Robin. "Changing the Discourse". In: MORGAN, Kathryn A. (Org.). *Popular Tyranny: Sovereignty and its*

Discontents in Ancient Greece. Austin: University of Texas Press, 2003, pp. 251-72.

PAKALUK, Michael. "Degrees of Separation in the *Phaedo*". *Phronesis*, v. 48, n. 2, pp. 89-115, 2003.

______. "The Ultimate Final Argument". *The Review of Metaphysics*, v. 63, n. 3, pp. 643-77, 2010.

PALMER, John. *The Method of Hypothesis and the Nature of Soul in Plato's* Phaedo. Cambridge: Cambridge University Press, 2021.

PAPADEMETRIOU, Iōannēs-Theophanēs. *Aesop as an Archetypal Hero*. Atenas: Hellenic Society for Humanistic Studies, 1997.

PATERA, Maria. "Phobêtra et Mormolukeia. Figures de l'épouvante et de la peur dans l'imaginaire grec". *Annuaires de l'École pratique des hautes études. Section des sciences religieuses*, n. 113, pp. 453-7, 2004.

PATZER, Andreas. "Beim Hunde! Sokrates und der Eid des Rhadamanthys". In: SCHAUER, Markus; THOME, Gabriele (Orgs.). *Altera Ratio. Klassische Philologie zwischen Subjektivität und Wissenschaft*. Stuttgart: Steiner, 2003, pp. 93-107.

PENDER, Elizabeth. "The Rivers of Tartarus: Plato's Geography of Dying and Coming-Back-to-life". In: COLLOBERT, Catherine; DESTRÉE, Pierre; GONZALEZ, Francisco J. (Orgs.). *Plato and Myth: Studies on The Use and Status of Platonic Myths*. Boston: Brill, pp. 199-233.

PEREIRA, Reina Marisol Troca (trad). "Diógenes Laércio. Vidas e Doutrinas dos Filósofos Ilustres, Livro III: Platão. Notas introdutórias". *Anais de Filosofia Clássica*, n. 27, pp. 372-414, 2020.

PERINE, Marcelo. *Platão não estava doente*. São Paulo: Loyola, 2014.

PETERSON, Sandra. "An Authentically Socratic Conclusion in Plato's *Phaedo*: Socrates' Debt to Asclepius". In: RESHOTKO, Naomi (Org.). *Desire, Identity, and Existence: Essays in Honor of Terry Penner*. Edmonton: Academic Print, 2003, pp. 33-52.

PIANO, Valeria. "P. Derveni III-VI: una riconsiderazione del testo". *ZPE*, v. 197, pp. 5-16, 2016 (a).

PIANO, Valeria. *Il Papiro di Derveni tra religione e filosofia*. Florença: Olschki, 2016 (b).

POMPEU, Ana Maria César. *Dioniso matuto: uma abordagem antropológica do cômico na tradução de Acarnenses de Aristófanes para o cearensês*. Curitiba: Appris, 2014 (a).

______. "A tradução de Acarnenses de Aristófanes para o cearensês". *Revista de Letras*, v. 33, n. 2, pp. 26-35, 2014 (b).

PRADEAU, Jean-François. (1996). "Le Monde terrestre: Le modèle cosmologique du mythe final du *Phédon*". *Revue Philosophique de La France et de l'Étranger*, n. 186, v. 1, pp. 75-105, 1996.

PRADO, Anna Lia de Almeida. *Platão. A* República [ou sobre a justiça, diálogo político]. São Paulo: Martins Fontes, 2006.

PRESS, Gerald A. (Org.). *Who Speaks for Plato?: Studies in Platonic Anonymity*. Lanham, MD: Rowman & Littlefield, 2000.

PRUFER, Thomas. "Textual Commentary The Dramatic Form of *Phaedo*". *Review of Metaphysics*, v. 39, n. 3, pp. 547-52, 1986.

RAPHAEL, David Daiches. *The Paradox of Tragedy*. Londres: Routledge, 1960.

RASHED, Marwan. "Platon, Sathon, Phedon". *Elenchos*, v. 27, n. 1, pp. 117-22, 2006.

______. "Aristophanes and the Socrates of the *Phaedo*". *Oxford Studies in Ancient Philosophy*, n. 36, pp. 107-36, 2009.

REALE, Giovanni. *Per una nuova interpretazione di Platone*. Milão: Vita & Pensiero, 1997.

REYNOLDS, Leighton D.; WILSON, Nigel Guy. *Scribes and Scholars. A Guide to the Transmission of Greek and Latin Literature*. Oxford: Oxford University Press, 1991.

ROBINS, Ian. "*Phaedo* 82d9-84b8: Philosophers' Understanding of their Souls". *Apeiron*, v. 1, n. 36, pp. 1-24, 2003.

ROBINSON, Richard. *Plato's Earlier Dialectic*. Oxford: Oxford University Press, 1941.

ROSSETTI, Livio. "Antilogies in Ancient Athens: An Inventory and Appraisal". *Humanities*, v. 12, n. 106, pp. 1-21, 2023.

ROWE, Christopher. *Plato. Phaedo*. Cambridge Greek and Latin Classics. Cambridge: Cambridge University Press, 1993.

ROWE, Christopher. "The Concept of Philosophy (Philosophia) in Plato's *Phaedo*". In: HAVLÍČEK, Aleš; KARFÍK, Filip (Orgs.). *Plato's Phaedo*. Praga: Oikoymenh, 2001, pp. 34-47.

_____. *Plato and the Art of Philosophical Writing*. Cambridge: Cambridge University Press, 2007.

SALES I CODERCH, Jordi. *Variaciones platónicas*. Buenos Aires: Universidad de Buenos Aires, 2018.

SANTAMARÍA, Marco Antonio. "Did Plato Know of the Orphic God Protogonos?" In: HAVLÍČEK, Aleš; KARFÍK, Filip (Orgs.). *Plato's Phaedo*. Praga: Oikoymenh, 2016, pp. 205-31.

SANTORO, Fernando. *Parmênides. Poema de Parmênides da Natureza*. Rio de Janeiro: Azougue, 2010.

_____. *Parmênides, Xenófanes. Filósofos épicos I: Parmênides e Xenófanes, fragmentos*. Rio de Janeiro: Hexis, 2011.

SAUSSURE, Ferdinand de. *Curso de linguística geral*. São Paulo: Cultrix, 2006.

SAXONHOUSE, Arlene. "Xanthippe: Shrew or Muse". *Review Hypatia*, v. 33, n. 4, pp. 610-25, 2018.

SCHOFIELD, Malcolm. *An Essay on Anaxagoras*. Cambridge: Cambridge University Press, 1980.

SCOTT, Dominic. *Recollection and Experience: Plato's Theory of Learning and Its Successors*. Nova York: Cambridge University Press, 1995.

SEDLEY, David. "Equal Sticks and Stones". In: SCOTT, Dominic (Org.). *Maieusis: Essays in Ancient Philosophy in Honour of Myles Burnyeat*. Oxford University Press, 2007, pp. 68-86.

_____. "Teleology and Myth in the *Phaedo*". *Proceedings of the Boston Area Colloquium in Ancient Philosophy*, n. 5, pp. 359-83, 1990.

_____. "The Dramatis Personae of Plato's *Phaedo*". In: SMILEY, Thimothy J. (Org.). *Philosophical Dialogues: Plato, Hume and Wittgenstein*. Proceedings of the British Academy 85. Oxford: Oxford University Press, 1995, pp. 3-26.

_____. "Form-Particular Resemblance in Plato's *Phaedo*". *Proceedings of the Aristotelian Society*, v. 106, pp. 311-27, 2006.

_____. "Plato's Theory of Change at *Phaedo* 70-1". In: PATTERSON, Richard; KARASMANIS, Vassilis; HERMANN, Arnold (Orgs.). *Presocratics and Plato. Festschrift at*

Delphi in Honor of Charles Kahn. Las Vegas/Zurique/ Atenas: Parmenides, 2012, pp. 147-63.

_____. "The *Phaedo's* final Proof of Immortality". In: CORNELLI, Gabriele; ROBINSON, T. M.; BRAVO, F. (Orgs.). *Plato's Phaedo: Selected Papers from the Eleventh Symposium Platonicum*. Sankt Augustin: Academia, 2018, pp. 210-20.

_____; LONG, Alex. *Plato. Meno and Phaedo*. Cambridge: Cambridge University Press, 2011.

SEFEROGLU, Tonguc. "Plato's *Phaedo* on Disagreement and Its Role in Epistemic Improvement". *Ancient Philosophy Today*, v. 2, n. 1, pp. 24-44, 2011.

SEPÚLVEDA, Juan Ginés de. *Tratado sobre las justas causas de la guerra contra los indios*. México: Fondo de Cultura Economica, 1941.

SHOREY, Paul. *The Unity of Plato's Thought*. Chicago: University of Chicago, 1903.

_____. *Plato*. The Republic. Londres: Heinemann, 1930.

SOBREIRA, Arthur Gabriel. *Platão e os animais: analogias e metáforas como escala referencial da filosofia platônica*. Brasília: UnB, 2020. Trabalho de conclusão de curso (Graduação em Filosofia).

SOBRINHO, Rubens Garcia Nunes. *Platão e a imortalidade: mito e argumentação no* Fédon. Uberlândia: EDUFU, 2007.

SOUZA, Eliane. C. "Filosofia como iniciação e a técnica do logos no *Fédon*". *Archai*, n. 16, pp. 115-25, 2015.

ŠPINKA Š. "Katharsis katharseós. Philosophie als 'Flucht in die logoi' und als Reinigung". In: HAVLÍČEK, Aleš; KARFÍK, Filip (Orgs.). *Plato's Phaedo*. Praga: Oikoymenh, 2001, pp. 287-305.

STOREY, Ian C. *Eupolis: Poet of Old Comedy*. Oxford: Oxford University Press, 2003.

STRACHAN, John C. G. "Who Did Forbid Suicide at *Phaedo* 62b?". *Classical Quarterly*, v. 20, n. 2, pp. 216-20, 1970.

_____. DUKE, E. A.; HICKEN, W. F.; NICOLL, W. S. M.; ROBINSON, D. B.; STRACHAN, J. C. G. *Oxford Classical Texts: Platonis Opera, v. 1: Tetralogiae I-II*. Oxford: Oxford University Press, 1995.

TIGNER, Steven S. "Plato's Philosophical Uses of the Dream Metaphor". *The American Journal of Philology*, v. 91, n. 2, pp. 204-12, 1970.

TOMIN, Julius. "Socrates in the *Phaedo*". In: HAVLÍČEK, Aleš; KARFÍK, Filip (Orgs.). *Plato's Phaedo. Oikoymenh*, 2001, pp. 140-73.

TORRANO, José Antonio Alves. Memorial para o concurso de professor titular. São Paulo: FFLCH-USP, 2006.

TRABATTONI, Franco. "La dottrina dell'anima-armonia nel *Fedone*". *Elenchos*, v. 9, pp. 53-74, 1988.

______. "*Fedone* 62a 2-7". In: ACME: *Annali della Facoltà di lettere e filosofia dell'Università degli studi di Milano*, v. 46, n. 2-3, pp. 73-80, 1993.

______. *La verità nascosta. Oralità e scrittura in Platone e nella Grecia classica*. Roma: Carocci, 2005.

______. "Socrate, Antistene e Platone sull'uso dei piaceri". In: ROSSETTI, Livio; STAVRU, Alessandro (Orgs.). *Socratica 2005 studi sulla letteratura socratica antica presentati alle Giornate di studio di Senigallia*. Bari: Levante, 2008, pp. 235-62.

______. *Platone*. Fedone. Trad. de S. Martinelli Tempesta. Turim: Einaudi, 2011.

______. *From Death to Life: Key Themes in Plato's Phaedo*. Boston/Leiden: Brill, 2023.

TRIMPI, Wesley. "The Early Metaphorical uses of σκιαγραφια and σκηνογραφια". *Traditio*, v. 34, pp. 403-13, 1978.

TUOZZO, Thomas M. "'Appearing Equal' at *Phaedo* 74b4-c6: an Epistemic Interpretation". *Oxford Studies in Ancient Philosophy*, v. 54, pp. 1-26, 2018.

VEGETTI, Mario. "Antropologia da Pleonexia: Cálicles, Trasímaco e Glaúcon em Platão". *Boletim do* CPA: *Revista de Estudos Filosóficos e Históricos da Antiguidade*, v. 16, ano VIII, pp. 9-26, 2003 (a).

______. *Quindici Lezioni su Platone*. Turim: Einaudi, 2003 (b).

______. *Um paradigma no céu: Platão político, de Aristóteles ao século* XX. São Paulo: Annablume, 2010. (Coleção Archai, v. 4).

VERDENIUS, Willem Jacob. "Notes on Plato's *Phaedo*". *Mnemosyne*, v. 11, n. 3, pp. 193-243, 1958.

VERNANT, Jean-Pierre. *Mythe et Tragedie en Grece Ancienne*. Paris: François Maspero, 1972.

______. *Mortals and immortals: Collected essays*. Princeton: Princeton University Press, 1991.

VLASTOS, Gregory. "Reasons and Causes in the *Phaedo*". *Philosophical Review*, v. 78, n. 3, pp. 291-325, 1969.

WARREN, James. "Socratic Suicide". *The Journal of Hellenic Studies*, v. 121, pp. 91-106, 2001.

WESTERINK, L. G. *The Greek Commentaries on Plato's Phaedo, V. 1: Olympiodorus*. Amsterdam/Oxford/Nova York: North-Holland, 1976.

______. (Org.). *The Greek Commentaries on Plato's Phaedo. V. 2: Damascius*. Amsterdam/Oxford/Nova York: North-Holland, 1977.

WIGGINS, David. "Teleology and the Good in Plato's *Phaedo*". *Oxford Studies in Ancient Philosophy*, v. 4, pp. 1-18, 1986.

WILSON, Nigel Guy (Org.). *Aristophanis: Fabulae, v. 1:* Acharnenses*;* Equites*;* Nubes*;* Vespae*;* Pax*;* Aves. Oxford: Oxford University Press, 2008.

WOLFSDORF, David. "Αἴτιον and Αἰτία in Plato". *Ancient Philosophy*, v. 25, n. 2, pp. 341-8, 2005.

WOOLF, Raphael. "Colloquium 1: Misology and Truth". *Proceedings of the Boston Area Colloquium of Ancient Philosophy*, v. 23, n. 1, pp. 1-24, 2008.

YONEZAWA, Shigeru. "Are the Forms αἰτίαι in the *Phaedo?*". *Hermes*, v. 119, n. 1, pp. 37-42, 1991.

YOUNG, Douglas. "Soul as Structure in Plato's *Phaedo*". *Apeiron*, v. 46, n. 4, pp. 469-98, 2013.

ZAFIROPOULOS, Chistos. "Socrates and Aesop: A Few Notes on Plato's Portrait of the Arch-philosopher". *Graeco-Latina Brunensia*, v. 16, n. 2, pp. 203-16, 2011.

______. *Socrates and Aesop: A Comparative Study of the Introduction of Plato's* Phaedo. Sankt Augustin: Academia, 2015.

ZELLER, Eduard. *Plato and the Older Academy*. Trad. de Sarah Frances Alleyne e Alfred Goodwin. 3 ed. Londres: Longmans, Green & co, 1888.

Simone Weil

O peso e a graça

Tradução e introdução de
LEDA CARTUM
Prefácio de
GUSTAVE THIBON

Simone Weil vem sendo redescoberta como uma voz única do século XX. Pacifista militante, trabalhou em fábricas para entender o operariado, e além de ensaios políticos pungentes, ocupou-se de reflexões filosóficas infundidas pela mística.

O peso e a graça ocupa um espaço central em sua obra. É aqui que Weil desenvolve o que entende por "atenção" e onde defende o ateísmo como uma espécie de purificação.

Complexo e paradoxal, o pensamento de Simone Weil transmite a angústia de uma vida breve preocupada com questões existenciais que nos perturbam até hoje.

Montaigne

Os ensaios

Tradução de
ROSA FREIRE D'AGUIAR
Prefácio de
ERICH AUERBACH

Personagem de vida curiosa, Michel Eyquem, Seigneur de Montaigne (1533-1592), é considerado o inventor do gênero ensaio. Esta edição oferece ao leitor brasileiro a possibilidade de ter uma visão abrangente do pensamento de Montaigne, sem que precise recorrer aos três volumes de suas obras completas. Selecionados para a edição internacional da Penguin por M. A. Screech, especialista no Renascimento, os ensaios passam por temas como o medo, a covardia, a preparação para a morte, a educação dos filhos, a embriaguez e a ociosidade.

De particular interesse para nossos leitores é o ensaio "Sobre os canibais", que foi inspirado no encontro que Montaigne teve, em Ruão, em 1562, com os indígenas da etnia Tupinambá, levados para serem exibidos na corte francesa. Além disso, trata-se da primeira edição brasileira que utiliza a monumental reedição dos ensaios lançada pela Bibliothèque de la Plêiade, que, por sua vez, se valeu da edição póstuma dos ensaios de 1595.

Dante Alighieri

Inferno

Tradução, notas e introdução de
EMANUEL FRANÇA DE BRITO
MAURÍCIO SANTANA DIAS
PEDRO FALLEIROS HEISE
Prefácio de
OSIP MANDELSTAM

Primeira parte da *Comédia* de Dante Alighieri, *Inferno* é uma viagem às profundezas para onde foram condenados os que não agiram de acordo com a ética cristã. O poeta romano Virgílio é o responsável por guiar Dante nesse trajeto.

Ao descrever o percurso de uma alma cristã que parte da consciência do pecado (Inferno), passa pela purificação interior (Purgatório) e chega à visão de Deus (Paraíso), Dante dialoga com as tradições da poesia clássica greco-latina, dos textos bíblicos e mesmo do pensamento árabe.

Nesta edição bilíngue, com tradução primorosa, que traz ainda um influente ensaio (publicado como prefácio a esta edição) do poeta russo Osip Mandelstam até então inédito no Brasil, o clássico de Dante ganha nova vida e convoca leitores a relê-lo.

Johann Wolfgang von Goethe

Os sofrimentos do jovem Werther

Tradução e notas de
MAURICIO MENDONÇA CARDOZO
Introdução de
MICHAEL HULSE

Eduard e Charlotte formam um casal elegante e aristocrático que vive numa propriedade rural idílica, porém perigosamente próxima do fastio. Mas a relativa paz de sua existência é posta à prova quando a presença de dois visitantes — o Capitão e Ottilie — faz despertarem reservas magmáticas de atração sexual e amor proibido.

Com o título inspirado pelo princípio da química a respeito de certos elementos que são atraídos para outros, e com uma temática calcada na própria biografia sentimental (e conflituosa) de Goethe, este romance é um dos triunfos supremos do romantismo. Permanece, mais de duzentos anos depois de sua publicação original, como um estudo profundo sobre amor e destino.

Esta edição permite conhecer (ou revisitar) a obra que é uma das pedras fundamentais do romance do século XIX. Um objeto literário encantador e meditativo sobre como somos arrastados pelas paixões.

Esta obra foi composta por Alexandre Pimenta em Sabon e impressa
em ofsete pela Lis Gráfica sobre papel Pólen Natural da Suzano S.A.
para a Editora Schwarcz em junho de 2025